职业教育课程改革创新教材

职业教育旅游服务类专业系列教材

中国民俗文化知识读本

第2版

主　编　李援朝

副主编　吴丽萍

参　编　李　超　周　峻　刘海燕

姜　晨　陈维兰

主　审　王喜成

机 械 工 业 出 版 社

本书以汉民族为主兼及主要少数民族民俗文化，就中国民俗文化概述，民俗交际和人生礼俗，岁时节日民俗，游艺娱乐民俗，姓、名、字、号的习俗，民间工艺习俗，民俗信仰与禁忌等方面简要介绍我国民俗文化知识。

本书考虑到职业院校的教学特点，采用了大量图片介绍各民族民俗。本书通俗浅显、易懂好记，有较强的知识性和可读性，能较好地帮助从事和准备从事导游和旅行服务事业的人员掌握相关民族民俗知识。

本书可作为职业院校旅游服务与管理、酒店服务与管理专业学生教学用书，也可作为相关专业和其他人员的自学和培训用书。

图书在版编目（CIP）数据

中国民俗文化知识读本/李援朝主编．—2 版．—北京：机械工业出版社，（2022.1 重印）

ISBN　978-7-111-40235-0

Ⅰ．①中…　Ⅱ．①李…　Ⅲ．①风俗习惯—中国—中等专业教育—教材　Ⅳ．①K892

中国版本图书馆 CIP 数据核字（2012）第 257236 号

机械工业出版社（北京市百万庄大街 22 号　邮政编码 100037）

策划编辑：聂志磊　　责任编辑：陈　曦

责任校对：潘　蕊　　封面设计：陈　沛

责任印制：常天培

北京中科印刷有限公司印刷

2022 年 1 月第 2 版第 12 次印刷

184mm×260mm・13.5 印张・329 千字

标准书号：ISBN　978-7-111-40235-0

定价：39.80 元

电话服务　　网络服务

客服电话：010-88361066　　机　工　官　网：www.cmpbook.com

010-88379833　　机　工　官　博：weibo.com/cmp1952

010-68326294　　金　　书　　网：www.golden-book.com

封底无防伪标均为盗版　　机工教育服务网：www.cmpedu.com

第2版前言

自《中国民俗文化知识读本》第 1 版出版以来，一直用做职业教育旅游服务与管理和酒店服务与管理等专业的教学和培训教材，在使用中得到了广泛的好评。目前，人们对中华传统文化的认知和继承越来越重视，开设“中国民俗知识”这门课对传承中国传统的民俗文化起到了良好的推动作用。本书紧密贴近日常社会工作和生活，教学效果十分明显。

此次再版，我们根据这些年来使用本书的实践总结，对《中国民俗文化知识读本》第 1 版进行了修订。现作如下说明。

（1）编者仍然本着切合职业院校的教学特点，突出民族民俗的基本特点，坚持通俗浅显、易懂好记、实用可行的原则对本书进行重新编排，更加注重知识性、生动性、真实性、普遍性、可读性和实用性。为此，在再版时删去了“物质生活民俗”和“我国语言民俗”两个章节，增补了其他章节，重新编写了其中的个别章节，从而使相关内容和知识更加翔实、生动。

（2）原计划并建议用一个学期的时间，每周开 2 课时，共 36 课时完成该门课程的学习。但根据这些年来开设这门课程的教学实践证明，由于这门课所涉及的知识广、知识点多，加上各地在教学时要适度地增补与本民族和本地的相关民俗知识点内容，36 课时远远无法完成预定的教学。故此，本书再版时，根据教学的需要，建议本门课程的开设为一学年 72 课时，且教学安排在二年级进行更为适宜。

本书由李援朝任主编，吴丽萍任副主编，李超负责全面改编、增编第四章游艺娱乐民俗和第七章民俗信仰与禁忌，周峻负责图片的编排和选定。

在再版过程中，编者重新参阅并选用了国内同行的许多观点和资料，在此表示衷心的感谢。

为方便教学，凡选用本书作为教材的教师均可登录机械工业出版社教材服务网（http://www.cmpedu.com）或联系编辑（010-88379196）免费索取助教课件，同时欢迎广大教师加入中职旅游教师交流群（QQ 群：25912979）分享教学资料和教学经验。

由于编者水平有限，书中难免有不妥之处，恳请同行、专家和读者指正。

编　者

第1版前言

本书根据机械工业出版社 2006 年 10 月“职业教育饭店服务管理、旅游服务管理和烹饪专业规划教材”编写计划进行编写。本书适用于职业院校旅游服务与管理专业学生用作必修或选修教材，建议教学安排一个学期，用 36 学时完成。当然，本书也可以作为相关专业和其他人员的自学和培训用书。

本书在编写过程中，充分注意到职业教育的教学特点和中国民俗文化的有关基础知识，突出民族民俗的基本特点，力求全书通俗浅显，既易懂好记，又具有较强的知识性和可读性。本着这个原则，本书介绍了以汉族为主兼及主要少数民族的一些常见民俗，帮助从事和准备从事导游服务和旅行社服务事业的人员掌握一些有关民族民俗的基本知识。

本书由李援朝担任主编并编写第二章和第三章，刘海燕任副主编并编写第四章和第六章，吴丽萍编写第八章，陈维兰负责第一章、第五章、第七章和第九章的前期编写工作；其中，第五章和第七章由刘海燕负责修订，第一章和第九章由姜晨负责修订并完成最后的编写工作。同时，特别邀请河南省委宣传部理论处王喜成处长担任主审。

特别要说明的是，在本书的编撰过程中，我们参阅并选用了国内同行的许多观点和资料，所用图片基本上从网上下载，在选用的同时，对文字资料作了较大改动（参阅、引用资料及图片资料出处见后附）。同时也得到了北京机械工业出版社徐永杰副主任的大力支持和帮助，在此表示衷心的感谢。

由于编者平时都担任着繁重的教学任务，只能利用节假日和课余时间编写，时间仓促，加之水平有限，缺点、错误在所难免，恳请同行、专家和读者批评指正。

编　者

目　录

第一章 中国民俗文化概述

人们常说：生活是艺术的源泉，是文化创作的源泉，也是美的源泉。实际上，来源于生活的民俗也是这种天然美与天然艺术的源泉。民俗是人类为了生存与发展，在与自然环境、社会环境相互适应的过程中应运而生的。民俗起源于人们物质的、精神的、社会和心理的需求，它最初是反映人们适应自然环境、获取食物来源等基本生活资料的一种文化模式。随着社会的发展，民俗所包含的内容越来越丰富，它所影响的范围也越来越广阔，逐渐发展成为一种人类群体的生活文化，即凡是有人类群体生活的地方就有民俗存在。一位民俗学家曾形象地描述："人们生活在民俗当中，就像鱼类生活在水里一样。"从民俗发展的脉络中，我们可以看出：民俗不仅包含着人与人之间相处、互动以及理解的最基本的文化指令，而且也包含着人类自身生存中所需要的最基本的行为方式。

第一节 民俗概述

学习目标

1. 了解民俗的概念
2. 了解我国民俗的分类
3. 掌握我国民俗的特点

知识点一 民俗的概念

民俗主要是指民间流行的风俗习惯，是人们在长期的社会生活中沿袭的生活及文化活动，是一种传承的社会文化现象。它包括服饰、饮食、民居、交通用具、婚丧嫁娶、岁时节庆、宗教信仰、社会礼仪和审美情趣等广泛的内容，是一种形式多样的行为模式与价值观念。

我们可以将民俗的定义概括为：民俗是指由某一个国家、地区或民族中广大民众所创造、享用和传承的具有文化特质的关于生产和生活等各种现象的总和，也就是大家习以为常、能够自觉奉行的惯制。惯制并不是法律规定的，而是民间约定俗成的。惯制的约束力及其世代相袭，并不是靠法律来保证的，而是靠惯性的力量维系的。

我国是个多民族的国家，人口众多，分布地区辽阔。在长期的历史发展过程中，各地区因为政治、经济和文化发展的不平衡，形成了许多不同的风俗习惯。例如，春节对于我们这个拥有 56 个民族的大家庭来说，不仅仅有 56 种习俗，每一个地区过年的习俗也会各不相同。在我国北方和南方就有一些明显不同的风俗习惯，北方人习惯包饺子，南方人习惯吃年糕或汤圆。同是南方的广东和湖南，过春节的习俗也不完全一样，广东人习惯摆大吉（即柑子，因柑桔为一家，且粤语中“桔”与“吉”同音，故称大吉），而湖南人习惯嚼槟榔。贴对联、挂红灯和净院落等则是南北各地区共同的习俗。

知识点二　民俗的分类

我国民俗的内容很丰富，它渗透在老百姓的日常生活中。不同的“风”和“俗”具体表现在人们的居住、饮食、服饰、生产、婚姻、家庭、岁时、节令、丧葬、道德、宗教、礼仪和禁忌等诸多方面，这些也就是人们通常认为民俗应包括的基本内容。

要深入了解我国的民俗文化，首先需要对它进行合理的分类。按照我国民俗的历史和现状，一般把民俗分为物质生产的民俗、生活方式的民俗、社会礼仪的民俗、岁时节序的民俗、传统节日的民俗和信仰的民俗等几大类。具体来说，物质生产的民俗可分为农业、畜牧业、渔业、林业、水利、手工业、工业、商业和服务业等方面；生活方式的民俗可分为服饰、饮食、居住、交通、医药器用和娱乐体育等方面；社会礼仪的民俗可分为家族、乡里、宗法、姓名和交际，以及证礼、冠礼、婚礼和丧葬礼等方面；岁时节序的民俗可分为春、夏、秋、冬四时；传统节日的民俗可分为元日（春节）、寒食、清明、上元、中元、下元、端午、中秋和重阳等；信仰的民俗可分为天神、地神、动物、植物、祖先、上帝、占卜、巫术和禁忌等。为了能更直观地了解我国的民俗，本书把中国的民俗分为以下八类：礼仪民俗，岁时节日民俗，衣食住行民俗，游玩娱乐民俗，姓、名、字、号的习俗，信仰禁忌民俗，民间工艺民俗，民间语言民俗。

知识点三　民俗的特点

不同地区、不同民族、不同种类的民俗的表现形式各异，但仍有一些共同的特点。

1．群体性

民俗不是某个人或几个人的习惯，而是社会上多数人共同的习俗。例如，中秋节是汉族的节日，有赏月、吃月饼的习俗，不是只有某个人在农历的八月十五这一天赏月吃月饼。我国大江南北几乎所有的汉族老百姓都会在这一天赏月吃月饼。另外，受汉族文化的影响，我国有 20 多个少数民族也过中秋节。

2．地区性

我国地域广大、人口众多，不同地区往往有不同的民俗。十里不同风，百里不同俗。每一个地区的人都有自己的生活方式和独有的生活状态。例如，中元节在我国有农历七月十四日过的，也有农历七月十五日过的。同属广西的桂林和梧州，所过的日期和方式不一样，说法也不一致。桂林人在农历七月十五日过，叫“七月半”，人们各自到屋外空地上用白灰画一个圆圈，然后就在圆圈内点燃冥品、炮仗祭拜；梧州人则在农历七月十四日过，俗称“七月十四鬼生日”，大多数人都在家杀鸭祭祖，所以后来又俗称这一天为“鸭儿节”。

3．民族性

民族是具有共同语言、共同地域、共同经济生活以及表现于共同文化上的具有共同心理素质的群体。同一个民族一般都有共同的或相似的民俗，不同的民族往往有不同的民俗。即使是相同的节日，也会因民族不同而有不同的民俗文化内涵。例如，同是火把节，彝族的火把节和纳西族的火把节就有诸多不一样的地方。彝族是为了纪念反抗土司凶煞神斗争的胜利，而把农历的六月二十四日定为火把节。每年的这一天夜晚来临时，彝族的青少年点燃手中的火把沿街欢舞，再聚集到空地上手拉手围着无数火堆边跳边叫。纳西族的火把节则源于传说中的免灾之日，即农历的六月二十五日。纳西族过火把节分三天举行，第一天纳西族的青年男女载歌载舞，摘野果、捆火把，天黑时点燃火把；第二天纳西族各村寨的亲友开始互访，妇女回娘家，青年男女到郊外谈情说爱或会餐，成年人准备更多的火把可以让晚上的火堆燃得更亮更久；第三天是最热闹的一天，各村寨把火把扎得又高又大并装饰一番，天黑前家家点燃火把，众人围着巨大的火把尽情歌舞。

4．自发性

民俗，顾名思义是民间的风俗习惯。它一般是自发地产生于民间并流传于民间的，而不是政治压力造成的。例如，民间的游艺民俗。

5．传承性

我国的民俗文化大多是继承多年以来的历史传统而形成的。例如，二十四节气（现在农村很多地区仍沿用节气来准备农耕，如南方惊蛰浸谷、大暑禾熟等）、欢庆春节（旧称元旦或元日）的习俗，早在汉代就已形成，至今已延续了两千多年。王安石的《元日》、叶燮的《迎春》都是描写民间过春节的盛况。还有我国许多传统节日，例如清明节，唐代杜牧的诗“清明时节雨纷纷，路上行人欲断魂”说明了这个节日的特点，直到今天人们仍然在这一天踏青扫墓。至于中秋节，有宋代苏轼写的“明月几时有，把酒问青天”，至今人们还完整地保留着这个传统节日。重阳节，晋朝陶渊明写有《己酉岁九月九日一首》，唐朝诗人王维写有《九月九日忆山东兄弟》，宋朝李清照写有《醉花阴·九日》，以上这些诗词都表明我国的传统节日具有很明显的传承性。

6．相对稳定性

民俗是被绝大多数人遵从的习俗，一旦形成就具有较强的稳定性，其核心通常很多年不变或变化很小，并且不会在短期内消失。即使是一些落后的不合理的习俗，由于在民间根深蒂固，改变起来也很困难。俗话说：“沧海桑田，习俗难改。”丰富多彩的民俗事象所体现出的是一种民俗精神，又是一种价值观念，而这种价值观念正是维持社会结构、支撑社会秩序所必需的文化规范。所以，稳定性极强的民俗是社会系统消除动荡和干扰的重要力量。当然，民俗的这种稳定性又是相对的，在社会大变革的情况下，一般都被人们称为保守的力量，有些民俗的内容就应该有所变化。反之，在常态社会，在非转折时期的社会背景下，民俗则起着维护尊严、传递社会文化、保持历史传统的作用。例如，人们在春节时扫尘、贴春联、贴门神、吃年夜饭、放鞭炮，在元宵节时吃元宵、放烟火、赏花灯、猜灯谜，在中秋节时吃月饼、赏月等传统节日的活动都具有保持历史传统文化的作用。

当然，任何民俗都不是一成不变的，随着时代的变迁、社会的发展以及与外界的交流，民俗也会在潜移默化中发生改变。随着时间的推移以及经济和政治的发展，各种民俗的内容和形式或多或少都会发生一定的变化，有些甚至会消失。

思考题：

（1）民俗的概念是什么？它有哪些分类？

（2）我国民俗有哪些特点？

第二节　民俗的社会功能

学习目标

1. 了解和掌握我国民俗的社会功能
2. 了解学习我国民俗的重要意义

民俗是一个国家、一个民族或地域中广大民众所创造、享用和传承的生活文化，它与社会生活有着密切的关系，它的社会功能包含教化功能、规范功能、维系功能、调节功能和审美功能，这些功能影响着人们的生活与生产。

知识点一　民俗的教化功能

民俗文化的教化功能主要在于培养人们的道德情操，增强人们对生活的勇气和热爱，以及增强人们的民族认同感和爱国主义情感。例如，在我国各民族中都有明礼敬老、大公无私和乐于助人的美德，这些道德观念都会表现为具体的民俗事象。凡是社会的成员，上至达官贵人，下至平民百姓，无不受民俗的浸染和熏陶。一个人从呱呱坠地到离开人世，无时无刻不在社会环境中生活，民俗可以说是人生的百科全书。在现实生活中，人们总是通过丰富多彩的民俗活动对社会成员实行传统的思想和行为教化。民俗活动不仅可以使人熟悉自己祖先创造的历史文化，而且可以培养人尊老爱幼（见图 1-1 和图 1-2）、热情好客、大公无私和乐于助人等美德。

图 1-1　尊老爱幼

图 1-2　让座

知识点二　民俗的规范功能

民俗的规范功能是指民俗对社会成员的行为方式所具有的约束和控制作用。在社会生活中，社会规范有四个层次：第一层次是法律，第二层次是纪律，第三层次是道德，第四层次是民俗。民俗是起源最早的，同时也是约束最广的一种社会行为规范，是约定俗成的习惯力量。民俗并不是法，它像是一只看不见的大手，无形中支配着人们的所有行为，从吃穿住行到婚丧嫁娶，从社会交际到精神信仰，人们都在不自觉地遵从着民俗的指令。民俗对人的控制，是一种“软控”，但却是一种最有力的深层控制。它的约束力可以超越时代、政治和阶级的限制，比政令和法律有更深更广的渗透度。一个人只要活在现实社会中，他就要接受民俗的控制和约束，一旦背离了民俗，不但自己会感到不安，而且还会受到公众的嘲笑、排斥、谴责甚至惩罚。例如，在我国古代一个不祭拜祖先的人是无法在社会上立足的。可以说，人类社会中的一切都在不知不觉中受到民俗文化的影响和制约。

知识点三　民俗的维系功能

民俗的维系功能是指民俗统一群体的行为与思想，它能够起到使社会生活保持稳定和使群体内所有成员保持向心力与凝聚力的作用。民俗能维系社会稳定，任何一个社会都在不断变化，每一种文化都必须根据外部环境与内部情况的变化而不断地加以调整。在社会生活的世代交替中，民俗作为一种传承文化不断被后代复制，由此保持着社会的连续性。即使是在大规模急剧的社会变革中，与整个民俗体系相比，发生的变化也总是局部的、渐变的，这就有效地防止了文化的断裂，维系了社会生活的相对稳定。所以，民俗是人们认同自己所属集团的标志。它不仅能将朝夕相处的民族成员凝聚在一起，而且还能将分散于各地的具有相同文化的人们也团结在一起。例如，世界各地的华侨虽然身处异地，但他们通过讲汉语、吃中餐和举行各种民俗节庆活动等方式与自己的民族保持着认同（见图 1-3 和图 1-4）。

图 1-3　舞狮

图 1-4　唐人街

知识点四　民俗的调节功能

民俗的调节功能是指通过民俗活动中的娱乐和宣泄等方式，使人们的社会生活和心理得到调剂。民俗的娱乐功能是显而易见的。人类创造了文化，目的就是为了享用文化。人不可能日复一日、永无止境地劳作，必须在适当的时间进行适当的娱乐活动，以恢复体力、调剂精神。享受劳动成果，进行求偶和社交等活动都属于娱乐活动。世界上没有哪个民族没有节日、游戏、文艺和体育的民俗，它们是人类生活的调和剂。民俗也有宣泄的功能。人类社会生活中，个体的生物本能在群体中必然受到一定程度的压抑。无论是肉体行为的压抑，还是心理的压抑，对人类来说都是一种破坏性的力量，如果不在某种程度上得到宣泄，一旦积郁起来集中爆发，其后果不堪设想。有些民俗就是应这种需要而产生的，例如，古希腊罗马的酒神节，人们在此节日里饮酒狂欢，日常生活中的种种禁忌此时全被打破。

知识点五　民俗的审美功能

民俗的审美功能是指民俗能够对社会成员的心理产生审美作用。历史告诉我们：美在民间。民俗文化中的某些门类的内容，几乎都是以审美功能为主的。例如，神像、供品、年画和婚嫁用品等，从某些意义上来说，都是以审美功能为主的艺术形式和民俗工艺与民间造物，包括民间的建筑、服饰、工艺美术、工具都自然流露着纯真质朴之美。民俗审美不仅仅是人们对美的外部形态的感知，而且包括由感知到想象、理解和再创造的过程，即通过民俗的感知而悦耳悦目，美其目而悦其心，得到一种美的享受，最后达到悦神悦意的精神境界。民俗旅游的开展，给旅游者提供了感受和体验民俗审美文化的良好机会。以民俗风情参与和体验为主要内容的民俗文化旅游的审美活动常常使旅游者获得终生难忘的审美感受。民俗旅游资源具有较高的审美价值，例如，侗族鼓楼（见图 1-5）、风雨桥（见图 1-6）、壮锦（见图 1-7）、绣球（见图 1-8）、瑶族蜡染（见图 1-9）和各民族音乐歌舞，都是以民族的审美标准创造出来的，具有审美价值。这是民俗旅游资源的魅力所在，也是民俗旅游资源开发的着力点。民俗旅游资源开发的审美观立足于它自身的特色，这就是真、古、奇。“真”是真实自然，“古”是古朴原始，“奇”是奇异独特。这都是个性的美。

图 1-5 侗族鼓楼

图 1-6 风雨桥

图 1-7 壮锦

图 1-8 绣球

图 1-9 瑶族蜡染

知识点六 学习我国民俗文化的意义

我国是世界四大文明古国之一，我们的祖先创造了灿烂的文化。我国民俗文化源远流长、博大精深，是中华民族文化的重要组成部分。传统民俗文化的精华，是民族文化灵魂的印记。但在现代快节奏的生活方式下，我们的许多民俗渐渐地被沉埋了，新生代因为没有得到相关的民俗知识的教化，对民俗了解甚少。我们许多的民间语言、民间工艺和民间歌谣，甚至某些民间节日也濒临消失。许多年轻人热衷于过西方的节日，而忽略甚至忘记了自己国家和民族的传统节日。每年 12 月 24 日晚，许多中国民众狂欢圣诞节。其实，圣诞节是基督教徒纪念耶稣诞生的，是属于基督教徒的宗教节日。盲目追随外国文化，推崇外国节日，就像无根的浮萍，只会随波逐流。所幸的是，民俗文化的重要性已被很多人认识到，许多有识之士已在为重拾民族文化而奔走呼吁。作为华夏儿女，了解和学习我国民俗文化知识对于传承和弘扬民俗文化具有十分重要的意义。

（1）学习和弘扬我国传统民俗文化精华，有助于增进各族人民大团结，营造一种民族团结和睦、相互尊重的文明氛围。

（2）学习和弘扬我国民俗文化中积极、健康和进步的成分，可以引导人们崇尚美好、关爱他人和陶冶情操。其中一些优秀的道德信条和科学信仰，可以坚定人们的信念，规范人们的行为，激发人们热爱祖国、弘扬正气的热情。

（3）学习和弘扬我国优秀的民俗文化，有助于促进移风易俗，自觉抵制贪财忘德、奢侈腐朽的恶风陋俗，减少民俗公害，传播科学精神，提高民众素质。

此外，从文化经济学的视角来看，民俗文化中许多优秀的成分可以转化为文化资产，带动经济发展。发掘民俗文化精华，利用优秀的民俗服饰、特色食品、民俗礼品、民族吉语、民俗庙会、节日花会和地方戏曲等民俗文化，开发独具特色的地方民俗文化产品，开创特色民俗文化活动，可以促进旅游产业发展，带动假日经济的繁荣。

思考题：

（1）民俗的社会功能有哪些？

（2）我们学习中国的民俗文化有什么重要的现实意义？

第三节　中国民俗文化发展简史

学习目标

1. 掌握我国民俗文化发展的几个阶段
2. 了解我国民俗文化各个发展阶段的主要特点

中国民俗是根据中华民族的社会生活需要而产生的，在我国独特的自然与文化环境中积淀而成。它的发生、发展和演变过程，可以大致划分为三个阶段：原始社会民俗阶段、古代民俗阶段、近现代民俗阶段。

知识点一　原始社会时期我国的民俗文化

原始社会时期我国的民俗文化是指公元前 21 世纪夏王朝建立以前的民俗文化。

最初的时候，我们的祖先赤裸着身体群居野外，采摘野果和捕杀动物生吃。考古学家发现五十万年以前，中华民族的祖先已经生活在地球上了。那时，周口店的北京猿人学会了用火、狩猎和使用石器工具，并逐渐成为习惯。距今一万八千年前，北京山顶洞人已会用骨针缝制兽皮衣服，并佩戴兽牙、蚌壳等装饰品。后来又发展到用野生植物纤维和蚕丝为原料织衣的习俗。七千多年前，浙江余姚河姆渡村的古人已经学会了种植水稻。六千多年前，陕西西安半坡的古人群聚集居住在村落中，建造大大小小的房子，制造和使用弓、箭和网等工具，已经开始了圈养牲畜和烧制陶器。在北方，先民们从山洞穴居逐渐向半穴居以及建立永久性房屋的方向发展；南方则从巢居发展为干栏式建筑。到了原始社会末期，弓箭、车和船等工具已被发明并得到广泛使用。在我国辽阔的土地上，也逐渐形成了以黄河流域为中心的旱地农业区，以长江流域为中心的稻作农业区，以东北、内蒙古和西北为主的渔猎和游牧区，并形成了相应的物质生产与消费的民俗体系。伴随着先民们物质文化的进步，他们的精神文化也在不断地发展，并形成了相应的精神民俗。语言是在劳动和生活中产生的，此后又开始创作神话与歌谣。陶器上的许多绘画、图像以及陶塑、骨雕、木雕和岩画等原始艺术，都是先民们审美意识的一种反映。原始宗教也逐渐从产生到繁荣，各种自然崇拜、图腾崇拜、灵魂崇拜和祖先崇拜的观念与仪式相继在先民们的社会中盛行。例如，北京山顶洞人尸体上的赤铁矿粉和周围陪葬的简单生产工具（石器），就说明当时人们已经有了灵魂观念。在不少墓葬中还发现死者的头都朝向一致，并陪葬有工具与生活用品，这反映了先民们已经具有某种回归彼岸世界的观念。这一时期的巫术活动也十分盛行，后来甚至分化出专门的巫师与祭司。原始社会时期民俗中的婚姻习俗经历了原始族内婚和族外婚两大阶段。最早的两性关系是“男女杂游，不媒不聘”。由于种种原因，后来的氏族内婚逐渐为族外婚制所取代。到了原始社会末期，私有制开始出现，各部落出现兼并而且战争频繁，许多战俘沦为奴隶。为了适应战争以及扩大生产力（特别是治理洪水）的需要，促进部落联盟组织的不断扩大，第一个奴隶制国家—— 夏王朝诞生了。原始社会时期没有国家政权，在氏族社会生活中几乎所有的事情都要按传统的习俗来办，民俗几乎成了原始社会人类生活的唯一规范。

知识点二 古代社会时期我国的民俗文化

古代社会时期我国的民俗文化是指夏王朝建立至鸦片战争之前这段时期的民俗文化。这一时期的民俗大略可以分为以下两个阶段。

（1）汉末以前阶段。这是我国的主体民族——汉族的形成期，也是我国古代民俗系统的形成期。现存夏代的资料不多，其民俗内容多不可考。商代因有大量甲骨文出土，从中可以看出当时民俗仍有浓厚的原始遗风，如事无巨细的占卜事项、大量殉葬品等。到了周代，官方仪礼制度在民间风俗及前两代发展的基础上逐渐形成。从《周礼》和《礼记》中可以看出：“礼”与“俗”已成为两个相互独立而又相互联系的行为规范系统。有些周代民俗，如婚俗的六个程序（纳彩、问名、纳吉、纳征、请期和亲迎）已成为封建社会中一直沿袭的主要模式。从春秋战国到秦汉时期是我国历史上规模最大的民族融合时期之一。秦始皇统一中国后，在推行“书同文，车同轨”政策的同时，也统一服饰，即要求平民一律裹黑头巾，称为黔首。两汉历时约400年之久，这是中国封建社会民俗体系形成的主要时期。

（2）汉代以后阶段。这是中国封建社会民俗的发展与繁荣期。汉代以后，我国的民俗继续发展，中间经三国、两晋和南北朝，至隋唐达到了高度繁荣阶段。此间，发生了长达几百年的民族战争和大规模的民族流动，不论是南方还是北方，民族杂居的地方都扩大了，由此导致汉族与周边民族的民俗融合。北方的匈奴、乌桓、鲜卑、氐和羌等族，南方的蛮、僚、越等族，西南的巴人等族都大量吸收汉族文化与习俗。同时，少数民族的一些风俗也传入汉地。例如唐朝时，唐乐与龟兹乐的融合，极大地丰富了我国的民间音乐。从汉代到唐代，随着佛教的传入与道教的兴起，它们对民俗也产生了巨大的影响，如因果报应、天堂地狱之说深入民众信仰。街头巷尾风行神怪之谈，大量的志怪小说与传奇为人喜闻乐道，并被编汇成集。汉代以后，岁时民俗渐成系统，从《荆楚岁时记》中可以看出，绝大多数至今仍沿用的传统节日及其习俗，如春节、清明、端午和重阳等，此时已初步定型。宋、元、明和清是中国封建社会民俗的继续发展与繁荣时期。到了宋代，岁时风俗更为完备，都市民俗较前代更为多样，这些在《东京梦华录》中已有细致的描述。辽、金和元三代的统治者虽非汉族，但入主中原后逐渐被汉族同化，遵行汉族的风俗。明和清两代是中国封建社会从繁荣至衰落的时期，古代民俗在这段时期基本上已成定制，尤其是岁时节日以及相关的民俗活动、各种民间娱乐游戏、民间信仰和宗法组织等，皆成相对固定的模式。

与原始民俗相比，这个阶段的民俗有三个显著的特点：①民族融合的规模远比原始时期大，由此引起民俗的不断交流与同化的程度也较深。②始终保持着以汉族民俗为主体的基本体系，反映了民俗活动顽强的传承性。③由于这段时期有了相对于“民间”而言的国家组织，统治阶级本身也形成了一套与“俗”相对应的“礼”，即官方礼仪。因此，二者之间常常相互影响、相互转化，其间的关系表现得十分复杂。

知识点三　近现代时期我国的民俗文化

近现代时期我国的民俗文化是指 1840 年鸦片战争以来的民俗文化。

这个时期，我国在西方文明的冲击下，封建社会的政治、经济体制和阶级关系等发生了一系列急剧变革。在短短不到两个世纪中，我国经历了辛亥革命、新民主主义革命、社会主义革命和社会主义建设等重大的历史阶段。我国已从一个“古代”民族走向了一个现代化的文明民族。伴随着社会政治、经济与文化的变革，中国近现代民俗也发生了很大变化。一些不适应现代生产和生活的旧有民俗，如男人蓄辫、妇女缠足和长袍马褂等已逐渐消亡；同时，在现代文明的影响下，一些西方民俗也传入中国，并与我国固有的民俗体系进行交流与融合，尤其是近二十多年来，我国实行改革开放后，人们的经济生活发生了很大改善。同时，人们的生活方式与价值观念也在不断发生着变化，从而使传统民俗文化受到冲击，并发生了一定的变化，表现在吃、穿、住、行、娱乐和购物等诸多方面。例如，“穿”的有西服套装、牛仔服、超短裙和高跟鞋等，“吃”的有肯德基、麦当劳和德克士等西餐，“娱乐”的有舞厅、卡拉 OK、保龄球、高尔夫球和网球等，“行”的有摩托车、飞机和轮船等。此外，西方的情人节、母亲节、愚人节和圣诞节等节日也随着我国的对外开放、外国朋友到我国人数的日渐增多而纷纷进入我们的生活，这都是西俗东渐的结果。由于经济的需要与文化的刺激，弘扬和开发传统民俗文化的活动也蓬勃发展。整个中国民俗的体系，正在经历急剧地引进、斗争、分化、改组和融合等过程，向现代化的方向发展，也就是朝着既以中国传统特色为主又兼有国际性民俗体系的方向转变。许多民间习俗渐渐消失，尤其是一些带有迷信色彩的习俗，已逐渐被老百姓所摒弃。

思考题：

中国的民俗文化发展经历了哪几个阶段？各个阶段有哪些特点？

本章小结

民俗不仅是文化的重要组成部分，而且民俗文化的发展和进步，也是文明进步的标志之一。本章从民俗的概念、分类、特点等方面作了基本的介绍；阐述了民俗的社会功能以及学习中国传统民俗的重要意义；分析了我国民俗文化在不同的历史时期的发展状况。希望通过对传统民俗文化的学习，树立起科学的民俗观、文化的是非观，提高我们弘扬优秀民族文化传统的责任感和自豪感，为实现中华民族伟大复兴贡献我们的力量。

第二章

民俗交际和人生礼俗

我国是一个文化历史悠久的文明古国。自古以来，中华民族就以礼仪之邦著称于世，“知书达理”是我国人民的传统美德。随着现代文明社会的发展和信息社会的需求，交际礼仪文化越来越受到人们的重视和关注。我们每个人在日常工作和生活中都会涉及“礼仪”。本章内容针对见面、交谈、拜访会友、家中会客、参加庆典和人生礼俗等日常生活中的常见礼仪话题进行介绍，希望对你在平时的交际活动中有所帮助。

情景设置

小赵是个人见人夸的好青年，但是性格有些大大咧咧，说话不太注意场合，不拘小节。一次与小王一道去参加好友小张的婚礼，来到酒店门口，新郎、新娘正盛装喜迎来宾，小赵将事先封好的红包顺手朝站在新娘旁边的伴娘端着的糖果盘中一扔，手往新郎肩上一拍说：“嗨，哥们！行啊，祝贺祝贺！我参加工作不久，只能意思意思一下咯!”新郎没防备，打了个趔趄，退了半步才站住脚。新娘不高兴地将头扭到了一边，新郎小张皱了一下眉头，暗中拉了一下新娘，递上一支喜烟。新娘将打着的火机朝小赵面前一送，不管烟点没点燃就缩回了手，跟后面的来宾打招呼去了。小赵没在意，走进婚宴厅过道，一个文雅的老者正兴致盎然地独自观赏过道的盆景，背着的双手夹着一支点燃的香烟。小赵手朝老者肩上一拍说：“嗨，老师傅，借个火。”话未落音，就将老者手中夹着的烟拽了过来，将自己的烟对燃后塞回老者。老者气得将烟使劲朝旁边垃圾箱上的烟灰盘一按，涨红着脸走进了婚宴厅。

➘ 问题：小赵的言行有何不当之处？

➘ 评析：

（1）见了新郎、新娘应热情而恭敬地将红包双手递上并表示祝贺，不能“顺手扔出”。这是极不礼貌的举动。

（2）在正式礼仪场合，不能拍打对方肩头。作为好友，平时相处，这种举动或许是一种亲热的表示，但在庄重、正式场合中就显得鲁莽无礼了。

（3）在这种礼仪场合，言谈不能像平时生活中那样称兄道弟。像“行啊……只能意思意思一下咯”的言语，听后一是让人觉得小张还不应该结婚，二是让人认为小张结婚是在向小赵讨彩礼。这种话是难以让人接受的。

（4）小赵对老者的举止言谈更是失礼的。首先称谓不对，尽管“老师傅”也是一种敬称，但那是对从事技术性工作老工人的称呼，在不知老者确切身份的情况下应说“老人家”、“老前辈”。“借个火”，口气也略显生硬，应说：“劳驾您，可以借个火吗？”而不待老者同意就拽走老者手中的烟，更是冒犯的举止。切记，不管再亲热、再随便，晚辈也不能拍长辈肩头。

➘ 启示：

初涉社交场合的小赵，为何碰了钉子？这说明社交礼仪的重要性，待人接物的方式不同，得到别人的对待和办事效果也不同。学会和运用文明礼貌的礼仪，是我们每一个步入或即将步入社会的青年人必备的基本常识，也是事业有成、工作顺利的前提条件。

第一节　见面和交谈的社交礼仪

学习目标

1. 了解传统见面礼俗
2. 掌握现代见面和交谈礼仪
3. 熟记资料卡中的常用知识

知识点一　传统习俗见面礼俗

在我国古代，“礼”就是贡献给神灵的牺牲，即供品；“仪”是人们为了博取神灵的欢欣而举行的各种歌舞仪式。礼仪应该说起源于风俗，我国古代的礼仪有五种，即“五礼”，分别为吉礼、凶礼、军礼、宾礼、嘉礼。古代常用到的礼仪形式包括以下内容。

1．作揖

作揖就是拱手。拱手的姿势最初是双手抱拳前举，模仿胸前带手枷的奴隶。“拱”古人解释为“执”。这种礼节可能产生于奴隶社会，含义是愿意做对方的奴仆，为对方服务，它是会见时的一种礼貌和友好的表示。作揖的正确手势（见图 2-1）为右手虚握拳，左手合抱右拳屈肘于胸前，上下轻轻晃动以示真诚友好。这个礼节传承至今仍在沿用，要注意作揖时一定要左手抱右拳，不能右手抱左拳。

图 2-1　正确的作揖手势

2．拜、再拜

双手作揖抱拳于胸，头向前俯，额触双手，称“拜手”（见图 2-2）。拜两次叫“再拜”，是表示敬意的意思。

3．顿首

拜时头手触地，触后即起。由于触地时间很短暂，所以称为“顿首”。这种礼仪与现在的鞠躬近似，属于地位相等或平辈交往的一般礼节。

4．稽首

稽首与顿首的动作相同，只是头在地上停留一段时间（见图 2-3）。“稽”就是停留的意思。稽首是古时晚辈对长辈、下级对上级的隆重大礼。

5．坐

古人席地而坐（见图 2-4），以两膝着地，两股贴在脚跟上。坐席有尊卑高下之分，席摆南北向，以西方为上席，席摆东西向，以南方为上席。未坐在正方向的不叫坐席，而称侍席，即在旁边陪坐。

图 2-2　拜手

图 2-3　稽首

图 2-4　坐

6．跪、跽

两膝着地，直着身子，股不挨脚跟，叫“跪”。古代传统习俗是“坐而论道，跪而奏事”。跽，就是跪完准备起身，膝尚在地上。这种动作因与跪相似，因而也叫长跪。

7．箕

两股着地，伸直两腿，形似畚箕，所以叫“箕”，又称“箕踞”，这种姿势表示傲视对方的意思。

以上这些古代习俗传统礼节，现在多已不再沿用，仅出现在一些文人的书信中，表示谦恭之意。

知识点二　现代见面和交谈礼仪

中华民族待人接物的优良品德可用“温、良、恭、俭、让”来概括。见面时，先送上春风般的温和微笑，然后握手致意。待人和气是办好事情的先决条件。

1．握手礼

握手礼起源于西方古战场，本意是为了解除对方的怀疑，表示我手里没有握剑。现在，这种礼节已成为国际间和我国广泛通行的礼仪。行握手礼时，距受礼者约一步，上身微微前倾，然后右臂自然伸出，右手与对方相握，并上下微动，礼毕即松开（见图 2-5）。对长者、尊者或上级，应稍微向前欠身，双手握住对方的手以示尊敬。男士与女士相见时，女士若不先伸手，男士不可行握手礼。一般来说，女士、长者、尊者和上级有先伸手的义务，不然会使对方尴尬。握手时要情绪饱满，双目平视对方，微笑致意，并说敬语或问候语。不要东张西望，敷衍塞责。握手时，一定要取下所戴手套，与对方的手不可一触即离，也不可久握不放，适度即可。与女士握手时，只能握住女士的手指部位，不可满把握住，否则有轻佻、不庄重之嫌（见图 2-6）。

图 2-5　握手正确手势

图 2-6　握手礼

2．举手礼

举手礼也称敬礼，也是见面时常用的礼节。举手礼多用于军方礼节（见图 2-7），还有校园师生间，学生向老师行举手礼。敬礼时，要求取立正姿势，精神饱满，五指并拢，由下向上竖直提起，右臂大臂与肩平，手心向下，面带微笑注视受礼者。

3．鞠躬礼

鞠躬礼（见图 2-8）最早的意思是表示信任对方——把自己最怕打击的后脑勺交给你了，现在多表示尊敬和谦和。鞠躬礼在我国寿诞、婚、丧等活动中普遍通行。一般施礼者腰倾 15° 即可，特殊情况如追悼，则弯 30° 或 90°。鞠躬礼分两种：①三鞠躬礼。行礼时，身体立正，目光平视，连鞠三次。喜庆的婚仪中，新郎新娘三鞠躬时应面带微笑，自然大方，切忌扭捏。在肃穆的追悼会上，则应庄重、严肃。②一鞠躬礼。这种礼节几乎适用于一切社交场合。晚辈对长辈、学生对老师、下级对上级、同事之间以及表演者对观众、演讲者对听众等都可行此礼。受礼者应随即还礼。但长辈对晚辈、上级对下级受礼时不鞠躬，欠身点头即表示还礼。

图 2-7　军礼

图 2-8　鞠躬礼

鞠躬时必须脱下帽子，摘下围巾，目光应向下看，表示谦恭，不可以一面鞠躬一面翻着眼睛看对方。鞠躬时嘴里不能吃东西或叼着香烟，鞠躬完毕直身时，双眼应有礼貌地注视着对方。如果视线别移，即使行了鞠躬礼，也不会让人感到是诚心诚意的。

4. 点头礼、招手礼

微微点头或招右手，以对人表示礼貌，适用于比较随便的见面场合。例如，在路上行走或在公共场所与熟人相遇，不需要停下来交谈，可行点头礼、招手礼，表示友好。行招手礼时，应用右手高举过头顶，并以目光示意。表示告别时，手举过头顶，掌心向前且左右不停地摇动，另一方同礼应答。

见面交谈时，交谈的距离是交际深度的标志，老朋友、老同学之间可近一些，但要适当留点距离。对女士，要注意不要站得太近，应保持一定的距离，以示敬意。

知识点三 交谈礼仪

(一) 交谈称谓

在人际关系中，中华民族推崇仁、义、礼、智、信等传统道德，在交往、交谈中特别讲究礼仪。根据不同的场合、不同的交谈对象以及自己与对方的关系深浅远近，应用不同的称谓。交谈时，各种称谓大致可分为通称、尊称和谦称三大类。

1. 通称

通称是普通称谓，包括一般称谓、职业称谓、职务称谓和亲属称谓。

(1) 一般称谓。一般称谓适用于任何人。它包括：①姓名，即以姓名做称谓。或完整称姓名，或只称姓，在姓前加老、大、小等前缀，如老孙、大张和小王等。在非正式场合，这种称谓使用率极高。但要注意，全称姓名比较郑重，不如只称姓或名亲切、亲热。小名仅用于家庭，至多扩展到亲戚和熟人之间，晚辈和外人是称呼不得的。中国传统文化，对于长辈或尊者，不仅不能称其小名，而且不能直呼其大名，应使用尊称。②“先生”、“太太”、“小姐”和“女士”等称谓。③“同志”，这种称谓体现了一种平等的人际关系，但带有政治色彩，其使用范围日渐缩小，主要用于党内和政界的正式场合。④“老板”，在市场经济作用下，这种几乎消失的旧称又于改革开放后流行起来，并向全社会扩展。

(2) 职业称谓。职业称谓是对某些职业人员的称谓。含有尊重对方职业之意，一般用于较为正式的交际环境。例如，对某种技术工人称“师傅”，对教育工作者称“老师”，对医务工作者称“大夫”、“医师”和“护士”等。对教育界、医学界、文艺界和学术界的人士一般都以职业相称。

(3) 职务称谓。职务称谓是以对方所任职务来称呼对方，一般用于较为正式的交际场合，表示尊重和敬意，如局长、科长、县长、主任、经理等。

(4) 亲属称谓。亲属称谓在民俗日常生活中是使用得最多而又最严格、复杂的称谓。它是具有亲属关系的人们之间的称谓，中国民俗对亲属按血缘远近、辈分高低、男女性别作了细致区分。

1) 从父系区分。

自古习俗，父亲的父亲称为“祖”，现在通称为祖父、爷爷，有的地方称为爹爹(也有地方将父亲称为“爹”，要注意区分)。父亲的母亲称之为祖母、奶奶。祖父的父母为曾祖父、曾祖母，通称为“太爷”、“太婆”、“太奶”；曾祖父的父母称为高祖父、高祖母。

儿子的儿女称为“孙子”、“孙女”，孙之子称为曾孙，曾孙之子称为玄孙。

父亲的哥哥古时称为“世父”，现通称为伯父；父亲的弟弟古称为“世叔”，现通称为叔父。伯父之妻故称为“世母”，现通称为伯母；叔父之妻古称为“叔母”，现通称为“婶”、“婶娘”。伯、叔的子女古称为“从兄弟”、“从姐妹”，现在通称为“堂兄”、“堂弟”、“堂姐”、“堂妹”。“堂”意为与自己同一姓氏。

父亲的姐妹通称为“姑”，已婚的称“姑妈”，其配偶称为“姑父”；未婚的称“姑姑”。

父亲的伯叔，现通称为“伯祖父”、“叔祖父”，其妻称为“伯祖母”，“叔祖母”。

哥哥的妻子称为“嫂”，弟弟的妻子称为“弟妇”、“弟媳”；兄弟的儿子称为“侄子”，兄弟的女儿称为“侄女”。

姐妹的儿女称为“甥”，现通称为“外甥”、“外甥女”，“外”指不与自己一个姓，是外姓的意思。

父亲的姐妹的子女，古称“中表”，现通称为“表兄”、“表弟”、“表姐”、“表妹”。

2）从母系区分。

母亲之父称为外祖父，现通称为“外公”、“姥爷”；母亲之母称为外祖母，现通称为“外婆”、“姥姥”。外祖父的父母称为外曾祖父与外曾祖母。

母亲的姐妹，已婚的称为“姨妈”，其配偶称为“姨父”；未婚的称为“姨”。母亲的兄弟称为“舅”，其配偶称为“舅母”。

母亲的兄弟姐妹的子女通称为“外表”，如“表兄”、“表弟”、“表姐”、“表妹”。

3）从配偶区分。

丈夫的父母古时分别称为“嫜”、“姑”，连称为“姑嫜”，现在通称为“家公”、“家婆”。

丈夫的姐妹也称“姑”，通称为“大姑”、“小姑”，两兄弟的妻子之间称为“妯娌”。

妻子的父母古时称为“外舅”、“外姑”，现在通称为“岳父”或“岳丈”、“岳母”。

妻子的兄弟称为“舅”，妻子的姊妹称为“姨”；两姐妹的丈夫之间称为“连襟”。

要注意“伯”、“叔”、“姑”、“姨”、“舅”等称谓的使用区别。这些称谓既可使用于长辈，也可使用于平辈。其区别：首先，对长辈时称“伯父”、“叔父”、“姑妈”、“姨夫”、“舅父”或迭音使用称“伯伯”、“叔叔”、“姑姑”、“舅舅”等。对平辈使用，称丈夫的兄弟姐妹或妻子的兄弟姐妹时，则分别加上词缀，如“大伯子”、“小叔子”、“大舅子”、“小姨子”、“大姑子”等。其次，字的读音也有所区别。例如“伯”，称长辈时读“bó”，称丈夫的哥哥时读“bǎi”。“叔”，称长辈时读“shū”，称丈夫的弟弟时读“shú”。

自古以来，我国民间在亲属关系上就有追祖探宗、寻根究源的习俗，如“九族同宗”、“五服不婚”。“九族”指高祖、曾祖、祖、父、自己、子、孙、曾孙、玄孙等九代的嫡亲血缘关系。“九族同宗”无疑对民族民俗文化的传承起到了极大的继承推进作用。而“五服不婚”则是指祖、父、自己、子、孙这五代之间有血缘亲属关系的人不得通婚。这也合符当今优婚优育的科学观。

随着我国大力推行晚婚晚育、少生优育基本国策几十年来，独生子女越来越多，上面所说的亲属关系和亲属称谓有许多正在消失。但作为一种民俗文化，我们还是需要了解和传承的。

2．尊称

尊称是对交际对象特别表示尊重的称谓。尊称有以下几种形式。

（1）行业尊称。例如，在学校里，称比自己年长的为“学长”、“学兄”和“学姐”，称比自己年少的为“学弟”和“学妹”；在社会中，称有成就、有威望的年长者为 “张老”、“王总”和“李导”等（在姓后加后缀）。这种称谓比较郑重，表达了对对方的敬重。

（2）用亲属称谓称呼非亲属。例如，双方年龄差不多，就称对方为大哥、大姐和兄弟等；对方年长则称大爷、大娘、伯伯、叔叔、大婶和阿姨等。这种称谓表达了对对方的尊敬，而且有亲切感，常用于熟人之间非正式的交际场合。

（3）用加有“令”、“尊”等字的特定词语来称对方家人、亲属。例如，对方的父亲称为“令尊”、“尊翁”和“尊大人”；对方母亲称为“令堂”、“尊堂”和“尊慈”；对方的兄弟姐妹称为“令兄”、“令姊”和“令妹”；对方的儿女称为“令郎”和“令爱”；对方的妻子称为“令室”和“尊夫人”等。这种称谓一般用于较为高雅的社交场合，且具有较浓的书面语体色彩，显得文雅、尊敬。

资料卡

传统习俗常用称谓用语

（1）称对方父母：令尊、尊翁、令严、尊大人；令堂、尊堂、令萱和令慈。

（2）称对方夫妻、妻子：贤伉俪、贤梁孟；令室、尊夫人、尊嫂、令妻。

（3）称对方兄弟姐妹：令兄、令弟、令姊和令妹、贤姊、贤妹、尊兄、贤弟。

（4）称对方儿女：令郎、令公子、令嗣；令爱、令媛。

（5）称对方：尊台、尊驾、大驾。

（6）称对方家庭：府上、尊府；自称为寒舍、舍下、草堂。

（7）称自己父母：家父、家君、家严、家尊；家母、家慈、高堂、椿萱、双亲。

（8）称自己妻子：内人、拙荆、山妻和敝内。

（9）称自己兄弟姐妹：家兄、舍弟、家姊和舍妹。

（10）称自己儿女：犬子、小儿、贱息；小女、弱息。

3．谦称

谦称是说话人对自己及家人、亲属的特殊称谓。其特点包括：①用一些特定的词来代替“我”，如“在下”和“鄙人”等。子女对父母自称“儿子”、“女儿”，学生对老师自称“弟子”、“不才”和“学生”，晚辈对长辈自称“晚进”和“愚生”等。②用含有“家”、“拙”、“贱”、“舍”、“敝”和“小”等字的特定词语称自己的家人和亲属。例如，称自己的父亲和母亲为“家父”、“家严”、“家尊”、“家母”、“家慈”，向对方提及自己的兄、嫂、弟、妹时称“家兄”、“家嫂”、“舍弟”、“舍妹”，对自己的妻子称为“拙荆”、“贱内”，对自己的儿子称为“贱息”、“犬子”，自己的女婿称为“小婿”等。

在使用称谓时，应注意记不住名字或叫错称谓是非常失礼和尴尬的事。初次见面的人，一定要留心记住对方的名字。再次见面时若实在想不起对方的名字，可以再询问一次，同时要真诚地表示歉意，而不可贸然叫错。称谓要注意年龄特点和心理因素，对年纪比自己稍大的女同志不宜称“老”。在正式场合下，即使是亲属关系，也不宜使用亲属称谓，而代之以职务或职业称谓。

资料卡

敬辞谦语莫乱用

令：用于对方的亲属或有关系的人，如令尊，令堂、令郎、令爱等。
贤：用于平辈或晚辈，如贤兄、贤弟、贤婿、贤侄等。
尊：称跟对方有关的人或事物，如尊驾（您）、尊府、尊姓大名等。
贵：称跟对方有关的事物，如贵姓、贵府、贵干、贵庚、贵校等。
高：称别人的事、物，如高见、高论、高寿、高就、高足（学生）等。
大：同“贵”，如大名、大作、大札（信函）等。
惠：用于对方对待自己的行动，如惠存、惠临、惠顾、惠允、惠赠等。
拜：用于人事往来，如拜托、拜领、拜识、拜贺、拜望等。
光：表示光荣，用于对方来临，如光临、光顾等。
恭：表示尊敬，如恭喜、恭候等。
雅：用于称对方的情意、举动，如雅教、雅意、雅正等。
奉：用于自己的举动涉及对方时，如奉告、奉还、奉劝、奉陪、奉赠等。
家：用于对别人称自己的辈分高或同辈年纪大的亲属，如家父或家严、家母或家慈、家兄等。
舍：用于对别人称自己的辈分低或年纪小的亲属，如舍弟、舍侄等。
拙：称自己的文章、见解等，如拙笔、拙见等。
贱：称有关自己的事物，如贱姓、贱名等。
敝：用于跟自己有关的人或事物，如敝人、敝处、敝校等。
小：称自己或与自己有关的人或事，如小儿、小媳、小女等。
愚：称有关自己的人或事，如愚兄、愚见等。

（二）交谈礼节

语言交谈是人们交流思想、传达信息的主要方式之一。在很多场合下，人们的言谈都有着一些约定俗成的规则，注意到这些才可能在交往中获得成功。注意，表示尊重和友好是谈话时最基本的原则。下面介绍一些言谈中应注意的基本要求。

（1）注意身份、称谓。对师长和上级说话，要注意以适当的礼让、谦恭的方式交谈，以表示对对方的敬重。与同事、平辈交谈，要以谦和、友善的态度说话。对下级、晚辈和学生讲话，要以平易近人、温和的态度说话。男女之间的谈话，则要文雅、掌握分寸，对不熟悉的异性不要轻易开玩笑。交谈时表情要真诚、随和，面露悦色，谈吐诚实、自然，不要斜视张望，切忌冷冷淡淡、尖酸刻薄。

（2）注意避讳、禁忌。谈话中不要涉及对方民族的宗教禁忌，对方不愿意提及的话题不要去追问，有关个人隐私和秘密不要好奇地去探究。有些词语在人们的观念中被认为说出来不吉利，应该避讳。例如，大年初一忌说“病”、“穷”、“霉”、“败”和“死”等字，坐在船上忌说“翻”和“沉”等。有些禁忌语往往用其他词语替代，如“死”在多数场合都是一个禁忌语，常用“逝世”、“辞世”、“老了”和“不在了”等委婉语替代。另外，与女士交谈不要询问年龄，不要打听男士的经济收入，尽量不要拿对方的伤心事作为话题，实在无法避及，语气一定要委婉、含蓄，点到即可。对交谈对象提出的要求无法满足或达到，表示自己的意见和难度时，要避免直截了当的拒绝，注意言辞委婉，但不可欺骗对方。

（3）交谈中，要善于倾听别人说话。倾听时，身体要稍微向对方倾斜，微笑地看着对方的眼睛，以表示自己的真诚和认真，使对方保持交谈下去的兴趣和热情。切忌凝视、斜视和目不转睛地打量对方。

（4）说话时态度要热情、诚恳。交谈时选择恰当的话题，特别是对方感兴趣的话题，让对方有话可说。切忌与人交谈时以自己为中心，夸夸其谈，不给别人说话的机会。交谈中不要跷二郎腿，不要手舞足蹈或指手画脚，这是不文明、不礼貌的举止。

资料卡

交往辨言录

名人说过的话叫名言，教育鞭策的话叫格言；
规劝告诫的话叫箴言，公开宣告的话叫宣言；
使人进步的话叫良言，有所寄托的话叫寓言；
应允别人的话叫诺言，象征吉祥的话叫吉言；
诚恳劝告的话叫忠言，劝人改错的话叫诤言；
预先说出的话叫预言，宣誓说出的话叫誓言；
不满抱怨的话叫怨言，坦率表白的话叫直言；
不加隐瞒的话叫坦言，临走写下的话叫留言；
生前留下的话叫遗言，写在书前的话叫序言；
分别勉励的话叫赠言，狂妄自大的话叫狂言；
虚假伪装的话叫佯言，随便嬉笑的话叫戏言；
婉转表达的话叫婉言，讨人喜欢的话叫甜言；
内心倾吐的话叫真言，令人吃惊的话叫危言；
肮脏下流的话叫污言，诽谤攻击的话叫恶言；
欺骗编造的话叫谎言，无据乱说的话叫胡言；
没有依据的话叫流言，违背事实的话叫谣言；
挑拨离间的话叫谗言，不守信诺的话叫食言。

（5）交谈时，思想要集中，不要左顾右盼、心不在焉或做其他不相干的事，也不要不自在地做一些类似玩指甲、捻衣角的小动作。切忌一会儿抬手看表，一会儿似听非听，若有急事要去办，可客气而大方地直接说明。

（6）交谈中对问题有不同的看法和见解，这是常有的事。要公平而文明地展开讨论，不要争执、抬杠或强词夺理，必要时可转移话题，避免破坏交谈的气氛。对一些原则上的事情，或在先肯定对方部分意见后委婉谈出自己的意见，或以商量的口吻说清楚，以取得对方的理解和赞同。

（7）控制好谈话的节奏，注意对方的心情和表情变化，及时引导交谈的趋向。同时与几个人谈话时，不要把注意力集中在少数人身上，应照顾所有在场的人，尽量激起不爱说话的人的交谈兴趣，使他们都能参与到交谈中来。

思考题：

（1）请列举现实生活中的事例证明“良言一句三冬暖，恶语伤人六月寒”这句话具体包舍的道理。

(2) 本节提到的见面、交谈礼仪方面的知识与你所知道的古代见面、交谈习俗有何不同？这些礼仪体现了哪些民俗传统观念？

(3) 常用的称谓用语有哪些？交谈礼仪应该注意哪些事项？

第二节 迎来送往的社交礼仪

学习目标

1. 成功运用待客礼仪
2. 熟练掌握拜访、做客礼仪
3. 了解馈赠礼仪
4. 了解赴宴的礼节

知识点一 待客礼仪

俗话说："在家不会敬宾客，出门方知少朋友。"这句话说的就是待客的重要性。各地待客的习俗有所不同，但最基本的共同点是热情、诚实。招待好客人（见图 2-9），大体上应做到以下几点。

(1) 对于预约来客，应在确定的时间之前作好准备。会客厅要适当收拾，不能乱七八糟。对远方到来的客人，如事先已告知到达时间，应前往码头、车站迎接。

(2) 客人登门，热情迎进屋内，客人脱下的衣帽要主动为他们挂好。招呼家人出来，与客人介绍见面。若对方年长或是上级，奉茶时应一手扶杯、一手托底；对平辈或后辈则可随便些。

(3) 客人坐定后，应马上与之寒暄，对吃没吃饭以及近况等进行询问，设法为客人创造一种轻松愉快的气氛，使之有宾至如归的感觉。如果是多批客人来访，那么可前客、后客一起接待，尽量一视同仁，不厚此薄彼，不冷落任何一位客人。

图 2-9 待客礼仪

(4) 如果客人是带礼品来的，那么一定要弄清楚，不要把客人自己的东西也当成礼品。在西方国家，朋友送礼时应该当面打开礼盒表示欣赏和致谢。但我们民族的习俗是不要当着客人的面打开礼盒并进行评价，这是失礼的举动。根据不同来访对象，自己也尽可能地回赠一些礼物。

(5) 对不约而至的客人，尽管对你的工作、生活或家事有所打扰，也应以惊喜、热情的态度迎接进屋，以礼相待，不应怠慢或不满。因客人骤至，如果自己服饰、仪表未来得及更换修饰，也应等客人坐定后，打过招呼再回房内更换、修整（时间不可太长），再与之致歉、谈话，以示尊重。

待客完毕，一般由客人提出告辞。如果客人是于晚上远道而来，主人应真诚留宿。若客人执意要走，那么主人应等客人站起后再站起，主动为客人取下衣帽，请他穿戴好。家人也最好同客人说上几句热情的告别语。当客人告辞时，应道别相送。若是老年客人，应送至楼下或庭院外视野开阔的路口，同辈可送至楼道口，后辈可站在门口相送。切忌客人还在门口时就与家人交谈或转身关门，而应目送客人走出视线外。客人回头相看时，可挥手或点头微笑致意。

知识点二　拜访、做客礼仪

我国自古以来就有“来而不往非礼也”的说法，崇尚“礼尚往来”。到亲朋好友家做客，是加深感情和增进友谊的主要方式之一。要想得到亲朋好友的欢迎，做一位讨人喜欢的客人，就应该注意以下事项。

（1）尽量不做不速之客、不请自到。拜访之前应事先通知对方，使对方有所准备和安排。早晨不宜拜访朋友，以免打扰对方休息或打乱对方一天的工作计划。不宜选对方较忙或吃饭时间拜访，晚上不宜太晚，最好按对方的意向确定拜访的时间。

（2）到别人家做客，尤其是初访，一定要注意穿对方能接受的服装，做到穿戴干净、整洁、大方。到达拜访对象家门口时，先将大衣和围巾除下，拿在手里。按门铃后自报家门；门铃不要长时间按着不放，也不要一触即离；没有门铃，敲门要有节奏感，不轻不重、不急不缓，最多只敲两三次。切不可透过缝隙窥视有没有人在家，不可在门口高声呼叫。门虚掩或开着，也应敲一两声并问“我可以进来吗？”

（3）如果对方开门，无论事情多急，拜访时间多紧，也要在门口寒暄几句，不要直接谈正题，入室谢座后再谈正题。进屋后，见到其家人应问好致意，对方或年长者上茶敬烟时要致谢，招待的饮料最好要喝完，要善于倾听提问，作出积极响应。

（4）拜访的时间不要过长，也不要太匆忙，一般以半小时到一小时为宜，以免引起主人及家庭人员的不便。尤其是当主人家有小孩做作业时，一定要注意不要停留时间太久，否则会引起人家的厌烦。当然，若是事务性拜访，则可视需要决定时间长短。

资料卡

交友类辨

（1）布衣之交：普通老百姓相交的朋友。
（2）刎颈之交：友谊深挚，同生死共患难的朋友。
（3）莫逆之交：彼此心意相通，无所违逆的朋友。
（4）君子之交：在道义上相互支持的朋友。
（5）贫贱之交：贫困潦倒时结交的朋友。
（6）总角之交：幼年就相认的朋友。
（7）竹马之交：小时就一同玩耍，相好结交的朋友。
（8）忘年之交：年岁差别大，辈份不同而交情深厚的朋友。
（9）一面之交：仅仅相识，但不甚了解的朋友。
（10）市侩之交：以做买卖的手段结交的朋友，因其忘义重利，又称小人之交。
（11）至交：友谊最深、不猜不疑的朋友。
（12）世交：又称世谊、世好，泛指两家世代的交情。

（5）与主人谈话时，不要只图自己痛快，说起来没完了，要给主人留下参与话题的时间。如果任凭自己漫无边际地谈论，会适得其反。要学会倾听对方的谈话，做一个文明礼貌的客人。

拜访结束时，一般应由客人起身告辞。而提出告辞的时间，最好是在主人的一个交谈高潮之后，或者在又新来了客人时顺势提出告辞。告辞出门时，应向对方家人一一致谢告别，出门后应主动提出请主人留步，自己稍躬身点头致意后礼谢离去。如果事后不久遇到对方，还可适当感谢几句。

资料卡

一两句话的力量

粗心的一两句话，会变成争斗的引子；
无心的一两句话，会熄灭爱的火花；
诅咒的一两句话，会播下仇恨的种子；
亲切的一两句话，会使人感激、难忘；
愉悦的一两句话，会照亮人的一整天；
欣赏的一两句话，会给人勇气、希望；
鼓励的一两句话，会鞭策人一辈子；
不经意的一两句话，可能会改变一个人；
有时候一两句话，会改变一个环境。

知识点三 馈赠礼仪

馈赠是人情交际的一种表现，馈赠的本意不是施舍，也不是资助，不应该以金钱的价值去衡量礼物，因此送礼不可太俗、太奢侈，俗语“千里送鹅毛，礼轻情义重”说的就是这个道理。送礼是发自内心的极为愉快的交流感情的活动，名贵的礼品不见得就表示情深意厚，微薄的礼品不一定就不成敬意。

送礼要看对象的年龄、性别、文化层次和宗教信仰。民族习惯各有不同，受礼者与自己的关系亲疏有别，我们送礼不可千篇一律，必须因人施礼。另外，要分清送礼的场合和意义，考虑对方的兴趣爱好，选好合适的礼物。

（1）婚礼。随着生活水平的提高，人们对婚礼越来越重视。婚庆时，一般受礼人会广邀自己的亲朋好友参加，贺庆的人多。人生的喜事大庆典，对方事先会经过较长时间的精心筹备和操办。在这种情况下，送实物不一定是对方需要的，你可同家人或朋友凑“份子钱”，然后打个喜封前往庆贺，简捷而实惠。

（2）寿礼。在长者或长辈寿诞时，选择礼品，以祝贺老人健康长寿为中心。例如，寿桃、寿糕、寿幛、寿联以及自己亲手雕制的山藤手杖等，凡能点缀图案的，一般要加上一些象征寿辰的图案。可送一些有利于健康的、长寿的保健用品，如营养滋补品、健身球、暖水袋和轻便羽绒衣等。总之，给老人的礼品要实用、舒适、轻便。另外，还可以捎带一束花，更显高雅。送桃花表示祝愿长寿幸福，长春花表示祝愿健康长寿，水仙花表示祝愿吉祥如意，万年青表示祝愿康健硬朗。

（3）生日、节庆礼。孩子生日、六一儿童节，给孩子买些礼物是很自然的，给亲朋好友的孩子送礼物要根据孩子年龄、性别和兴趣爱好的不同来选择物品。例如，给幼儿买些积木、识字卡和拼图版等智力玩具；给将要上学的孩子买书包和文具盒一类的学习用品；对已经上学的孩子，可针对孩子的兴趣爱好，买些促使其发展特长的礼品。孩子爱音乐，可买些小乐器；孩子爱绘画，可买些水彩颜料、画笔、画夹和画板等；孩子爱运动，可买些体育用品。总之，给孩子的礼物，最好是对孩子有教育意义的、带有鼓励性质的，使孩子可以更加奋发向上。

（4）其他。对一些生活相对比较困难的亲朋好友，馈送礼品时与其“锦上添花”不如“雪中送炭”，买些他们最需要的生活用品更为实际。对于文化层次较高的追求精神享受的朋友，宜选择工艺美术精品、文人字画作为礼品。

选择礼品时，一般对恋人以纪念性为佳，对朋友以趣味性为宜，对老年人以实用性为主，对孩子以启智性为好。送礼品要注意选其所好、别致新颖和精美时尚，重意不在值。赠送礼品也要注意避免禁忌。例如，给异性朋友送礼，不要送贴身用品；给健康人送礼，不要送药品；给做寿或体弱多病的朋友送礼，不要送时钟（易被联想到“送终”）；给少数民族朋友送礼，更要尊重对方的民族情感和风俗。

送礼时，要自然得体。不要默不作声地把礼品放在某一角落里，既不要一味地夸耀自己的礼物，也不要故意对礼物过于贬损。

知识点四 赴宴礼节

人们经常会出席各种宴会，而且这种机会很多。每一个出席宴会的人都必须注意自己的言行和吃菜的方式等礼节，它会影响到一个人的外在形象，体现出一个人的修养和素质。下面将介绍一下这方面的常见常用礼节。

（1）入座。入座前的要求是衣冠端正，文雅礼貌地进入宴会厅。正式宴请一般均排有座次和席位（见图 2-10），桌席有主次席之分，座次有上下座之别。一般来说，靠近主人活动中心点或主人所在的桌席为主席，每桌席坐下时方向面对着宴席厅正门的为上座。“吃饭右为上，开会左为大”，宴席上座的右边座次为尊位，左边为主陪位。这是因为中国人一般都习惯于右手用筷，坐在右边不会与同座的左边因用筷而造成不便，而开会时坐在左边方便起坐进出。民间现在流行的是一般只排部分主要宾客的席位，其他人只排桌席或自由入座。进入宴会厅之前应先了解你参加的宴会是否排了座次和席位，不要随意乱坐。入座时，应从座位的左侧入席，如邻座是长者或妇女，应主动为他们拉开坐椅，请他们先坐下。入座后，坐姿要端正，符合礼仪要求，不要将双肘搁在餐桌上。坐下后，应文明礼貌地主动与本桌的来宾打招呼，必要时进行自我介绍。

图 2-10 赴宴

（2）用餐。大家入座后，主人示意开始用餐，方可开始用餐。用餐时，座位与餐桌的距离应保持胸部与桌边相距两拳左右。餐巾应铺在膝盖上，以能接住可能滴落的食物为宜。餐巾可以用来擦嘴，但决不可用来擦汗，用后叠放在盘子右边。

（3）夹菜。夹菜要文明，不要挑来拣去，更不能在盘里翻搅。一般应夹离自己较近的菜，如果是转动餐桌，应待菜肴转到自己面前时再动筷。离自己较远的菜肴，可请别人传递，不要站起来伸手去夹，也不要越过邻座去夹。一次夹菜不宜太多，不要频频夹一种菜或专吃自己喜爱的菜。即使主人为自己夹了不爱吃的菜，也不应拒绝或显示出不想要的表情，应道谢后客气地接下来放在自己的碗边，吃不吃没关系。

进餐时要从容自然、文雅，细嚼慢咽。咀嚼食物嘴巴不可发出声响，喝汤也不要出声，否则极不文雅。使用餐具要避免发出响声，若不慎餐具掉落或打翻了汤、酒等情况，可沉着应付，用餐巾等作好善后处理，也可暂时离席到洗手间整理。如影响不大，最好先不去管它。

（4）祝酒。宴席上几乎都有祝酒或碰杯的习俗。主人祝酒致辞并和主宾先碰杯时，即使你未与主人同在一桌，也应端杯起立，以示感谢和敬意。在祝酒时，应暂停进餐和交谈。主人致辞祝酒后往往会到各桌敬酒，各桌宾客均应及时起立并举杯。碰杯时目视对方致意，主桌未祝酒时，其他桌不可先起立或串桌祝酒，祝酒时不要交叉碰杯。

（5）在酒桌上还有些细节必须注意。碰杯时不能漫不经心地用自己的杯底去碰对方杯子的杯沿，这是极为不敬的举动。晚辈向长者敬酒碰杯时，自己的杯子最好比对方低半个杯身，以示谦恭和尊敬（见图 2-11）。在席间不要吸烟。无论多热都不能当众解开纽扣脱下衣服，也不要用自己的手帕不停地揩拭，可以暂时到外边休息一下再进来。

图 2-11　正确的敬酒礼仪

（6）其他。用餐完毕退席时，应向主人打招呼，表示感谢；宴会中途因有急事必须提前离席时，除应向主人打招呼致歉和致谢外，还应向同桌来宾打招呼，以免失礼。自己举宴时，一定要至少提前三天将邀请或请柬发出，这样做一是以示真诚和敬重，二是为被请的人留出充裕的时间进行安排。民俗讲究提前三天发请柬叫“请”，表示尊重和隆重；提前两天发邀请就是“叫”，一般是长辈叫晚辈，上级叫下级；吃饭当天发邀请叫“抓”，多为平辈间使用，比较随意。

知识点五　慰问探视礼仪

人生在世，免不了会生病，此时很需要别人来看望安慰，以减轻、消除心中的孤寂和痛苦。

慰问探视病人，首先要弄清对方是住院治疗还是在家疗养以及病情的轻重程度，了解病人的心理状况，然后再选择探视礼物和谈论的话题。如果对方在家疗养，并且病情不是很重，那就可以买些果品食物、鲜花和休息时间读来轻松的书籍送去。慰问时应避开病人的休息时间。

交谈时，首先应询问病人的病情，如果你忽略了对方的情绪和具体病情，就达不到慰问探视的目的了。慰问探视病人，不要久坐长谈，病人的家属也会为探视人久坐而深感不安，探视时要理解对方的心情。

在准备去探视住院治疗的病人时，要先向对方的家属或护士了解病情。见到病人，要用平常见面时的语气说话，若不停地强调“要勇敢”、“要坚持”之类的话，病人反而会感到压力，增加思想负担。在病人面前，不要总问对方病情或谈论单位工作的事情，这会使病人的情绪低落。

探视病人所送的果品中忌送梨，因“梨”与“离”谐音，被认为不吉利；所送的鲜花中，最好不要有梅花，因“梅”与“霉”、“没”谐音，也被认为不吉利。

资料卡

常用礼仪客套话

初次见面说“久仰”，问人姓氏说“贵姓”；
答人问姓说“小姓”，分别重逢说“久违”；
征求意见说“指教”，求人原谅说“包涵”；
求人帮忙说“劳驾”，求人方便说“借光”；
麻烦别人说“打扰”，向人祝贺说“恭喜”；
请人指点说“赐教”，求人办事说“拜托”；
赞人见解说“高见”，看望别人说“拜访”；
宾客来临说“光临”，送客出门说“慢走”；
与客道别说“再来”，陪伴朋友说“奉陪”；
中途离开说“失陪”，等候客人说“恭候”；
请人勿送说“留步”，欢迎购买说“惠顾”；
归还物件说“奉还”，何人询问说“请问”；
求人协助说“费心”，请人解答说“请教”；
请改文章说“斧正”，接收好意说“领情”；
祝人健康说“保重”，老人年龄说“高寿”；
身体不适说“欠安”，希望照顾说“关照”；
请人赴约说“赏光”，自己见解说“拙见”；
需要考虑说“斟酌”，无法满足说“抱歉”；
对方来信说“惠书”，请人接收说“笑纳”；
送人照片说“惠存”，请人解答说“请教”；
没能迎接说“失迎”，客人入座说“请座”。

思考题：

（1）在日常的工作生活中，迎来送往应注意哪些基本礼仪？这些礼仪主要包括哪些方面？
（2）讲究交际礼仪与虚伪的“客套”有何区别？
（3）中国有句俗话说“入国问禁，入乡随俗”，你对此有何认识？

第三节　人生礼俗

学习目标

了解、熟悉以下礼仪：诞生礼、成人礼、婚嫁礼、寿诞礼、丧葬礼、祭祀礼。

人生礼俗的全过程，是按人年龄的增长过程来显示的。通常以“岁”为单位计算，几乎每岁都有一定的礼俗。但重大礼俗只在几个重要阶段出现，由此构成了人类生活中普遍依行的四大礼俗，即诞生礼、成年礼、婚嫁礼和丧葬礼。在我们的民俗传统习惯中，寿诞礼、祭祀礼也占有重要的位置。

知识点一　诞生礼

按我国民俗传统观念，一个家庭添丁增口，表明人丁兴旺。远在先秦时代，就有所谓的“弄璋”、“弄瓦”之说，“璋”是美玉，代表男孩子，“瓦”是土器，代表女孩子。故生男孩叫“弄璋之喜”，生女孩叫“弄瓦之喜”。孩子出生的第一天，我国各地有不同的礼俗。在北方地区，孩子出生后，孩子的父亲立即前往岳父家报喜，江南农村地区则是提着鸡去岳父家报喜，提公鸡表示生了男孩，提母鸡表示生了女孩，提双鸡则表示双胞胎。同时，会给左邻右舍、亲朋好友送上染红的鸡蛋（俗称喜蛋），喜蛋数目有的地方是男双女单。岳父家会以双倍数量的喜蛋、婴儿衣裙等礼物送还。

孩子出生第一天的另一项民俗是在自家门口张挂出诞生的标志。这有两方面意义：①标示出产妇和新生儿的住所，提醒人们注意。②明确标示出孩子的男女性别，用象征物寄寓对新生儿的期望和祝福。

孩子出生的第三天称为“三朝”，依俗在这一天要给新生儿洗澡。因为这一天是孩子第一次洗澡，自古以来礼俗很多。有的地方在水里放些草药艾叶和槐条，说是可以杀菌祛病；有的地方在水里放些黄连，说是孩子以后不生痱子和疮疤，也寓意先苦后甜；有的地方在水里放些葱和钱币，据说葱可使孩子聪明，钱币寓意孩子将来发财。主持洗澡的人大多由中老年妇女担任，农村还讲究选有儿有女有丈夫的全福人，而且是德高望重者。书香之家，做父亲的在这一天给孩子取个乳名。这种礼俗，北方地区称为“洗三”（见图 2-12），在给新生儿洗澡的过程中还伴有一系列的祝愿活动，现在大多已不再举行了。

图 2-12　洗三

1．满月礼俗

满月是家庭中庆祝孩子诞生的一个重要仪式，许多地方都要为婴儿举行满月礼，又称弥月礼。满月礼对于婴儿和产妇来说都很有意义。婴儿满月值得庆贺，产妇出月也应该纪念。举行满月礼，通常要邀请至亲好友来家中喝“满月酒”，前来祝贺的客人多半要送礼物给婴儿，这一天婴儿全身要穿着一新，打扮得漂漂亮亮，正式抱出来给长辈们见面。这种习俗古今大致相同。

满月这一天在很多地方，婴儿还要举行剃胎发、出门游走等仪式。剃胎发有一定的讲究和规矩，有的地方是请邻家三个年轻姑娘手持剪刀在婴儿头上比划着剪三下，接着由小孩的母亲再剪。有的地方“娘亲舅大”，婴儿由舅舅抱着坐好，剃头师傅把嚼烂的茶叶抹在孩子头上，据说日后头上不会长疮，头发将像茶树一样浓密。剃胎发时需要格外小心，剃不干净没关系，千万不能划破头皮，那样会给孩子带来不幸。有的地方给婴儿剃胎发时，额顶要留一块方方正正的“聪明发”，脑后要蓄“撑根发”，眉毛则全部剃光。婴儿的胎发又称“血发”，受之父母，除了留一些不剃表示对父母的尊敬外，剃下来的不能乱扔，要用彩线扎好，挂在孩子床头，说是可以避邪、保平安。现在，城市里不少父母，将自己婴儿的胎发做成毛笔，留作长久的纪念。

婴儿出门游走是由外婆或舅舅抱着到大街上或邻居家里走一走，因为是孩子第一次出家门，要“向上走”，也就是选择比自家水位高的地方出行，寓意步步向上。

在这一天，有许多地方的风俗就是利用满月亲朋欢聚之时，或请德高望重的长辈为婴儿取个学名或父亲当众宣布婴儿的学名。

2．百日和抓周礼俗

婴儿出生百天时，百日的庆贺活动各家根据自己的情况决定。一般办了满月酒，百日就不再操办了，只在自家范围内庆贺一下。按旧俗，这天的宴请以外祖母家亲戚为主。来客送的礼物都同“百”字、长命有关。或送长命锁，或送长命衣，或送100个鸡蛋，这个风俗南北基本相同。

周岁，是新生命在世间的第一个生日，庆贺仪式是相当隆重的。除邀请亲友来做客，举行周岁酒宴庆贺外，现在还要为婴儿摄影留念。这一天，外祖母家要备办衣衫鞋袜、银器和玩物等礼物送给外孙，称为“碎礼”。

孩子满一周岁时，有些地方还举行抓周（见图2-13和图2-14）活动。此习俗流传很久了，宋代就有记载，清代在江浙一带较为盛行。抓周一般是在午饭吃完长寿面后进行，将孩子置于一个圆形的竹器或放在床炕上，孩子四周排放着许多小物件，如笔、墨、纸、砚、玩具枪、钱币、筷子和印鉴等，若是女孩子则放尺、线、针、珠、玉粉、梳、镜和食品等，让孩子自由选择抓取，以三次为限，家里人就以这三件东西的性质来断定孩子的志向兴趣。其实，抓周一般只以此取乐，不会相信、认真。即便是孩子抓的是食物，玩具，也会往吉利方面联想——“将来他（她）生活好、有口福”，而不会认为他贪玩、馋嘴等。

图2-13 抓周1

图2-14 抓周2

现在，一般人家从孩子出生到满周岁，只举行一次亲朋欢聚的庆贺活动，或在三天或在满月或在百日或在周岁，活动的内容也简单多了，只是亲朋送礼，主人设宴答谢。

知识点二 成人礼

古时，男子20岁要举行加冠、加笄礼，表示向世人宣告，其已告别少年、进入成年，可以享受成年人的权力，可以婚嫁。同时，也要为社会尽一个成年人应尽的义务。加冠（见

图 2-15），就是男子把 20 岁以前孩童时的垂发束在一起，盘绕在头顶，用一块整幅的黑帛包住，然后加笄、簪、冠，把头发和冠固定住。女子加笄（见图 2-16）是在 15 岁时，加笄就是把头发绾到头顶，用黑布包上发髻，并插上簪子固定。古人对加冠礼极为重视，仪式要选择良辰吉日，在家族的宗庙内，由族中德高望重的长辈主持进行，并由长辈正式在名字之外赐字。字也称表字，“表”是表明、表白的意思，表白名的意思，即对名字加以解释。赐的字可以与名字的意思相同、相关或相反。

图 2-15　加冠

图 2-16　加笄

知识点三　婚嫁礼

“男大当婚，女大当嫁”，与其他人生礼俗相比，婚礼一直在变化着。这种变化主要体现在活动的内容和形式上，但万变不离其宗。婚礼要隆重、热闹、喜庆和吉祥。

1．传统婚礼

传统婚礼有“六礼”之说，即纳彩、问名、纳吉、纳征、请期和亲迎等六个阶段。

（1）纳彩。即提亲。中国礼俗强调“天上无云不成雨，地上无媒不成亲”、“明媒正娶”、“三媒六证”等。男方请媒人到女方家去，表示希望娶女方姑娘的意愿，求取女方同意。纳彩就是往对方家送东西，媒人要替男方转送求嫁礼物，旧时多为活雁。雁失偶后终生不再成双，取其忠贞之意，后因活雁难找，改为家鹅。

（2）问名。男方第二次请媒人到女方家去，问姑娘的名字，实际上是尽可能全面了解姑娘的情况，如年龄、长相、属相和性情如何等。讨得姑娘出生的年月日时和天干地支，也就是“八字”，所以，这个阶段又称“讨八字”。

（3）纳吉。男方通过媒人讨得姑娘的“八字”，与议婚男青年的八字一起交给算命先生推算，也称“合婚”。如果结果大吉大利，程序可以继续进行下去，男方让媒人将结果告诉女方，并由媒人陪小伙子到女方家或约定地点与女方家长见面，对小伙子进行考察。“合八字”相亲虽无科学根据，但却是传统婚姻礼俗中不可缺少的环节。

（4）纳征。纳征就是正式订婚，婚约正式成立。“征”的意思就是“成”，但纳了以后才算成，不纳不算成。纳的无非是钱财，俗称彩礼。男方纳了彩礼，双方订婚约，不得反悔。

（5）请期。男女到了婚配的年龄，要结婚了。男方选了个好日子，请媒人送到女方家，请求女方同意，称“请期”，媒人还要带点钱物给女方。有些地方俗称送日子或送好。

（6）亲迎。新婚大喜日子，新郎亲自去迎娶新娘。这一步也就是我们现在所说的举行婚礼（见图 2-17）。

图 2-17 婚礼庆典

新娘接到后，结婚的仪式一个接一个地进行。首先拜天地、拜父母、夫妻对拜，接着男女双方喝交杯酒，最后进入新房。

2．现代婚礼

现代社会的婚礼，各地民俗有较大的差别，农村与城市的习俗差别也很大。一般来说，农村保留传统婚礼的习俗要多一些。

（1）农村婚礼。相亲多数是女子在家长和介绍人的陪同下去男方家相亲，察看男方家的经济状况以及小伙子的人品相貌。届时，男方家备下酒饭招待，女方家如留下吃饭，则表示相中了，若坚决不留，则说明告吹。

举行婚礼时，男女双方家里都要分别摆宴。新郎在若干亲友陪同下，到女方家迎娶新娘，在新娘家宴会上，新娘的母亲或父亲领着新郎逐席向新娘的亲友敬酒，实际上是向新郎逐个介绍这些亲友。随着介绍，新郎逐个称呼，来宾将贺喜的礼钱让新娘的父母转交给新郎。新娘被接到男家后，情形相同。

（2）城市婚礼。城市中的婚礼就比农村简单多了。青年男女经人介绍或自己相识后，经过一段时间的相处了解，彼此感到情投意合，到了结婚年龄，履行完法定结婚登记手续后就算结婚了。通常的做法是双方共同布置好新房后，新郎用喜车把新娘接来，在约定的饭店，新郎新娘盛装由伴娘、伴郎陪同站在门口，迎接双方亲友。亲友当场将贺喜的红包交到他们手里，新郎敬烟，新娘点烟、发喜糖。待亲友到齐，在饭店举行喜庆仪式，双方亲友举杯共餐同庆。也有的城市新人更为简捷，不举行婚礼庆典仪式，在履行完法定结婚登记手续后，新郎新娘外出旅游度蜜月，回来后向亲朋好友和各自单位同事散发喜糖，宣告已经成婚。

举行各种婚礼的意义大致在于：向社会展示婚姻的进程，以便社会见证和监督；亲族接纳新人为成员，并祝愿新人在亲族中与其他成员关系融洽、尊卑有序、相互敬爱；祝贺新婚夫妇，愿他们感情深笃、白头偕老、生活幸福和家业兴旺等。

知识点四 寿诞礼

寿诞礼是我国民俗传统文化的表现之一。我国古代就有"五福"之说，《尚书洪范》中说："五福，一曰寿，二曰福，三曰康宁，四曰攸好德，五曰考终命。"民间的说法是寿、福、禄、喜、财，"寿"都放在第一位。基于这个观念，古人、今人都十分重视寿诞的礼仪。

民间做寿礼有许多讲究。小孩及年轻人不行祝寿礼，而俗称过生日。只有到了一定年纪，才能举行祝寿礼。如果父母在世，即使年过半百，也不能做寿，因为"尊亲在，不敢言老"。为老人做寿，往往从60岁开始，以后每逢五或逢九举行祝寿活动，年纪越大庆礼越隆重。一般做寿"做九不做十"，即在59岁时做60岁的寿礼，79岁时做80岁的寿礼等。我国大部分地区民俗讲究"男不做十，女不做九"或"男不做实，女不做虚"。

寿诞礼特定年纪有特定的称谓，如"贺六十"（花甲之寿）、"祝七十"（古稀之寿）、"庆八十"（大庆之寿）等，因为我国古代用椿萱代称父母，故作寿礼，男的称"椿寿"，女的称"萱寿"。"椿萱并寿，兰桂齐芳"，"椿萱"指的就是这层意思。

庆祝寿辰，一般不能自己给自己庆贺，而应由子女亲戚朋友出面举行。子女或亲朋在决定给"寿星"庆祝寿辰之后，应预先发送请帖给其他亲朋好友，请帖要大方、庄重、措辞精练达意。亲友接到请帖后，都应准备一些寿礼。常见的寿礼有寿糕、寿桃、寿面、寿联和寿幛等。

传统习俗祝寿礼有一套仪规，先要设寿堂、摆寿烛、挂寿幛，铺排陈设，张灯结彩，布置一新。司仪主持仪式，亲友、晚辈都要来上寿，辈分不同，礼数有别。平辈往往是一揖（鞠躬），子侄晚辈为四拜。客人礼拜，由儿孙辈齐集还礼（见图2-18）。

图2-18 民间拜寿

寿宴是祝寿礼的重要一环，主家大开筵席，款待客人，席上鸡鸭鱼肉、山珍海味，但少不了的是面，俗称"长寿面"，贺寿的来客送上寿礼，寿礼要加上象征长寿的图案。

在农村，有的还请戏台班子，上演祝寿戏，使热闹的气氛达到高潮。有的还用放生来祝寿，放生就是买些鸟雀鱼虾，寿日当众将鸟雀放飞、把鱼虾放到江河池塘中去。

知识点五　丧葬礼

当一个人走完人生旅途离开人间时，人们对死者的悼念、殓殡和祭奠等一系列仪式称为葬礼。我国民间习俗认为，享有60岁以上因老、病而死的，都算寿终正寝，称为喜丧，也就是通常所说的白喜事。下面我们分别介绍一下传统丧葬礼俗和现代丧葬礼仪。

1．传统习俗丧葬礼俗

对于正常死亡，家人在心理和物质方面都早有准备，儿孙要在死者临终前日夜守候，谓之送终。在亲人临近咽气时，将其由卧房移至正庭中临时铺设的板床上，称搬铺。临终者已知自己将离人世，召唤家人留遗言，嘱咐家人预备办理后事。

（1）咽气。人死后，在死者脚边供“脚尾饭”、烧银纸、点香烛，意在供其食用及路费，并照明其行路。用一块中央缝红绸的白布盖在死者身上，称盖“水被”。用厚纸或白布，在上面写上死者姓名、死亡年月日，做“魂帛”暂代牌位，供于正庭一角。燃烛烧香，将碗器击破一个，烧纸制的小桥、小马和死者生前经常穿戴的鞋袜衣帽，子女跪于香案前，对天奉告。

（2）正寝。古有“寿终正寝”的说法，将遗体安置于灵床称为正寝。遗体卧向外，脚头置以碟盏，盛茶油、放灯芯点燃，称为长明灯。正寝后，一面向亲友报丧，一面商议治丧各事。然后是复礼，也就是招魂，一般是家人到屋上或高坡，朝祖先发源地或祖先坟茔呼唤死者，这是亲属希望亲人魂归的礼仪。

（3）入殓。入殓就是把死者遗体放入棺木。古礼入殓分小殓和大殓两步，或三日小殓、五日大殓，或次日小殓、三日大殓。小殓指穿好寿衣等，古礼小殓多是趁弥留之际给死者穿好寿衣，这一方面是因为死后遗体僵硬，不好穿戴；另一方面是出于迷信，民间认为没来得及穿好衣服就咽气，是“光着身子走了”，亲属会感到内疚。大殓指装殓入棺，死者的至亲都要守在旁边。入棺后，还要在棺内放入许多小的陪葬品。若是妇女去世，还得等娘家人来验棺，如果这些关系未理清，往往会发生礼仪性的纠纷，那就是所谓的闹丧。

（4）装裹。寿衣一般在死者生前就做好了，质料一律是棉的，不能用缎子，因为“缎子”与“断子”谐音，鞋必须是布底，做出莲花图案，表示脚登莲台，成了正果。内衣不钉纽扣，只缝飘带，因“钮子”与“扭子”谐音，怕犯不利子孙的忌讳。大殓以后，接下来还要开光。开光指死者的长子为亲人揩拭面颊，亲友最后一次瞻视遗容。

（5）守灵。人咽气后停在灵床上，由死者的直系亲属晚辈守候在床旁，这就是守护灵床，是守灵的开始，入殓后是守护灵柩。守灵时，守灵人主要责任是看护好遗体，习俗认为是免受外鬼侵犯，尤其不要让猫、狗接近遗体。在亲友拜祭死者时，所有应该守灵的人都要参加，男的在灵柩左边，女的在右边，按辈分及年龄大小，从前到后跪着，行答谢之礼，直到出殡，守灵才算结束。

通常情况下，在死者小殓以后，丧家要向亲戚、朋友及邻里报告死讯、丧期和葬期，以便亲友们及时赶在大殓前来吊丧，这称为报丧。报丧的形式有口头的，也有持讣文的，现在还有在报纸上登讣告报丧的。孝子亲自前往报丧以示对亲人去世的重视和对亲友的敬意，对那些至亲及关系特殊的，尤其要如此，否则礼数不到。而对较为疏远的亲戚，也要派家族成员去登门报讯，捎个口信是很不礼貌的行为。报丧的孝子要穿孝服，或者戴顶孝帽，腰里扎条孝带子，到了别人家，不能进门，有人来接，无论长幼，都要叩首。

（6）成服。即穿孝、戴孝。传统的所谓五服制度，不仅用于丧葬，也是界定亲族关系远近的标准，早在古代就已定型。若与死者是父子、父女（未嫁）关系，孝要从头到脚一片白，衣服不锁边，腰扎麻绳，即披麻戴孝。如果双亲中有一人健在，则鞋后跟处不用白布包严。孙、重孙除孝服外还有些特别的标志，如孙子、孙女孝衣肩头钉一块红布，重孙钉两块，如果亡者是外祖父母，则钉蓝布。

亲友前来吊唁，至亲的戴孝者要跪拜迎接，再陪同至死者灵柩前，并伴有鼓乐仪仗，吊唁人先在灵柩前行四叩首礼，守灵的孝子们还礼后即到账房交礼。

（7）出殡。出殡下葬是丧礼渐近尾声时的仪式。出殡之前，先要祭丧，届时要摆设丰富的祭品，按戴孝者的辈分大小依次祭奠，仪式不外乎是上香、祭酒、跪叩和读祭文。祭供要有三次，三叩首时进茶、酒、饭和豆腐等，六叩首时敬茶、酒、面条、黄豆和各种水果，九叩首时进茶、酒和各种肉类食品。之后，戴孝者向亡灵做永别鞠躬礼。

祭丧礼毕，就是辞灵。步骤是把最后一次祭奠的饭食装在瓷罐里，俗称馅食罐，出殡时由大儿媳妇抱着，最后埋在棺材的前头。送葬一般是长子打幡在前，次子抱灵牌，次子以下的戴孝者都手持裹着白纸穗的哭丧棒，大儿媳妇抱着馅食罐。

（8）路祭。出殡路上，还有几项仪俗，如撒纸钱、摆茶桌和路祭。出殡时由专人在孝子前头扬撒，在遇有路祭，经过十字路、河沿、桥梁、井台、寺庙、城门及下葬时，都要将纸钱高高扬撒，迷信的说法是打发路边的孤魂野鬼。茶桌和路祭多是丧家的亲朋等摆设，意在表示哀悼和慰问，等灵柩走近时端给孝子。孝子无论喝与不喝，都要跪下叩谢。路祭则指出殡队伍所经之路设供桌或祭棚，祭奠亡灵。

（9）下葬。到达墓地以后，将墓坑再次整理，把随葬的馅饭罐、长明灯放在墓坑壁上的龛内，扫去脚印，将棺木徐徐放下，再由阴阳先生用罗盘矫正方向，填土掩埋。随后，所有送葬人员都得拜祭死者后再离去。

出殡回来后，逝者家人和亲友以及帮忙的人，开始吃豆腐宴。旧时的丧饭，菜肴以豆腐为主，有的甚至没有荤菜，因此称豆腐宴。后来生活日益好了，丧宴就如同盛大宴会，各种荤菜尽备，但必有豆腐一味示意。

2．现代丧葬礼仪

现代生活中，尤其是居住在城市里的人，丧事操办越来越简单了，大致程序如下。

（1）确定亲人已经咽气后，立即通知殡仪馆派专车将遗体运往冰库，死者的至亲要一同前往。

（2）与亲友商议办丧事，约请几位有经验的亲友帮忙，分管总务、财务（收支款项），布置、招待及杂务。拟订讣闻，向亲友们报告死者逝世及吊丧时间、地点，通知殡仪馆开吊时间、丧礼仪式以及是家祭还是公祭。

（3）布置灵堂，以庄严肃穆为原则，正后方墙壁上扎花牌，以深绿色为底，扎上黄色、白色花夹杂图案。花牌正前方置灵桌，灵桌后方中央置四周扎有黄色鲜花并镶着黑边的大幅遗像一尊。灵桌上置备供果、供菜，中间放灵位，两旁置大香烛一对，另有香炉等。丧家挽联挂在遗像两旁正后方的花牌上。花圈、花篮安放在入门两侧。灵堂内左右设有长条桌放香烟茶水，并置椅、凳若干，供吊唁者休息之用。灵堂门外左右各置一桌，一边为收礼处，一边为签名处。

（4）出殡时参加送殡的人数要有约略估计，不论亲友多少，要准备必要的车辆。追悼会是现代葬礼的一种主要形式，通常是追忆死者生前的业绩，寄托哀思，表达人们对死者的悼念。追悼会的会场一般设在殡仪馆，面向遗体，逝者亲属站立左边，主要亲属站前排，其他与会者站在会场中间，主持者则站立前排左边，一半向着逝者亲属，一半向着与会者。仪式程序如下：①××同志追悼会开始（鸣炮）；②全体肃立，向××同志遗体致哀，三鞠躬（奏哀乐）；③敬献花圈；④宣读挽幛和挽联；⑤致悼词；⑥亲友代表讲话；⑦家属讲话；⑧向××同志遗体告别（奏哀乐）；⑨结束。

在殡仪馆或火葬场的骨灰盒存放室安放骨灰盒，仪式比较简单，只是在骨灰盒前安放小花圈和鲜果进行祭供，并行礼致哀即可。出殡回来后，即举行宴席，答谢各位亲友帮忙办理、参加丧事活动。

知识点六 祭祀礼

祭祀一般分为两类，即家庭祭奠和扫墓祭奠。

家庭祭奠是在父母、祖父母的生辰或忌日举行。其传统仪式是面对先人的遗像，馨香三炷，供奉三牲之礼，水酒三杯，三鞠躬后默念致祭。

扫墓祭奠一般在清明节、中元节（农历七月十五日）或春节前后举行。传统的祭扫有以下几项内容。

（1）上香三炷，鞠躬悼念。点燃馨香，摆设一些水果或先人生前喜好的食品为供品，这是人们寄托哀思的一种方式。烧纸钱，行跪拜大礼，尤其是对自己的父母，这是一种民俗，也是晚辈寄托哀思的一种方法。

（2）整修陵墓一般是给坟墓培土，并整修墓道，由于每年雨水冲刷或其他原因，会使墓道或坟头受损，利用祭扫之际，进行休整。若是骨灰盒寄放在殡仪馆的，可先献上精制的微型花圈或塑料花束，把骨灰盒上的积尘掸净，瞻仰遗容，鞠躬行礼，低头默哀，以寄哀思。

（3）祭奠时肃立默哀，参加人较多时可放哀乐。

（4）主祭者到墓前献花果，引导众人行鞠躬礼。

（5）宣读祭文。祭文是在清明和忌日扫墓活动中，由主祭人诵读的悼念性的文字，内容不受时间性的限制，可以缅怀几年、几十年前故去的亲人，也可以是凭吊千百年来的列祖列宗。祭文的写法很像书信，但称呼的对象却是逝者。

（6）主祭者领众人向先人墓行哀祭礼，有三鞠躬之礼，也有三拜九叩首之礼。

思考题：

（1）什么是人生礼俗？主要包括哪些方面？

（2）我国传统婚礼的主要程序是什么？有哪些习俗还保留至今？

（3）我国丧葬习俗主要有哪些？我们应如何看待这些习俗？

本章小结

民俗礼仪可以理解成是一种民俗文化、一种社会规范。它是成千上万的百姓人家在长期交往、共同生活中约定俗成的一些规定，其目的在于协调彼此的行为举止。民俗和礼仪密不可分，可以说礼仪因民俗而诞生，民俗又被礼仪所滋润。良好的风度不仅要依靠得体的礼仪来体现，更要依靠自身的内在修养来铸就。

通过本章的学习，我们对中国民俗交际礼仪和人生礼俗有了一定的了解。其中，第一、第二节的内容是我们每个人在日常工作、生活中经常要接触到、运用到的基本常识。希望我们每个人都能熟练地掌握并运用到实践中去，传承我们民族民俗文化的精粹，做一个有知识、讲文明、懂礼貌、受人敬重的好青年、好公民。

第三章 岁时节日民俗

我国汉民族民间传统习俗节日基本上有三个特点：①承袭沿用夏历制，即节庆日都按现在所说的农历、阴历发生。②源远流长，历史悠久，绝大部分节日已经延续了千年以上。③节日的数量多，一些重大节庆，如春节、元宵节、清明节、端午节、七夕节、中秋节和重阳节等，已成为中华民族的一种民族特征。

第一节　我国汉民族民间传统节日

学习目标

1. 了解我国民间一些有较大影响的主要节日
2. 熟练掌握重要节日的习俗知识
3. 能将相关习俗知识运用到旅游行业服务中去

本节主要介绍除了地区性、行业性节日及已经衰落或转化成普通日子的节日外，我国各地至今仍然盛行的节日。

知识点一　春节

春节起源的传说

传说在我国四千多年前的远古时代，帝王尧是一位贤明的君主。他为黎民百姓办了许多好事，深受人民爱戴。可他的儿子却不太成器。尧帝考虑应把“天子”的位置传给品德好又有才干的人，才能造福人民。于是，他不分亲疏，经考察发现舜是一位非常贤能的人，于是就让位给了舜。舜接任天子，干得很出色。尧非常高兴，对舜说：“你今后一定要把帝位交好，我死后也就安心瞑目了。”

不久，尧死了，舜感激尧帝对自己的信赖和重托，以及对平民百姓的关心和爱护，便选定了一个日子，每年都带领部下祭告天地和先帝。同时，舜在位时事事都像尧帝一样，也十分受人爱戴。人民为了纪念舜，就把舜帝祭告天地和先帝的那天，当做一年的发首之日，即新年开始的第一天。以后，每年都在这一天以各种形式去纪念，于是就形成了春节这个中华民族的重大节日。

春节是我国民间最盛大的传统习俗节日，也就是农历新年。人们在这个节日欢庆的时间最长，礼俗也最为隆重，最受我国人民重视。即使到了国外的中国人，其他节日可以不庆祝，但在春节时他们必会贺岁迎新，因此，这个节日在世界上的影响也越来越大。

古代称农历正月初一为“元旦”，“元”是开始的意思，“旦”是早晨，“元旦”即新年的第一个早晨。这个节日，距今已有四千多年的历史。只是元旦的日期历代不尽相同。到汉武帝刘彻时，下令大臣编写“太初历”，规定正月初一为岁首，即元旦，一直沿至清末。1949 年 9 月 27 日，中国人民政治协商会议第一次全体会议通过使用“公元纪年法”，正式规定公历（阳历）的 1 月 1 日为我国的元旦，农历的正月初一为春节。

每年的春节庆祝活动，民间从年前腊月二十三过小年后就开始操办了，直到正月十五元宵节这段时间都属于春节范畴，历时二十多天。民俗春节，大致有以下过程。

1．扫尘、办年货

扫尘就是打扫卫生，这个习俗很早就有。在宋代就有记载，那时每到腊月（农历十二月）末，所有人家都扫尘土、净庭户，以祈求新岁之安。现在民间还流传着顺口溜：“腊月二十五，扫房又掸土；腊月二十七，里外洗一洗；腊月二十八，炊具餐具擦一擦；腊月二十九，脏土都搬走。”做这些事为的就是“干干净净迎新年”。

打扫卫生的同时，人们开始置办年货，年货包括吃、穿、用和娱乐几个方面（见图 3-1）。例如，为大人、小孩添置新衣，购买新家具、餐具，杀猪宰羊、打年糕，购买果品零食、鞭炮、年画、春联和神像，准备过年吃的丰盛饭菜等。我国南北各地风俗不同，过年的各种吃食也不尽相同。

随着春节的临近，过年的气氛越来越浓了，家庭主妇在屋里细心打扫、布置，男人们则根据计划去市场购买年货。小孩子呢？俗话说“大人盼插田，小孩子盼过年”，孩子们最悠闲，也最热切地期盼着新年快点到来。

图 3-1　过春节

2．贴春联、贴年画

卫生打扫好了，年货置办齐了，家家户户开始贴春联（见图 3-2）、贴年画（见图 3-3）。春联就是对联，因是春节时所贴，内容又与新春有关，所以称春联。春联具体的内容以表达人们对美好生活的向往和祝愿，对新春到来的喜庆为主，像“天增岁月人增寿，春满乾坤福满门”、“天下都乐人长寿，四海同春花盛开”、“接天瑞霭千家乐，献岁梅花万里香”等。中国贴春联的历史悠久，可以说是中华民族特有的一种传统民俗文化。

年画，顾名思义就是过年时贴的图画。其内容、题材非常广泛，有反映吉祥喜庆的，如求福、求寿、求平安的；有驱凶辟邪的神像，如门神、财神、观音等；有表现习俗风景的，如拜月图、闹花图等；有神话、历史故事，如牛郎织女、三国演义等；还有花鸟鱼虫等。这些年画贴在墙上显得气氛热烈活跃，在我国广大农村尤为时兴。

图 3-2 贴春联

图 3-3 贴年画

北方广大地区，过年时还要剪纸贴窗花，窗花用大红纸剪成，图案有吉祥喜庆的动物、花卉植物、人物等，这也是我们民族民俗传统文化精粹。

3．年夜饭、守岁

农历一年最后的一天俗称“除日”、“岁除”、“年关”“除夕”和“年三十”等。这一天的晚饭（有的地方是午饭）是一年中最丰盛的一顿饭。即使平时省吃俭用的人家，也要尽力做上几样美味菜肴。各地年夜饭中的菜都会有鱼，谓之“年年有余”，平时不沾酒的妇女也要喝点酒以图吉利。年夜饭（见图 3-4）的菜，我国南北各地都有讲究，一般都是在 8～10 道菜以上，且每道菜都有一个吉祥的好名称。

吃完除夕晚饭，开始守岁，这一天夜里是不能睡觉的，人们边吃边玩，迎接春节的到来，这就称做守岁。民间传统讲究“大年三十的火，正月十五的灯”，这一天不光做饭的火要又大又旺，晚上守岁取暖的火也要烧得又旺又久，寓意幸福的日子红红火火、长长久久。全家老少围坐火旁下棋、打牌，说说笑笑。电视普及后，观看中央电视台的春节晚会又成为人们除夕夜的一道“精神大餐”。当午夜十二点的钟声敲响时，村村寨寨、大街小巷鞭炮齐鸣，烟花四起，震耳欲聋，表达了人们辞旧迎新的喜庆兴奋之情。

除夕夜包饺子（见图 3-5）、吃饺子，北方尤为盛行，这种习俗寓意团结，表示吉利。为了增加喜庆气氛和乐趣，人们在饺子的馅上想出许多花样。例如，在饺子里包上一个钱币，谁吃到第二年谁就会发财；饺子馅里放上一颗糖，表示吃到者来年生活甜蜜幸福；包上一点花生，祝愿健康长寿等。

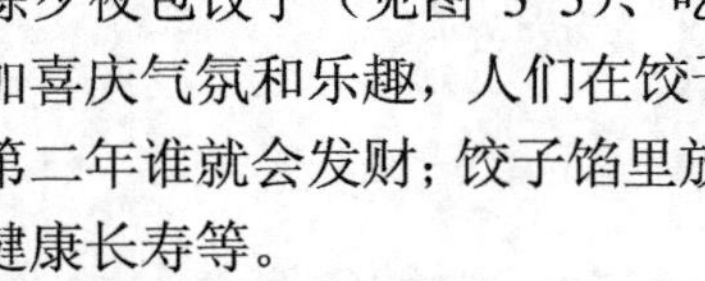

图 3-4 年夜饭

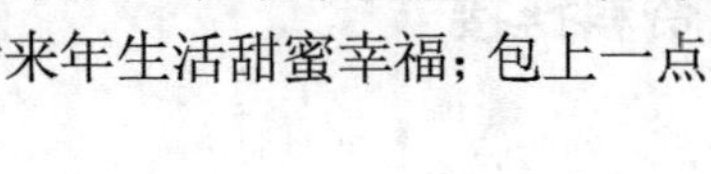

图 3-5 包饺子

4．拜年

春节拜年（见图 3-6）是一种极富人情味的礼仪习俗。新春伊始，人们走亲访友，登门拜年，互致节日祝贺，联络感情。拜年的习俗各地不尽相同，在南方拜年有“初一崽，初二郎，初三初四拜团坊”的说法，即大年初一全家人依次由晚辈向长辈拜年，初二女婿到岳父母家拜年，初三起亲友、邻居街坊交相拜年，祝贺新春。

现在，拜年的形式有了一些变化，机关、企事业单位一般组织“团拜”，实行集体拜年。大家聚在一起，展望新年并彼此互祝健康、愉快；同事好友之间从年三十之夜就开始用手机互致拜年问候短信，既体现了真情厚谊，又避免了拜年奔波之累。

在乡村，初一起就有大锣大鼓伴奏的狮子舞（见图 3-7）挨家挨户拜年贺喜的传统习俗。此俗大约源于南北朝时期，希望狮子那威武勇猛的形象能驱魔辟邪为大家带来和平安宁的好日子。狮子舞拜到哪一家时，哪一家都会鸣炮礼接，并象征性地送上多少不等的红包致谢。

图 3-6　拜年

图 3-7　春节舞狮

在拜年时，长辈给晚辈尤其是未成年晚辈压岁钱的习俗不知源于何时，但至少在明清时期就已经很盛行了。大概最初是给孩子几个零花钱，让孩子在喜庆之日买个自己喜欢的玩具或食品。到现在，“压岁钱”形式多样。生活好了，孩子根本不愁吃穿，有的“压岁钱”变成了孩子新学期的学费，有的则变给钱为赠“压岁书”。这些做法不失为一种移风易俗的好风尚。

在喜庆的节日期间，人们严守多种禁忌，例如，禁忌打骂孩子，忌打破碗碟，忌粗言重语，禁忌说不吉利的话，以求在新的一年中万事如意。南方，甚至还禁忌将家中的垃圾倒出去，寓意避免家中在新的一年中破财生灾。各种禁忌一般到年初五才解除。

资料链接

我国部分地区的年俗

1．山西的春节习俗

山西人称过春节为过年、过大年。送神迎神、祭祀祖先、接福纳祥是其主要内容。腊月二十三是祭灶的日子，这一天人们要送走各路神仙，如灶王爷、财神爷和土地爷等，希望众神上天向玉皇大帝汇报时不要胡言乱语，多说一些好话。其仪式很简单，晋南一带是包上几碗馄饨放在灶王牌位前，吕梁地区则是供奉用江米饭做的“西瓜”，然后点燃爆竹送众神起程。

山西各地都有在年前娶媳妇的习俗，时间一般从腊月二十三到大年三十。俗信以为这段时间是结婚的好日子，因为众神都上天去了，不会搅扰人间的好事。

年三十这天要接各路神仙回来，并准备一年中最大的祭祖活动。山西各地的祭祖一般有两种形式：①上坟进贡烧香，时间在年三十或年初一，由长辈带着儿孙到坟上祭祀。②在家中的祖宗牌位前放上供品，点燃香烛供奉。

2．台湾地区的春节习俗

我国台湾地区的春节习俗主要受到闽南地区的传统风俗的影响。

台湾地区的人们从腊月二十四开始做年糕，品种有四样：甜果、包仔糕、发糕、菜头糕。甜果是将糯米磨成水粉，再拌上红糖或白砂糖压成块蒸制而成。包仔糕俗称包金，过年时吃这种年糕意味着家中堆金存银、发财长寿。发糕是用台湾地区的特产蓬莱米磨成米粉，加糖发酵后蒸制而成的。因为发糕的“发”与“发财”、“发家”的“发”同音同字，所以糕发得越大，就象征着新的一年中家庭越兴旺发达。菜头糕是用米粉和萝卜丝搅拌后做成的。萝卜在台湾和闽南话中叫菜头，吃菜头糕，意味着新的一年里能得到“彩头”。

年三十晚上的团圆饭，在台湾地区称为围炉，全家老少围坐在放有火锅的圆桌边聚餐。如果家中有人在外不能赶回来，则要空出一个座位并把他的衣服放在椅子上表示他已回到家中与家人团聚。鱼圆、肉圆和菜圆是年三十晚上不可缺少的菜，有团团圆圆和三元及第的双重含义。鸡和韭菜也是很受欢迎的，“鸡”与“吉”谐音，“韭”与“久”谐音，寓意家业兴旺、家人健康长寿。

3．香港的春节习俗

春节是我国香港最盛大的节日。高度现代化的香港依然保留着腊月二十三祭灶和腊月二十四掸尘的传统习俗，除夕照例要吃团圆饭。有特色的是除夕之夜的香港花市。花市上陈列着来自我国内地、我国台湾地区和东南亚地区的各种鲜花。人们吃过年夜饭以后都要到花市上去逛一逛。除夕争购鲜花是香港与广东等地的习俗，因为在粤语中“花”与“发”谐音，除夕购花不仅可以美化环境，给新年带来温馨与浪漫，而且蕴含着生意发财的吉祥意义。春节前，在内地有亲人的香港人大多数都要回到家乡与亲人团聚。

大年初一，香港人拜年时最常说的吉祥话是“恭喜发财”。为了发财，不少人求助于神灵的佑护，在新年的第一天就到九龙的黄大仙庙中去进香。老香港人还要在家门口供土地爷，家中供财神或关公。在香港这样现代化的国际大都市中，传统民间祭祀的古老香火仍缭绕不断。

知识点二　元宵节

元宵节起源的传说

元宵节始于汉朝。传说汉高祖死后，吕皇后勾结娘家的兄弟、子侄篡权。吕皇后死后，忠于刘皇朝的太尉周勃和丞相陈平等人杀掉诸吕，拥汉文帝刘恒为主，肃清诸吕的日子正是正月十五日夜晚。后来，每逢正月十五这天晚上，便举国上下点彩灯、悬社灯以示庆祝。汉文帝将这天晚上定为元宵节。

古代称夜为宵，因为正月十五是一年中的第一个月圆之夜，所以称为元宵节。道教也将此日称为上元节。由于有张灯、观灯的民俗活动，又称为灯节。

元宵节的特定食品是汤圆（见图3-8）。传说唐代名将郭子仪平定安史之乱、击退外来侵略，立了大功，可多年未在家度过一个春节。他那年平定外侵后班师回朝时，唐帝李豫决定重重犒劳郭子仪，传旨御厨要做奇异食品来招待郭将军。厨师们接到圣旨犯了难，皇帝还有什么奇异食品未见过呢？一位老厨师在剥熟鸡蛋时受到启发，灵机一动，连夜将糯米磨成粉，以白糖、红枣和核桃仁等拌上香油作馅，包好后煮熟，皇帝一定没见过、没吃过，一定会感到新奇。果然，皇帝一看比鸡蛋小、比鸭蛋圆的白团团，嘴一咬，里面有红有黄，甜蜜蜜香喷喷，从未见过、吃过，便连声称赞并对郭子仪说："这是我命御厨特意为你做的奇异食品。国土完整，百姓家家团圆，所以这东西应该叫'唐圆'。"这事一传十，十传百，全国都知道了。从此，过元宵节吃"唐圆"就成了传统习俗。因这食品是水煮的，而且带汤，后来人们就称它为汤圆，象征团圆和睦、生活美满幸福。

图3-8 汤圆

元宵节自古以来就是一个以游乐为主题的节日。古时，京城一般实行宵禁制度，但在元宵节前后三天里，为举行放灯活动，特许解除禁令，大街小巷观灯的人像潮水一样。唐诗"谁家见月能闲坐，何处闻灯不看来"、"千门开锁万灯明，正月中旬动帝京"，就是这种景象的写照（见图3-9）。

元宵节的传统习俗活动有以下三项内容。

（1）赏灯，猜灯谜（见图3-10）。"大年三十的火，正月十五的灯"，家家室内摆灯、门口挂灯，街巷处处张灯结彩。晚上人们都出户观灯，城乡组织赛灯。传统的花灯有动物灯、植物灯、人物灯和戏曲故事灯等，争奇斗巧，美不胜收。各种花灯上或贴或挂有谜语，人们一边赏灯一边猜谜，情趣倍增。猜灯谜又称射虎、射灯虎，因为灯上谜语的内容往往艰深难懂，不易猜中，因而更考验人们的智慧。猜中者，灯的主家往往送些礼品以示奖励。这种活动既有知识性、趣味性和娱乐性，又高雅，不但民间十分流行，即便是皇宫中、富贵人家的宅院内在这一天也举行此类活动，如《红楼梦》中就有类似介绍。

图3-9 元宵节彩灯夜

图3-10 猜灯谜

（2）燃放烟花焰火。节日期间，各地都有传统的烟花焰火燃放，鞭炮争鸣，花弹飞舞，火树银花，灿烂辉煌。

（3）闹红火。闹红火即民间锣鼓乐舞、杂耍游艺表演（见图3-11）。例如，大头娃娃、猪八戒背媳妇、跑旱船、走高跷、舞狮、舞龙和扭秧歌等，深受民众喜爱，盛行不衰。

a） b） c） d）

图 3-11 闹红火

a）猪八戒背媳妇 b）跑旱船 c）大头娃娃 d）踩高跷

知识点三 清明节

清明节起源的传说

传说，春秋时晋国君主晋献公，为了把君位传给所宠爱的小儿子奚齐，便把太子申生杀了。二儿子重耳为此逃到外国，流亡了 19 年才回国做了君主，即晋文公。重耳落难期间，跟随他的人，吃不起苦都各自逃生了，只有介子推等五六个忠心的人跟着他。甚至，在粮绝无援的流亡中，介子推偷偷在自己的大腿上割下一块肉，烤熟给重耳充饥延命。重耳即位后，想封赏介子推做官，介子推与母亲一起隐居到绵山里不出来。几次找他不见，晋文公便采取烧山的办法，想把介子推逼出山。介子推宁可烧死也不出山。后来人们尊敬他的品德，每逢这天，大家都禁止烟火，表示对介子推的纪念。绵山改名为介山，县名改为介休县。这一天就被称为寒食节，大约从唐代起寒食节与清明合二而一，今天一些地方的人们在清明节吃冷食，就是这个遗俗。

清明节在农历 3 月、公历 4 月 5 日前后，即冬至后的第 106 天。清明有两层含义：一是指节气；二是指节日。节气是时序的标志，在二十四节气中，清明是唯一包含着双重意义的日子。清明过后，天气转暖，气温回升，正是春耕生产的时节。作为节日，清明又包含着某些特别的风俗，具有特殊的纪念意义。

清明节是一个融合了古代寒食节民俗而发展起来的传统节日，此节最重要的习俗就是扫墓与踏青。人们在墓前焚香点烛，祭献供品，为坟墓除草添土，在墓上悬挂纸条纸钱等物。明清以来，在这一天历代政府皆派官员前往陕西省黄陵县祭扫民族始祖黄帝的陵墓。清明节又是我们凭吊革命先烈、进行爱国主义教育的时机，机关团体、企事业单位和学校等集体到烈士陵园扫墓已成惯例。

清明节另一较普遍的活动是踏青。清明时节，芳草吐绿，杨柳抽丝，清风习习，流水潺潺。此时人们或邀好友、或偕家人同往，远足郊外田野，踏着崭露头角的小草，呼吸清新的空气，欣赏明媚的春光，又称为探春或寻春。为什么把清明节作为踏青日呢？一是因为清明人们去郊外扫墓上坟已成定俗，这时或邀友或举家欣赏一下自然美景顺理成章；二是因为此时万物复苏，明净宜人。

知识点四　端午节

端午节起源的传说

屈原是战国时代楚国的政治家、诗人。当时强大的秦国一心想吞掉楚国，为了强国御敌，屈原提出了改革政治、连齐抗秦的对策。顷襄王不但不听从屈原的意见，反而革去屈原的官职，将他流放到湖南。被流放后，屈原忧国忧民，经常在汨罗江畔边走边唱伤心的歌。公元前 278 年，秦国攻下楚国都城，屈原听说后伤心地大哭，不忍看着国家和人民遭受凌辱，在农历五月初五这天，跳入了汨罗江。江上的渔夫和岸上的百姓听说屈原投江，纷纷来到江上奋力打捞他的遗体，这个活动后来就演变成赛龙舟的习俗。江边的百姓拿来自家的粽子（见图 3-12）、鸡蛋投入江中，让鱼吃饱，以阻止鱼去咬食屈原的身体，还有郎中将雄黄酒倒入江中，以药昏蛟龙水兽，使屈原遗体免受伤害。自此为纪念屈原形成端午节的习俗就这样流传开来。

端午节是夏季汉族最重要的传统节日，时间在农历五月初五，本名端五节（“端”意思同“初”，初五可称“端五”）。这个节日的活动侧重于午时，而午时为阳辰，因此又称端阳节。

端午节的一项重要活动是赛龙舟（见图 3-13）。龙是中华民族的图腾。农历五月，时值夏季江河水旺。每逢端午节，将木雕的龙头安置在窄而长的船首，龙尾安置在船尾，便成了“龙舟”，进行竞渡比赛。赛龙舟一般按衣服颜色分为几组，约定一个终点，谁先到谁就是胜利者。各条龙舟一齐听鼓下桡，舟行似箭，两岸人山人海的观众，摇旗呐喊，鸣炮助威，声震云霄。胜利后，观众会敬酒、挂红、放鞭炮祝贺，十分热闹。现在，赛龙舟已成为全国性甚至走向世界的一项节日竞技活动和体育活动。

图 3-12　粽子

图 3-13　赛龙舟

端午节的另一项传统活动是驱邪避瘟。农历五月，时值初夏，气温转热，细菌病毒活跃，人容易感染得病。因此，人们以多种方式驱毒祛病。例如，将菖蒲和艾叶悬插在门上（见图 3-14），妇女儿童在身上戴符及香袋（见图 3-15），儿童在手足、颈上系五色丝线辟邪。节日午时，人们多举行家宴，饮雄黄酒，并以此酒洒在墙壁和地面上，涂于儿童耳鼻面额。这些活动有些具有一定的科学道理和适用性，但有些出于迷信，例如，雄黄酒含有砷，对人体有害，不宜饮用。

图 3-14 菖蒲和艾叶

图 3-15 香袋

端午节这一天又是“女儿节”，这反映了传统节日的社会功能。这一天，出嫁的女儿要回娘家，娘家要为其准备礼物，如夏天的衣物、扇子和凉帽等。已订婚的男方要给未来的岳父母家送节礼，节礼包括给未婚妻的衣物等。

知识点五 七夕节

七夕节起源的传说

传说古时候，有个善良的年轻人，名字叫牛郎。他父母早逝，只与一头老牛朝夕劳作相伴。这头牛可不是一般的牛，而是天上的金牛星变的，因触犯玉帝天条，被贬凡间为牛。一天，它开口告诉牛郎，东边山下有一个大湖，每天黄昏会有七个仙女来这里洗澡，只要牛郎偷走其中一件粉红色的衣裙，那个最漂亮的仙女无法返回天宫，就会留下来做他的妻子。

果然，仙女们洗完澡要回天宫时，年纪最小的织女因衣裙不见了，急得直哭。这时牛郎捧着她的衣裙出现，要求织女嫁给她才肯还回衣裙。织女见牛郎忠厚老实，便含羞答应了。

俩人成亲后生了一对子女，生活十分美满，但那头忠心的老牛却死了。临死前，它告诉牛郎剥下它的皮，危难时会派上用场。玉皇大帝得知织女嫁给牛郎后大为震怒，叫王母娘娘去抓织女回来。牛郎劳作一天回家不见织女，只有一对儿女在痛哭，想起老牛的叮嘱，就披上牛皮，用一担箩筐挑起两个孩子，飞升起来追赶织女。眼看要赶上了，王母娘娘拔下头上的金簪子，往身后一划，马上出现了一条波涛汹涌的天河，把牛郎织女分隔两边。牛郎和两个孩子站在河边大哭，惊动了玉皇大帝，他看两个孩子很可怜，就让他们全家每年农历七月七日相会一次。于是，就有了七夕相会（见图 3-16）的说法。

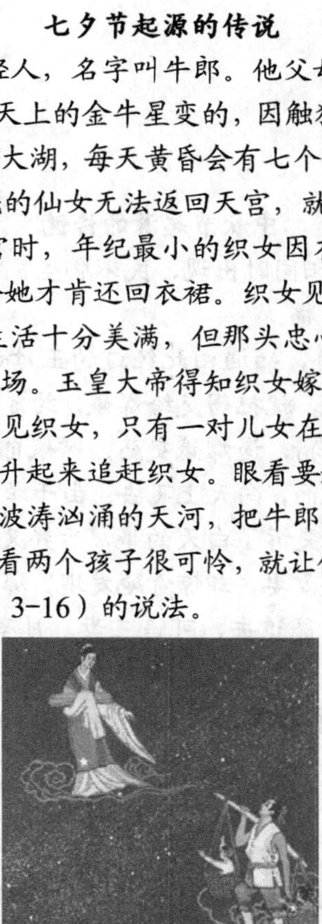

图 3-16 牛郎织女相会

七夕节在每年农历七月初七的夜晚，因为有乞巧的习俗，所以又称乞巧节。与其他传统节日相比，我国历史上的七夕节因为始终伴随着牛郎织女的爱情故事而具有浪漫色彩，所以七夕节又有“中国情人节”之称。

七夕节作为一个传统的节日形成于汉代。每逢七夕之夜，人们都要纷纷走出家门看牛郎织女在银河相会。七夕节主要是妇女参与的节日，随着牛郎织女故事的产生和流传，七夕出现了乞巧活动。由于羡慕织女的织布技巧，于是就趁织女和牛郎相会高兴的时候，乞求织女赐给她们高超的技艺和一双巧手。乞巧的方式有卜巧和赛巧。卜巧就是用占卜的方法来测定谁笨谁巧。例如，各自先将瓜果摆放在院子里，用来祭祀织女，然后让蜘蛛在瓜果上结网，谁的瓜果上有网而且结得厚就说明谁巧。赛巧是妇女们在月光下比赛穿针引线，谁穿得快，谁的手就巧。卜巧靠运气，赛巧靠本领。以前，在七夕这一天，姑娘媳妇们都要拿出自己亲手绣的绣花鞋、鸳鸯枕、石榴裙、香荷包及精致的工艺品在一起比试，目的在于交流巧手技艺。

传统的七夕节的另一项活动是放荷灯（见图 3-17）与水上浮。七月恰逢荷叶生长正盛之时。每逢七夕，人们都要在门前点燃荷叶灯以示过节。这是七夕节的一个重要特征。水上浮就是人们用黄蜡捏成雁、鸳鸯、龟和鱼之类的水生动物，系上彩带，放入水上漂浮的游戏。

图 3-17 放荷灯

知识点六 中秋节

中秋节起源的传说

相传，远古时天上有 10 个太阳同时出现，民不聊生，一个叫后羿的英雄力大无穷，拉开神弓，一气射下 9 个太阳，为民造福。

一天，后羿到昆仑山访友求道，巧遇由此经过的王母娘娘，求得一包不死药，服后可升天成仙。后羿舍不得撇下妻子嫦娥，就把药交给嫦娥，约定择日同服成仙。不料药被小人蓬蒙看见了，顿起歹意，趁后羿外出狩猎，逼嫦娥交药。嫦娥自知不是对手，拿出药，趁蓬蒙不留神一口吞了下去，身子立时飘离地面，向天上飞去。由于牵挂丈夫，便飞到离人间最近的月亮上成了仙。晚上后羿回到家，侍女哭诉了白天的事，后羿又惊又怒，抽剑找恶徒算账，蓬蒙却早已逃走。后羿只能仰望夜空呼唤爱妻，却惊奇地发现，那天晚上月亮格外皎洁明亮，而且中间有个身影酷似嫦娥。他拼命朝月亮追去，可追三步，月亮退三步，他退三步，月亮进三步，无论怎样也追不到。

后羿思念妻子，只好在嫦娥喜爱的后花园摆上香案，放上她平时爱吃的果品，遥祭月宫里眷恋自己的嫦娥。百姓们闻知嫦娥奔月成仙的消息后纷纷在月下摆设香案，向嫦娥祝福并祈求吉祥平安。

从此，中秋节拜月的习俗在民间传开了。

中秋节是我国汉民族在秋季最重要的传统节日，时间是每年的农历八月十五。古代以农历七、八、九三个月为秋季，八月十五正居仲秋之中，故称中秋节。由于这一夜的月亮又圆又明，成了团圆的象征，因而人们将此节定为亲人团聚之日，又称为团圆节。

我国古代有春分祭日、秋分祭月的习俗。它起源很早，究竟源于何时，现在已经很难说清楚了，唐代以来就有中秋赏月祭月的活动，至明清时已与春节、端午等节齐名，成为我国主要的节日之一。节日活动如下所述。

（1）赏月。中秋之夜，暮色降临，玉兔东升，赏月的活动开始了。人们常设家宴于月下，为孩子们讲述“嫦娥奔月”（见图 3-18）、“吴刚伐木”（见图 3-19）和“玉兔捣药”（见图 3-20）的古老神话故事，共享天伦之乐。家宴之后，人们盛月饼、水果、毛豆和芋头等食品于庭院、楼台上，全家人在银色的月光下一边赏月攀谈，一边品赏节日的佳品。中秋之时，古人面对这可望而不可即的明月，产生了各种美丽的遐想，如嫦娥、吴刚和玉兔的神话故事等。月亮也因此有了许多浪漫的别称，如婵娟、玉兔和桂宫等。

图 3-18　嫦娥奔月

图 3-19　吴刚伐木

图 3-20　玉兔捣药

（2）祭月。中秋之夜，人们各置月宫符像，陈列瓜果于庭院，面饼绘上月宫蟾兔，烧香肃立而拜（见图 3-21）。祭月的供品除了月饼（见图 3-22）和瓜果之外，新熟的毛豆也是常备的祭品。

图 3-21　中秋祭月

图 3-22　中秋月饼

（3）吃月饼。中秋吃月饼相传始于元代。当时，中原人民不堪忍受元朝统治的残酷统治，纷纷起义抗元。朱元璋联合各路反抗力量准备起义，但朝廷官兵搜查十分严密，传递消息十分困难。军师刘伯温就命人把“八月十五夜起义”的纸条藏在饼子里，派人分头送到各地义军手中。到了那天，各路起义军一起响应，起义成功了。朱元璋得知，高兴得传下口谕，在中秋节时让全体将士与民同乐，把传递起义秘密信息的饼称为“月饼”，作为节令糕点赏赐群臣部下。此后，中秋节吃月饼的习俗就在民间流传开来。

知识点七　重阳节

重阳节起源的传说

相传在东汉时期，汝河有个瘟魔，祸害四方百姓。有个叫桓景的青年，父母也被瘟魔祸害丧命。他下决心要为民除魔，于是遍访名山高士，终于拜一位仙长为师，苦练降魔本领。一天，仙长对桓景说："你技艺已成，明天是九月初九，瘟魔又要出来作怪，你回家去除害吧。"初九早晨，桓景回到家乡，按仙长的吩咐将乡亲们领到附近的山上(见图 3-23)，把仙长赠予的茱萸和菊花酒分给众人。中午时分，瘟魔冲出汝河，被茱萸和菊花的香气镇住，桓景手持降妖剑，几个回合就杀死了瘟魔。从此，九月初九佩戴茱萸、饮菊花酒、登高避疫的习俗就流传下来了。

图 3-23　重阳传说

重阳节又称重九节，在农历九月初九。古人将"九"这个数字看做阳数，九又被看做数中最大者，故九月初九具有特殊的意义，所以立为节日。

重阳节也称登高节，所以重阳节的活动总是与登高密不可分的。古人登高（见图 3-24）的真正目的在于秋游，以寄托秋思，同时也可作为健身活动。农历九月，正逢深秋季节，天高云淡，秋风送爽，金桂飘香，菊花盛开，此时登高望远，绮丽的风光尽收眼底。登高有多种方式，年轻力壮的可以到远郊进行登山活动；年老体弱的可以登高台、爬寺塔，也可以在高处的亭台上品茶小憩。

图 3-24　登高秋游

重阳节佩茱萸（见图 3-25）是传统习俗。茱萸是一种具有浓烈香味的植物，可以入药，有驱蚊杀虫的功效。汉代起，重阳节配茱萸就成为习俗，将茱萸切碎装在香袋里佩戴。晋代以后，将茱萸改插在头上了。唐朝王维作诗："独在异乡为异客，每逢佳节倍思亲。遥知兄弟登高处，遍插茱萸少一人。"说的就是这种情景。古人不但重阳节插佩茱萸，还用茱萸泡酒饮用。

重阳节自古就有饮菊花酒、吃重阳糕的习俗。饮菊花酒能令人长寿，这是一种传统说法，其制作方法是在菊花生长期，采下茎和叶，与黍米和在一起酿酒，酿成后保留到第二年重阳节饮用。重阳糕是以葛根粉和米粉制作的糕，"糕"与"高"谐音，吃糕象征步步登高。

重阳赏菊（见图 3-26）是另外一种习俗。由于菊花正逢农历九月开放，它便很自然地与重阳节结下不解之缘，重阳赏菊也便成为习俗。或在菊前饮酒品蟹吃重阳糕，或偕亲邀友登高寻芳菊饮酒，流连忘返，惬意无比。

图 3-25 茱萸

图 3-26 重阳赏菊

现在，重阳节又称为敬老节和老人节，因为“九”与“久”谐音，是长寿的象征。尊老敬老是中华民族的优良传统，这种风尚在重阳节中得到了充分的体现。

知识点八、腊八节

腊八节起源的传说

传说腊八粥传自印度。佛教的创始者释迦牟尼是古印度北部迦毗罗卫国（今尼泊尔国境内）净饭王的儿子，他见众生受生老病死等痛苦折磨，又不满当时婆罗门的神权统治，舍弃王位，出家修道。初无收获，后经6年苦行，于腊月初八，在菩提树下悟道成佛。在6年苦行中，每日仅食一麻一米。后人不忘他所受的苦难，于每年腊月初八吃粥以示纪念。“腊八”就成了“佛祖成道纪念日”。

腊八节古称腊日，古代用来祭祀祖先和神灵，祈求丰收和吉祥。

腊八这一天，即农历十二月初八，在佛教的寺院中要做法事，煮佛粥，分赠善男信女。一般家庭也有煮腊八粥的习俗。腊八粥，就是把糯米煮烂，里面加入果仁、莲子、红豆、红枣、桂圆和白糖等（见图 3-27）。古人认为，吃了腊八粥以后可以保平安。腊八粥（见图 3-28）一般是于清晨三更时煮成，先用以祭祀家堂门灶，然后馈送友人，最后全家聚食。

图 3-27 腊八粥材料

图 3-28 腊八粥

古时于腊日吃赤豆粥，原有宗教上逐疫的意味。人们在吃粥前，还要举行打鬼仪式，打跑瘟神疫鬼之后，在新的一年内就能平安无灾。这自然是迷信之说，但吃腊八粥，特别是赤豆内含丰富的维生素 B，有消炎、消毒和治脚气等功效，于健康确实是有益的。

思考题：

（1）汉族的传统节日，除了书中所列举的，你还知道有哪些？各有什么习俗特点？

（2）关于端午节的起源有多种说法。例如，吴越民族图腾说、恶月恶日驱避说等，书中只说了一种。你还知道端午节起源的其他说法吗？

（3）为什么中秋节又称团圆节？在这一天，民间有些什么习俗呢？

（4）你属于哪个民族？你们过春节、清明节和端午节时有哪些习俗？这些习俗的渊源或成因是什么？

（5）听过牛郎与织女的爱情故事吗？为什么七夕节又称乞巧节和中国的情人节呢？

（6）目前，有许多青少年热衷于过西方的节日，而对于本民族的许多传统节日及其习俗知之甚少，对这种现象你怎么看？

第二节　我国部分少数民族的传统节日

学习目标

1. 了解我国主要少数民族的传统节日
2. 尊重并理解少数民族的节日习俗

中华民族这个大家庭由 56 个民族组成。生活在中国这块古老土地上的 56 个民族，既有共同的节日，也有各自独特的传统节日。据资料记载，我们 56 个民族从古至今约有 1700 多个节日，其中少数民族的传统节日就有 1200 多个。

由于我国民族众多，我们无法在此将各民族的节日一一列举，故本节内容主要是选取人数较多或影响较大的少数民族的一些传统节日，向大家作一个简单介绍。

知识点一　壮族

壮族约有 1700 万人，是我国少数民族中人口最多的民族。除广西壮族自治区外，广东、湖南、贵州和四川等省都有壮族人口分布。壮年、歌圩节、牛神节、吃立节、吃新节、铜鼓节和祝寿节是壮族最隆重的传统节日。

（1）壮年。壮年又称将也益，以农历十二月为岁首，十一月末为除夕，习惯称为崴谊久，意为过二九（不管月大月小，都如此称谓）。这一天，全寨集资买猪（有的村寨按户轮流专门喂养社猪），宰杀敬祀社王，祈求保佑五谷丰登。

社王棚一般设于村寨边大树底下，祭时，集体叩拜，庄严肃穆，不许喧哗说笑，忌穿白色、花衣。祭毕，将煮熟的猪肉按户均分，带回家作“接魂”敬祖的主要供品，祭处严禁外人出入。过年十天之内为节日活动期，村村寨寨敲锣打鼓，纵情欢娱，有的还给周围兄弟民族送年礼。近邻各族也前来作客，喜气洋洋。

不过，壮年的壮族村寨还是以春节为大年，过年方式与当地汉族相同。

（2）歌圩节。各地圩期不完全一样，多半在春秋两季举行，秋季多选在中秋节前后（见图 3-29）。以农历春季的三月三举行的歌圩节最隆重、规模最大。这一天，青年男女装扮一新，聚集到山坡旷野上或竹林树荫下对唱山歌，互相盘答。对歌的内容主要是追求美好爱情，分为见面歌、邀请歌、盘歌、新歌、爱慕歌、盟誓歌和分别歌等。姑娘们可以在歌圩节上大胆地唱出对异性的爱慕与思恋，同时向意中人抛去自己的绣球。绣球是青年男女友谊的纽带，也是爱情的信物，除公开抛扔外，也可在歌场中悄悄相赠。而老人小孩则来游乐助兴，歌圩场附近，摊贩云集，民间贸易活跃。1985 年，广西壮族自治区政府把农历三月初三定为文化艺术节。

图 3-29　歌圩节

（3）牛神节。牛神节时间在农历四月初八，这一天让牛休息（见图 3-30）。家家吃黑糯米饭，无黑糯米的，就以一种树叶煮出叶汁，染成乌米饭。有的还以此饭喂牛，以示慰劳。由此可见壮族人喜牛爱牛的感情。

（4）吃立节。这是广西壮族自治区龙州县、凭祥市一带壮族人特有的节日。“吃立”在壮语中意为“欢庆”。1894 年春节来临之际，法国侵略我国边境，为了保卫家园，壮族青少年奔赴疆场杀敌。正月三十，将士凯旋，乡亲们杀鸡宰羊，做糯米粑，共同欢庆胜利，以后逐渐形成吃立节。节日期间，舞狮子、耍龙灯，唱歌、跳舞，热闹非凡。

（5）吃新节。吃新节在农历七八月寅日或卯日，各家各户到田间采摘将熟未熟的禾穗，将它炒熟舂成扁米，给全家尝新，称为绍侯。同时到渠沟河汊捕鱼，宰杀鸡鸭并取几穗新谷，敬供祖先。

（6）铜鼓节。铜鼓节在正月初一、十五和三十举行（见图 3-31）。节日里，除祭祀外，主要赛铜鼓。青年人以村寨为单位组成鼓队，集中到赛场，搭起竹棚，对擂比赛，以打得响亮动听、节奏鲜明、耐力持久为胜。同时，男女青年结伴纵声放歌。

图 3-30　牛神节

图 3-31　铜鼓节

（7）祝寿节。祝寿节在农历九月初九。这一天，晚辈及出嫁的女儿要带最好的米回来，倒入米缸中，表示为老人“添寿”、“养缸”。

知识点二　满族

清朝定都北京后，世代居住在东北各地的满族兵民除小部分留守外，绝大多数都相继入关，分驻各地，这样满族便遍布全国了，其人口约有 1100 万人，主要分布在东北三省和全国大中城市，分布特点是大分散中有小聚居。

满族的节日习俗受汉族影响最大，故其节日与汉族节日大同小异（见图 3-32）。汉族所过的传统重要节日对于满族同胞同样也是重要节日。

图 3-32　满族节庆活动

（1）正月里的节日。正月初五为破五，全家包面饺曰捏破。正月初一至十五，闺房中停止针线活，妇女结伴做抓嘎什哈戏，又名抓子儿。正月十六，满族妇女结伴游行，称为走百病，或者联袂打滚以脱晦气。有的地方是在冰上打滚，又称拔河戏。正月十六晚上点燃灯火，并提灯笼遍照屋内、庭院各个阴暗角落和幽静处，称为照贼。

（2）添仓节。每年正月二十五的添仓节，农村家家煮黏高粱米饭，放在仓库。用秫秸棍编织一只小马插在饭盆上，意思是马往家驮粮食，寓意丰收，第一天要连添三回新饭。

（3）三月里的节日。农历三月十五盛京（现称沈阳市）北塔法轮寺举行天地庙会，香火极盛。农历三月十六为山神庙会，由东北东部山区的参户（采、种人参户）集资唱戏。农历三月二十八为东岳庙会，又称天齐庙会，各地均举行祀神演戏活动，游人甚多。

（4）虫王节。六月天，易闹虫灾。每年六月初六虫王节这一天，满族人民到虫王庙朝拜，杀猪祭祀，求虫王爷免灾，保证地里的收成好。或家家在这一天晾晒衣物，以防虫蛀。

（5）其他节日。农历四月十八为碧霞元君庙会，俗称娘娘庙会，妇女多焚香还愿。农历十月初一是鬼节，烧纸、扫墓祀祖，称为送寒衣。这些节日多与宗教信仰有关。

知识点三　朝鲜族

朝鲜族人主要居住在东北三省。吉林延边朝鲜族自治州是朝鲜族最大的聚居区，其余散居在内蒙古、河北和北京等省市，人口约 200 万人。

朝鲜族有六大传统节日，即元日（春节）、上元（元宵节）、寒食（清明）、端午、嘉俳（秋夕）和洗头节。前四个节日与汉族过节习俗基本相同，有特色的是在节日里根据当时季节特点都要组织各种游戏和体育活动，以此取乐，载歌载舞。能歌善舞是朝鲜族的鲜明特点（见图 3-33）。

（1）嘉俳日。每年农历八月十五，人们杀猪宰羊，庆贺丰收，感谢神祖保佑。

（2）洗头节。洗头节为每年农历六月十五，这一天被视为黄道吉日（见图 3-34）。清晨，男女老少都到河边洗头，传说用向东流的溪水洗头是很吉利的，晚上有丰盛的晚餐。

此外，还有三个家庭节日，即婴儿生日节、花甲节（六十大寿）和回婚节（结婚六十周年纪念日）。

图 3-33　朝鲜族节庆活动

图 3-34　洗头节

知识点四　蒙古族

蒙古族约有 580 多万人，主要聚居在内蒙古自治区和新疆、青海、甘肃和东北三省等地。蒙古族的主要节日有那达慕大会、麦德尔节、马奶节和敖包会等。

（1）那达慕大会。那达慕大会（见图 3-35）又称那雅尔，是蒙古族盛大的传统节日，每年农历七八月间举行。“那达慕”蒙古语为“娱乐”或“游戏”的意思。此节传说始于汉代，节日活动的主要内容有摔跤、赛马、射箭、套马、下蒙古象棋和歌舞等，节日为期三五天或六七天不等。现在，那达慕大会已成为蒙古族具有民族特色的体育、娱乐和物资交流的隆重节庆。

a）　b）　c）　d）

图 3-35　那达慕大会

a）摔跤　b）赛马　c）射箭　d）套马

（2）麦德尔节。麦德尔节又称麦德尔经会，大多于农历正月或六月举行，是蒙古族的宗教节日，具体日期各寺庙不尽相同。每逢节日，喇嘛们除在麦德尔像前焚香燃灯、诵经祈祷外，还要举行盛大的跳神活动，以攘除不祥、祈求平安。届时，各地农牧民扶老携幼赶来赴会。现在烧香敬神的农牧民已不多，主要是欢聚在一起唱歌跳舞，互祝健康、万事如意。

（3）马奶节。马奶节（见图 3-36）是内蒙古锡林郭勒部分地区牧民庆祝收获的盛大节日，每年农历八月末举行，为期一天。马奶节以赞颂骏马和喝马奶酒为主要内容。节日里先由主持人向客人及蒙医献马奶酒和礼品，然后在人们的轻歌声中朗诵马奶节的献词，接着琴师们拉起马头琴，歌手献歌，随后举行赛马活动。参加比赛的马全是两岁的小马，象征着草原的兴旺和蓬勃。

图 3-36　马奶节

（4）敖包会。敖包会（见图 3-37）是蒙古族各居住地区普遍进行的祭祀和节日活动，一般在农历五六月或夏秋举行。“敖包”是蒙古语音，也称为“鄂博”，汉语的意思是“高堆子”，原是指在游牧交界处及道路上用石块或土堆积起来以作标记的石堆或土堆，后来逐渐被视为神灵的居所。敖包一般建于高处，插上若干幡杆或树枝，挂各色旌旗或绸布条。包内有的放置五谷，有的放置弓箭，有的埋入佛像。

图 3-37　敖包会

届时，男女老少携带哈达、羊肉、奶酒和奶食品等赶到敖包处，先献上祭品，众人膜拜祈祷，然后往敖包上添加石块进行修补，并悬挂新的经幡、绸条等。最后参加祭祀的人都要围绕敖包从左向右转三圈，祈神降福，保佑人畜两旺。祭祀仪式结束后，举行赛马、摔跤、射箭、投布鲁等传统活动。

知识点五　藏族

藏族分部在辽阔的青藏高原上，人口约为 540 余万人。其节庆活动很多，几乎每月都有一个节日，而且民间节日和宗教节日互相穿插。其主要传统节日以藏历年、酥油花灯节、雪顿节和旺果节最有特色。此外还有达玛节、郎扎热甲节、俄喜节、罗让扎花节、驱鬼节、响浪节、转山会等。

藏历纪年法称饶回，以 60 年为一个周期。用十二生肖和铁、木、水、火、土五行相配来计算，如铁鼠年、木牛年和水虎年等。藏历年正月初一（相当于汉族的农历三月）为西藏的春节。

（1）藏历年。藏历年在藏语中称“本达洛萨”，又称“洛萨节”，是藏族一年一度最重要的节日（见图 3-38）。从藏历十二月起，人们就开始准备过年吃、穿和用的东西，家家户户都要用木桶浸泡青稞，酿制青稞酒。还要把酥油、面粉和糖糅合在一起炸“喀赛”，用来供奉佛祖和招待客人。除夕前两天各家各户要扫尘、贴年画，灶房正中墙上用干面粉撒上“八吉祥徽”，大门上用石灰粉画上象征吉祥、永恒的图案。除夕之夜，除了守岁，家庭主妇要准备第二天清早用的引火柴，初一早上生火时，如果能一口气把火点燃，就象征着新的一年里全家万事如意。初一早上，妇女们天不亮时就起床，赶到河边或泉边去背水。第一个赶到所打的水，被称做头水或吉祥水。藏民认为这样的水清新、圣洁，喝了能祛病延年。第一个到达背水地点的妇女，要在水边的树枝上挂一些羊毛，还要撒青稞、点藏香，象征在新的一年里牛羊兴旺、五谷丰登。寺庙也要举行盛大的宗教活动，以藏历正月十五的“摩朗会”和十六的化装表演为高潮。到正月十七，节庆活动全部结束。

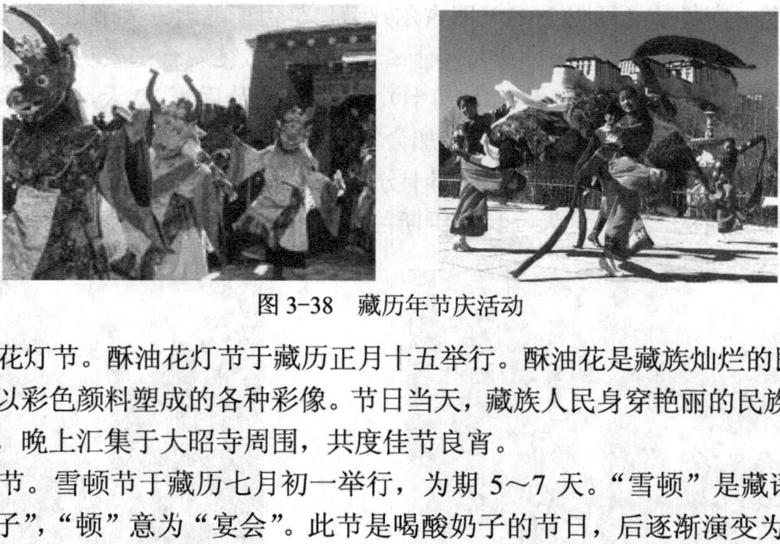

图 3-38 藏历年节庆活动

（2）酥油花灯节。酥油花灯节于藏历正月十五举行。酥油花是藏族灿烂的民族艺术之花，用白色酥油配以彩色颜料塑成的各种彩像。节日当天，藏族人民身穿艳丽的民族服装，扶老携幼，云集拉萨，晚上汇集于大昭寺周围，共度佳节良宵。

（3）雪顿节。雪顿节于藏历七月初一举行，为期 5～7 天。“雪顿”是藏语音译，“雪”意为“喝酸奶子”，“顿”意为“宴会”。此节是喝酸奶子的节日，后逐渐演变为以演藏戏（见图 3-39）为主，故又称为藏戏节。

图 3-39 藏戏

（4）旺果节。旺果节是预祝农业丰收的节日，又称丰收节。藏语“旺”的意思是“土地”，

“果”的意思是“转圈”，“旺果”就是“绕田间地头转圈”之意。此节无固定日期，一般在秋收之前的藏历八月择吉日举行，节期 3～5 天。届时要举行赛马、射箭和歌舞等活动，此节已有一千多年的历史了。

知识点六　回族

伊斯兰教的传入及在中国的发展对回族的形成起了重要作用。回族约有 980 万人口，是我国少数民族中在全国分布最广的民族。在回族的传统节日中，圣纪日、开斋节和宰牲节最为隆重。

（1）圣纪日。圣纪日是回历三月十二日，是穆罕默德的诞辰。伊斯兰教徒在这一天要诵经、赞圣、举行祭奠活动。

（2）开斋节。回历十月初是宣告穆斯林斋月结束的节日，称为开斋节（见图 3-40），在新疆地区又称肉孜节。回历是纯阴历，一年有 354 天或 355 天，比公历少 10 天或 11 天，所以开斋节在公历年不同的日期出现。

（3）宰牲节。宰牲节（见图 3-41）即古尔邦节，是伊斯兰教三大节日之一，也称忠孝节、献牲节和尔德节。伊斯兰教规定，回历每年十二月上旬是教徒履行宗教功课，前往麦加朝觐的日期。在朝觐的最后一天（即回历十二月初十），也是开斋节后第 70 天，人们要沐浴净身，室内焚香，斋戒半天。上午人们要去清真寺参加会礼，向麦加叩拜。这一天要宰杀牛羊共餐庆祝，这就是古尔邦节。世界各地的伊斯兰教徒都十分重视这一节日，要举行宗教祈祷，宰杀牛羊献祭，表示对安拉的顺从。节日这天，我国伊斯兰教徒也身着新衣相互拜节，互致节日祝贺。

图 3-40　开斋节

图 3-41　宰牲节

知识点七　傣族

傣族主要聚居在云南省西南边境一带，约有 120 万人口，傣族自称“傣那”、“傣雅”和“傣绷”等。

傣族的传统节日多与宗教有关，主要有赶花街节、采花节、泼水节、关门节和开门节等，以泼水节最为隆重。

（1）赶花街节。赶花街节时间在春节后。节日期间，在蓝蓝的江边聚集着成群结队的青年男女，姑娘们头戴鲜花，身穿新的花边筒裙。

（2）采花节。采花节（见图 3-42）的时间在清明之日。各村寨男女老少身着盛装，手提花篮，肩挎“筒帕”上山采花，休息时男女青年背着象脚鼓跳民族舞蹈。

（3）泼水节。泼水节（见图 3-43）又称浴佛节，为傣族的新年，时间在傣历六月六日到七月七日之间，大约是农历清明后 10 日，为期 3～4 天。节日第一天是除夕，在这一天要进行放高升和划旱船等娱乐活动。第二天是空日，傣语称“宛脑”，意思是这一天既不属于旧年也不属于新年，是空下来的一天，按传统习俗，人们或在家静养，或上山狩猎。第三天是傣历元旦，也是新年最热闹的一天，人们盛装到寺庙拜佛。中午，妇女们挑来清水为佛像洗尘，以求保佑。接着，人们开始互相泼水祝福，希望用圣洁的水冲走疾病和灾难。泼水时，人们用一只手拿着盛水的小盆小桶，一只手用花束或绿叶树枝，不时蘸水洒向自己的亲朋好友，泼水也是青年男女交流感情的好时机。夜晚，村村寨寨鼓乐声声，人们尽情歌舞。节日期间，除了赛龙舟、放高升、放孔明灯、泼水、斗鸡和游园联欢外，还进行物质交换活动。

图 3-42　采花节

图 3-43　泼水节

（4）关门节。关门节的时间在傣历九月十五日。除佛教活动外，一切活动都要停止。青年人可以谈情说爱，但不可以结婚。

（5）开门节。开门节的时间在三个月的佛教活动结束时。人们到佛寺去拜佛祷告，忏悔一年的罪恶。

知识点八、彝族

彝族主要分布在云南、四川、贵州三省和广西壮族自治区的西北部，彝族人多数自称“诺苏”、“纳苏”或“聂苏”，意为“主体的民族”或“尚黑的民族”，约有 780 万人口。

彝族有自己的历法，以地球绕太阳公转为周期，故称太阳历。用十二属相纪日，虎在首位，鼠、牛放在猪后，以三个属相周 36 日为一个月，360 日为一年，10 个月终了，另外五天为过年日。传统节日有火把节、拜本主会、密枝节、杨梅节、跳公节、丰收节、汤牛节、插花节和彝族年等。

（1）彝族年。彝族年（见图 3-44）时间在农历正月，是重大的传统民族节日，为彝族的年节，相当于“春节”。

（2）插花节。插花节（见图 3-45）在农历二月初八这天，人们在草地上搭起南北两道花门，盖起花棚，由巫师主持祭奠马樱花，这是纪念为民除害的彝族姑娘“咪依鲁”的仪式。仪式完后，人们背着装满竹篓的鲜花回家，将其插在屋檐、门楣、窗户及室内各处，认为能吉祥如意。插花节还是青年男女结交择偶的好机会。

图 3-44　彝族年

图 3-45　插花节

（3）火把节。火把节（见图 3-46）是彝族最隆重、最盛大的节日，多在农历六月二十四或二十五举行。火把节曾是一种隆重的农业祭祀活动，目的是用火来驱灾除邪，祈求丰年。现在则已发展成一个将经济贸易与文体娱乐融为一体的民族节日，并被云南楚雄彝族自治州人民政府定为本州的法定节日。节日当天，人们聚会歌舞，未婚青年谈情说爱、互送信物。晚上，男女老少手持火把绕村围寨游行，最后到田边举行象征性的灭虫仪式，以祈求五谷丰登。

图 3-46　火把节

（4）跳公节。跳公节在农历四月上旬。跳公节一般要过三天，内容主要是祭天地、祭祖先、祭山神、讲本民族历史、唱歌跳舞和吃菜喝酒等。有一个盛大场面是不可少的，那就是在舞坪上举行盛大的集体舞蹈。

知识点九　苗族

苗族是我国历史悠久的古老民族之一，已有四千年的历史了，主要分布在贵州、湖南、云南、四川、广西、湖北、广东和海南等地，其中半数以上居住在贵州，约有 900 万人口。

（1）苗年。苗年（即苗族新年）是苗族的传统节日（见图 3-47），一般在冬月的第一个卯日，即农历十一月或九十月间举行。节前准备过年的食物用品，打扫卫生。节日早晨，人们把饭菜摆在火塘边上祭祖，还要敬牛，即将酒洒抹在牛鼻上以示敬谢和犒劳。节日里人们身着盛装，举行传统的游年活动，如跳芦笙、踩鼓、斗牛和游方等，其中斗牛是苗族一项盛大的群众性娱乐活动。有的苗寨设有斗牛场。斗牛前，把牛装扮一下，然后由一位有威望的老人将葫芦酒洒在斗牛场上，宣布斗牛开始，人们在四周高坡上观看，有时多达万人，喊声、欢呼声震天。

欢庆苗年

长桌宴

打糍粑

斗牛

跳芦笙

图 3-47　苗年

（2）芦笙节。芦笙节（见图 3-48）主要流行于贵州东南部，每年农历正月十六至二十和九月二十七至二十九分别举行。芦笙可以说是苗族的特有乐器，由六支长短不一的竹管组成，大的有一两丈长，小的只有八九寸长。一边吹奏一边跳舞，全身盛装的苗族姑娘则在芦笙的伴奏下跳起欢乐的舞蹈，苗族青年用这种方式来显示才能，建立友谊和爱情。节日期间，出嫁的姑娘要满载鸡鸭粽粑回娘家探亲。

（3）纪念英雄“亚努”的节日。纪念英雄“亚努”的节日在农历四月初八。人们吹笙奏笛、对歌传情、耍狮子、玩龙灯、打球和比武等。

（4）赶歌节。赶歌节在农历六月初六，是苗族人民用歌声缅怀英烈、控诉封建统治者残酷压迫的节日。

（5）游方。游方（见图 3-49）是苗族青年男女的一种社交活动，在村寨附近有固定的场所，一般只限本寨的年轻女子与外寨的青年男子参加，主要形式有吹木叶和对歌等。

图 3-48　芦笙节

图 3-49　游方

知识点十　侗族

侗族人口约 300 万人，主要分布在贵州、湖南和广西壮族自治区相邻的一带。

（1）萨玛节。萨玛节（见图 3-50）在农历正月至二月，是祭祀侗族女神的节日。

图 3-50　萨玛节

（2）祭牛节。祭牛节在农历四月初八。祭祀天牛，祈求保佑耕牛平安。

（3）赶歌会。赶歌会在农历七月二十日举行，为了纪念忠于爱情的侗族女歌手肖玉娘。

（4）八月八。八月八在农历八月初八。各姓氏家族都宰杀牛和猪等，各户还制糖糕、发糕和买月饼祭祖，定亲人家则给女方送节礼。

（5）侗年。侗年在农历八九月谷子成熟后分户举行，目的是缅怀祖宗，祭祀农耕。侗年期间，寨上举行大规模的踩堂对歌、跳芦笙舞和斗牛等活动。

（6）花炮节。花炮节是侗族地区最热闹的传统节日，过节时间分别是正月初三、二月初二和三月初三，主要活动是抢花炮（见图 3-51）。花炮用小铁筒制成，内装硝药，炮口放置直径 4 厘米、用丝线包扎成彩色的铁环，由穿黑衣、着白裤、扎绑腿的小伙组成仪仗队，举行隆重仪式。一声令下，点燃炮后，铁环冲上天空，参加者争相抢夺；共进行三次，寓意团结、胜利和幸福。抢完花炮后，举行唱侗戏、彩调，赛芦笙等文娱活动。夜间，身着节日盛装的青年男女纵情欢跳“多耶”集体舞。

图 3-51　抢花炮

知识点十一　瑶族

瑶族主要分布在广西、湖南、云南、广东、江西和海南等地，约有 260 万人口。传统节日有盘王节、春节、祝著节、中元节、社王节和敬鸟节等。

（1）盘王节。盘王节是瑶族人民祭祀、缅怀本民族始祖盘瓠（盘王）的一个重要的传统节日，有的地方又称跳盘王和歌堂节等，每年农历十月十六进行。各地过节的内容不完全一样，一般都有跳盘王舞、打长鼓舞和唱盘王歌等活动（见图 3-52）。

（2）祝著节。祝著节以前称为达努节、祖娘节或瑶年，“达努”的意思是“不要忘记”，节日为期三至五天。各地过节周期相异，两三年、三五年一次不等，时间在农历五月二十九，此节日为祖娘生日，也是庆祝丰收的节日。

图 3-52 盘王节

（3）敬鸟节。敬鸟节是瑶族特殊的节日，由于瑶族人民在山上居住，与鸟关系密切。农历二月初一，他们穿上节日盛装，开展喂鸟、比鸟和歌鸟等活动，把自己做的糍粑一个个插在房屋和田地四角敬祭。早饭后，男女老少去赶鸟会，传统鸟会有比鸟和歌鸟活动。比鸟是双方把各自的鸟笼挂在一起，鸟便会搏斗起来，人们喝彩赞美胜者；歌鸟是以鸟为由，歌为媒，男女青年对唱瑶歌，选择伴侣。

知识点十二 土家族

土家族主要分布在湖南、湖北和四川等部分地区，约有 800 余万人口。传统节日主要有赶年和调年会等。

（1）赶年。赶年就是提前一天或几天过春节，大月在二十九、小月在二十八，也有在二十七、二十六的，所以称赶年（见图 3-53）。这是川、湘、鄂三省交界处的土家族人纪念历史上出征抗倭的传统节日。1555 年岁末，正当土家族人筹办年货准备过年时，朝廷调兵抗倭的命令到达。将士们为了尽快开赴前线，提前一天过年，举行盟誓大典，以后为了纪念这个出征的日子，人们都提前一天过年。节日期间，亲友先进午餐，吃团圆饭。男女青年身披绚丽多彩的土家族锦绣，打着有龙凤的吉祥彩旗，抬上木鼓，在二胡、唢呐和牛角等乐器伴奏下跳摆手舞，舞会规模盛大，往往多达万人。

（2）调年会。调年会是与祭祀祖先、祈求丰收有关的传统节日（见图 3-54）。农历十月初，各村寨锣鼓喧天，在平坦的开阔地上，除跳摆手舞外，还有汉戏、阳戏、龙灯和狮舞等活动。每隔数年举行一次，单日开始，单日结束，一般为七天左右。

图 3-53 赶年

图 3-54 调年会

知识点十三　维吾尔族和哈萨克族

维吾尔族和哈萨克族饮食习俗都带有明显的牧区特点，主要都分布在新疆维吾尔自治区。维吾尔族约有 840 万人口，哈萨克族约有 130 万人口。两个民族的传统节日都是开斋节（肉孜节）、古尔邦节（库尔班节）、诺鲁孜节（意为送旧迎新、预祝丰收）等。开斋节和古尔邦节在回族的传统节日中已有介绍。

（1）诺鲁孜节。诺鲁孜节在公历 3 月 21 日或 22 日。节日期间，人们身着盛装，互相拜节、聚餐，开展歌咏舞会等群众性文艺活动（见图 3-55）。哈萨克族在传统节日中要举行叼羊（见图 3-56）、赛马和姑娘追等活动。其中姑娘追是哈萨克族特有的一种活动，在场青年男女不论婚否，都可参与，小伙子策马先跑，姑娘扬鞭后追，追上者为优胜。在追逐中，小伙子若有不检点、不礼貌的言行，姑娘可以用马鞭对其抽打，男子不得还手。许多青年利用这一活动寻得意中人，喜结良缘。

图 3-55　诺鲁孜节庆

图 3-56　叼羊

（2）肉孜节。肉孜节，也称“开斋节”。伊斯兰教规定，成年教徒每年都要封斋一个月。封斋期间，只在日出前和日落后进餐，白天绝对禁止任何饮食。该节节期一般为三天。

知识点十四　高山族

高山族主要分布在我国台湾地区，主要传统节日有丰收节、猴祭、背篓会和成丁礼等。

（1）丰收节。丰收节在农历七八月间的秋收时。主要是向祖先神明祷告，祈求保佑农作物顺利收获，并预祝来年五谷丰登，人畜两旺，所以又称祖灵祭。节日里，杀猪、宰牛、饮酒，为期七天。

（2）猴祭。猴祭在农历十月秋收后。节日前一天少年男子要打扫公庙和祭场，晚上以芭蕉叶裹身，脸上涂黑灰，在部落四处奔跑呼叫，以驱逐邪魔。然后回到公庙里，围着火炉行走，接受鞭子抽打臀部。第三天，让少年持标枪刺杀关在笼子里的猴子杀死后，歌舞庆祝，为期 10 天。

（3）背篓会。背篓会在农历八月十五。此节是青年男女社交的节日（见图 3-57）。

图 3-57　背篓会

（4）成丁礼。成丁礼即男子16～19岁举行成年礼仪。将男性按年龄分段进行训练并决定是否能参加部落的集体劳动和作战，能否有参与部落政治生活的权利，即少年晋级为青年的隆重仪式。

知识点十五 其他部分少数民族节日概况

（1）阿昌族。阿昌族大部分聚居在云南，是云南境内最早的世居民族之一。会街（见图3-58）是阿昌族的传统节庆集会，多在农历九月中旬举行。主要宗教节日有进洼（关门）、出洼（开门）、烧白柴、泼水节等。窝罗节、浇花节、耍白象等是该民族传统节日。

图3-58 会街

（2）白族。白族的传统节日较多，已有上千年历史的三月街（见图3-59）是白族一年一度最盛大的节日，现被定名为三月街民族节。其他主要节庆活动有大过年、绕三灵、火把节、耍海会、拜日望等。

（3）鄂伦春族。鄂伦春族的传统节日不多，只有春节、氏族的“莫昆”和宗教活动“奥米纳仁”，还有篝火节。

图3-59 三月街

（4）仡佬族。祭山、吃新、春年是各地仡佬族的三大节日。春节是仡佬族最大的节日。农历十月一日是仡佬族的传统节日牛王节，是其民间特有的节日。

（5）傈僳族。傈僳族的主要节日有阔时节、火把节、收获节、中秋节、澡塘会、刀杆节、过年节等。“阔时”是傈僳语的译音“岁首”的意思，在农历正月初一至十五日之间举行，历时两至三天。每年农历二月初八举行的刀杆节（见图3-60）扣人心弦。据说上刀杆是为了使傈僳人具有“刀山敢上，火海敢闯”的精神而设立的。

图3-60 刀杆节

（6）赫哲族。赫哲族除了与汉族相同的年节，如正月十五、二月二及七月十五之外，还有河灯节、跳鹿神和乌日贡节。河灯节是赫哲族的传统节日，世世代代靠捕鱼为生的赫哲族人年年在农历的七月十五放河灯、祭河神，以此来祈祷、祝福族人平安、捕鱼丰收。乌日贡节是赫哲族民间集文化、体育项目为一体的节日盛会。

（7）景颇族。景颇族由唐代“寻传”部落的一部分发展而来。“目瑙纵歌”是景颇族一年一度的最大传统节日。“目瑙”是景颇语的音译，意思是“大伙跳舞”。“纵歌”指景颇族各支系。目瑙纵歌（见图 3-61）是景颇族民间去恶扬善、预祝吉祥幸福的传统节日，在农历正月十五之后举行，为期两至三天。在景颇族传说中，这天是天上太阳召集地上万物参加的一种大型歌舞盛会，并由犀牛传播至人间，后来成为景颇族最大的节日。

图 3-61　目瑙纵歌

（8）乌孜别克族。乌孜别克族的主要节日有圣纪节、肉孜节、古尔邦节等。传统节日与其他信奉伊斯兰教民族的节日基本相同，以肉孜节和古尔邦节为一年中最为隆重的节日。

（9）毛南族。毛南族的节日大部分与当地的壮族相同，最具本民族特色的是一年一度的分龙节。因毛南族山乡易旱易涝，五谷收获常难保障，认为每年夏至后的头一个时辰（龙）日是水龙分开之日，水龙分开就难得风调雨顺，所以要在分龙这一天祭神保禾苗，相沿袭而成为传统的农业祭祀节。每年过年都先聚众于庙堂内外活动，故又称为庙节。

（10）哈尼族。哈尼族的传统节日主要有扎勒特节、苦扎扎、栽秧节（又称黄饭节）和尝新节等。

扎勒特节是哈尼族最大的节日，因为在农历十月间进行，故又称“译腊和实”，意为“十月年”。每年夏历五月的苦扎扎，是滇南哀牢山一代哈尼族重要的传统节日之一，历时三至五天。

（11）布依族。布依族崇尚拜祖先，主要信仰多神和自然崇拜，传统节日除春节、端午节、中秋节外，还有二月二、三月三、四月八、牛王节等，最隆重的节日是农历六月六。

（12）水族。水族有自己的历法，有许多传统节日，最隆重的节日是端节。端节选择在水历十二月至次年二月（相当于农历八月至十月），时值大季收割，小季播种，也是水历的年终岁首，因此辞旧迎新、庆贺丰收、祭祀祖先，举行盛大的节日。

（13）羌族。羌族最重要的传统节日是羌历新年，羌语称“日羌节”，时间在农历十月初一。另一个节日是祭山大典，又称祭山会，山神会等。

（14）京族。京族习俗中最隆重、最热闹的民族节日是唱哈节（歌节），包括祭神、祭祖、文娱和乡饮聚会等四项重要活动。

（15）珞巴族。珞巴族以桃树开花为岁首，月亮周期变化 12 次为一年。每年庄稼收获后，珞巴族都要举行两天的丰收节，叫做昂德林节。节日期间男女老幼身穿盛装，各家端出准备好的美酒，共享节日美食。

在我国，春节也是各少数民族的共同传统节日。节日期间，各族人民按照自己的习俗，举行各式各样的庆祝活动，具有各自的民族独特风采。例如，同样是过大年初一，蒙古族一大早就身着盛装，姑娘小伙骑着骏马，三五成群地串蒙古包，利用这个机会赛马；布依族则在除夕之夜全家人通宵达旦在火塘守岁，初一天一亮，姑娘们就争先恐后地去打水，谁最先挑回第一担水，谁就是最勤劳、最幸福的姑娘；傈僳族的姑娘则把绣好的荷包吊在竹竿上，荷包左右摇动，请小伙子们射击，谁先射落荷包，姑娘就把美酒端到谁的嘴边；达斡尔族的初一早上，男女青年先向长辈请安、敬酒和行礼，然后逐户拜年，进门就抢吃蒸糕，吃了后寓意“年年高”；仫佬族则从初一到十五，村村寨寨、男女老少聚集在山坡上唱山歌等。正是这几千年来千姿百态的民族风俗和这五十六个民族的和睦、团结，才构成了兴旺红火、长盛不衰的中华民族大家庭。

思考题：

（1）根据节日活动的主要内容，我国少数民族的节日大致可以分为宗教性、农事性、纪念性、商贸性、文体游乐性和生活社交性六类。请参照本节内容思考一下，说出蒙古族、藏族、壮族和朝鲜族的哪些传统节日与上述六类相符，并说出原因。

（2）我国有五十六个民族，书中只列举了部分少数民族的传统节日，除书中所列举的外，你还知道哪些少数民族的节日？各有什么习俗？

（3）请说出与下列节日有关的我国少数民族的名称和节日时间：歌墟节、火把节、泼水节、盘王节、那达慕大会、嘉俳日、开斋节、古尔邦节、雪顿节和芦笙节。

（4）蒙古族、哈萨克族、满族、壮族和回族如何欢庆自己的传统节日？各有哪些习俗？

第三节　我国的二十四节气

学习目标

1. 了解二十四节气形成的原因
2. 掌握二十四节气时令的含义

从古至今，二十四节气在我国由来已久。二十四节气用来表示一年里天时和气候变化的24个时期，也就是表示地球在围绕太阳公转的轨道上24个不同位置。天文学上，用太阳的黄经度来计算。分黄道为360°，取“春分点”为零度，由此起算，每15°为一个节气，6个节气为一季。我国劳动人民远在春秋时代就已通过农业生产实践，定出春分、夏至、秋分、冬至四大节气。在秦汉时期，二十四节气的概念已完全确立，成为农业活动的主要根据。二十四节气中，立春、立夏、立秋、立冬、春分、秋分、夏至、冬至，共“四立”、“二分”、“二至”被称为四时八节，既是节气又是传统节日，各有节日活动。

下面分别介绍一下二十四个节气及传统习俗。

知识点一　春季6个节气

1．农历正月

（1）立春。立春的具体时间在公历的2月4日或5日。立春是春天到来、春季开始的意思。这一天古传统习俗有：①打土牛，土牛是用土制造成的牛的造型，有劝耕的意思；②贴春联，庆祝春天的到来；③生吃萝卜、葱和蒜等带辛辣味的食物，称为咬春。

（2）雨水。雨水在公历的 2 月 18 日或 19 日，表示一年里降雨开始。

在农历正月里，除了春节和元宵节两个重大传统节日外，还有社日和祭祀社稷神。社，土地神；稷，原是一种谷类，被奉为五谷之长，为五谷之神。祭祀的物品，都被冠以“社”字，连庆贺活动都冠以“社”字。例如，鲁迅写的《社戏》一文。

2．农历二月

（1）惊蛰。惊蛰在公历的 3 月 5 日或 6 日，下雨时开始打响雷，冬眠动物开始复苏。

（2）春分。春分在公历的 3 月 20 日或 21 日，正值春季的中间，昼夜时间长短平分。

古代传统习俗中农历二月的节庆有以下几个：

1）二月初一中和节，古有相互赠送种子等习俗。北方以此日为太阳生日，有祭祀太阳之俗。

2）二月初二龙抬头，风俗有：到水边打水回家，称做引龙回；吃面，称做吃龙须；吃饼，称做扯龙鳞；吃葱饼，称做扯龙皮；吃饺子，称做攀龙角；吃猪头，称做吃龙头。妇女不动针线，以免伤龙眼。古时读书人在这天收假开学，称做占鳌头。

3）二月初三文昌帝生日，文昌是传说中专司科举、官位、禄籍之神。封建时代，读书人祀之非常虔诚。现在，各地还有许多以“文昌”命名的地方。

4）二月十五太上老君生日，古有到道观祭祀之俗。

3．农历三月

（1）清明。清明在公历的 4 月 4 日或 5 日，传统含义为气候温暖，天气清和明朗。

（2）谷雨。谷雨在公历的 4 月 20 日或 21 日，降雨量增多，对谷类生长有利。

古传统习俗中农历三月的节庆有以下几个：

1）三月初三真武大帝生日，真武大帝为道教中大神，有到道观祭祀等习俗。

2）三月初五大禹生日，各地风行祭祀活动。

3）三月十五财神生日，传统中的赵公明，也称赵公元帅，是财神。至今，农村不少人家过春节还张贴他的画像作年画。

4）三月二十三天后生日，天后即水神，除称天后外，还称天妃娘娘、妈祖、妈祖娘娘和海神娘娘等。至今，闽、台地区还建有妈祖庙，年年祭祀。

5）三月二十八东岳大帝生日，东岳大帝为泰山神，在民间信仰中掌管人的寿命长短。

知识点二　夏季 6 个节气

1．农历四月

（1）立夏。立夏在公历 5 月 5 日或 6 日，是夏季开始的意思。

（2）小满。小满在公历 5 月 21 日或 22 日，麦类等夏熟作物颗粒逐渐饱满，故称小满。

立夏时，为防止疰夏，有不少民俗活动。疰夏就是夏日消瘦乏力、神倦气虚、厌食和睡眠不佳等。古传统习俗要吃“三烧五腊九时新”。三烧为烧饼、烧鹅和烧酒（即甜酒酿，非烈性酒）；五腊为黄鱼、腊肉、咸鸭蛋、海狮和清明狗（清明节买的狗肉）；九时新为樱桃、梅子、鲥鱼、蚕豆、苋菜、黄豆芽、玫瑰花、莴苣笋和乌饭糕等。

古传统习俗中农历四月的节庆有以下几个：

1）四月初八佛诞日，传说这天是佛祖显世的降生之日。民间在这一天有放生和吃结缘豆的习俗。

2）四月十二蛇王生日，古俗于这天到蛇王庙烧香求符，认为贴所求之符于门，毒物不侵。

3）四月十八祈嗣日，民间素有“四月十八，奶奶庙上祈娃娃”的说法。

4）四月二十八药王生日，古代传说这一天若是天晴，这一年生病的人就少，反之则多。药王有不同的说法，有说是神农的，有说是伏羲、黄帝、扁鹊的，也有说是孙思邈的。

2．农历五月

（1）芒种。芒种在公历6月5日或6日，麦类等有芒作物成熟。

（2）夏至。夏至在公历6月21日或22日。夏天到，此时白天最长，夜晚最短。

农历五月的传统节庆，除了端午节外，还有五月十三的关帝生日，此日有祭祀关帝的习俗。由于这一天往往多雨，又称磨刀雨。

3．农历六月

（1）小暑。小暑在公历7月7日或8日，正当初伏前后，气候开始炎热。

（2）大暑。大暑在公历7月22日或23日，一年中最炎热的时节。

农历六月的习俗有以下几个：

1）六月初六为晒衣节，传统习俗在这一天晒各种衣物，包括图书等。

2）六月二十三火神生日，在火神庙祭火神。

3）六月二十四雷神生日，这一天也是荷花生日，也称观莲节，是观赏荷花的节日。

知识点三 秋季6个节日

1．农历七月

（1）立秋。立秋在公历8月7日或8日，秋季开始，气温开始逐渐下降。

（2）处暑。处暑在公历8月23日或24日，“处”有躲藏、终止的意思，表示炎热即将过去。

农历七月，除七月初七为七夕节、乞巧节外，古代传统习俗还有以下几个：

1）七月十五中元节，又称“鬼节”。“中元”的名称来源于道教，主要内容是祭祀祖先亡灵；这一天又是佛教侍奉佛祖的日子，称盂兰盆节。

2）七月二十棉花生日，古传统习俗认为若这一天下雨，则预兆棉花收成不好。

3）七月三十地藏菩萨生日。

2．农历八月

（1）白露。白露在公历9月7日或8日，因夜间较凉，空气中的水汽往往凝成露水，所以称为白露。

（2）秋分。秋分在公历9月23日或24日，正值秋季的中间，昼夜长短平分。秋分这天，北方有些地区用米糕或米饭祭祀风神；采马齿苋晒干，留待第二年元日食用，名曰长寿菜。

农历八月的习俗节庆（除中秋节外）还有以下几个：

1）八月初三灶君生日，灶君就是灶神。

2）八月十八潮神生日，这一天有祭祀潮神和观潮的习俗。

3）八月二十七孔子生日，古传统习俗在这一天王公百官吃斋一日，衙门不理刑名，民间禁止屠宰，书塾举行“圣人会”致祭。其实，据前人考证，孔子的生日应是农历十月二十八，但由于民俗而致这天成为祭孔日。

3．农历九月

（1）寒露。寒露在公历10月8日或9日，气温明显降低，夜间露水很凉。

（2）霜降。霜降在公历10月23日或24日，开始降霜。

农历九月，除九月初九重阳节外，古传统习俗不多。

知识点四 冬季6个节气

1．农历十月

（1）立冬。立冬在公历11月7日或8日，表示冬季开始。

（2）小雪。小雪在公历11月22日或23日，开始降雪。

农历十月的节日风俗有以下几个：

1）立冬，用各色香草以及菊花、金银花等煎汤沐浴，称做扫疥。

2）十月初一烧衣节，祭祀祖先，将纸钱、纸衣等焚化给祖先。这一天又是菠菜生日，旧时在这一天江浙一带必吃菠菜；这一天还是牛王节，农村祭祀牛王，善待耕牛。

3）十月十五下元节，有到道观求福或超度亡故亲人的习俗。

2．农历十一月

（1）大雪。大雪在公历12月7日或8日，降雪开始大起来。

（2）冬至。冬至在公历12月21日或22日，进入“数九”寒天，白天短、夜晚长。

农历十一月最重要的习俗节庆是冬至，冬至是我国古时三大节之一，甚至有“肥冬瘦年”、“冬至大如年”的说法。旧时到这一天，哪怕是贫困者，也要“积累假借”，添置新衣，备办饮食。冬至是“九九”的第一天，将冬至后的八十一天分为九个九天，依次为“一九”到“九九”。“九九”过完，天气开始暖和。民间有多种“九九”歌，其一是：“一九二九，袖中拢手；三九二十七，篱头吹觱篥（指天天生炭火）；四九三十六，夜眠如露宿；五九四十五，家家堆盐虎（雪的别称）；六九五十四，口中嘘暖气；七九六十三，行人穿衣单；八九七十二，猫狗寻阴地；九九八十一，穷汉受罪毕，才要伸脚睡，蚊虫跳蚤出。”

3．农历十二月（俗称“腊月”）

（1）小寒。小寒在公历1月5日或6日，气候已比较寒冷。

（2）大寒。大寒在公历1月20日或21日，为一年中最冷的时节。

农历十二月民俗节庆比较多，除了除夕这样重要的节日外，还有以下几个：

1）十二月初一腊日，举行腊祭，祭祀祖先以及八种与农业有关的神灵。例如，能吃田鼠的猫、能吃野猪的虎等，也称“八腊”。

2）十二月初五吃五豆，早晨吃五种豆，旧俗认为可以解除“五毒”。有些地方，炒谷类豆类嚼食，称为咬鬼，传说可以“祛百病”。

3）十二月初八吃腊八粥。

4）十二月十二蚕生日，一些养蚕地区祭祀蚕神，祭品是用南瓜和糯米做的食品。

5）十二月十五点天灯，从这天晚上起，于庭院中高挂一灯，至次年正月十五止，认为这样做一家人不会生眼病。

6）十二月二十四交年节（过小年），有送灶神上天、打扫卫生等习俗。

二十四个节气，为了便于记忆，人们将之编了一首二十四节气歌：春雨惊春清谷天，夏满芒夏暑相连；秋处露秋寒霜降，冬雪雪冬小大寒；每月两节不变更，最多相差一两天。

思考题：

（1）我国二十四节气的主要作用是什么？

（2）清明节既是传统节日又是一个重要的节气，古谚说“清明前后，种瓜种豆”，你知道在这个节气里，我国广大农民要做些什么吗？

（3）关于“三九”严寒，民间有许多谚语和顺口好记的“九九”节气歌，我国南北不同，节气歌的内容也不同，试比较下面两首“九九”节气歌，说说它们的不同之处。

1）“一九二九，不出手；三九四九，冰上走；五九六九，沿河看柳；七九河开，八九雁来，九九加一九，耕牛遍地走。”

2）“一九二九，背起粪篓；三九四九，拾粪老汉沿路走；五九六九，挑泥挖沟；七九六十三，家家把地捡；八九七十二，修车装板儿；九九八十一，犁耙一齐出。”

（4）岁时节气的形成与哪些因素有关？

第四节　十二时辰与十二生肖

学习目标

1. 掌握十二时辰的起源及作用
2. 了解我国十二生肖跟国外生肖、星座的异同

知识点一　十二时辰

一天之内，如何区分各个时段？我国古人主要根据天色把一昼夜分为若干时段。一般来说，日出时叫做旦、早、朝、晨；日落时叫做夕、暮、昏、晚。所以，在书上或日常言谈中，常见到或听到“朝夕”、“旦暮”、“晨昏”的说法。太阳正中时称“日中”，将近日中时称“隅

中”，太阳西斜时称“日昃”，又称“日昳”。古人一日两餐，朝食在日出之后，隅中之前，这段时间称“食时”；晚食在日昃之后，这段时间称“晡时”。日入以后是黄昏，黄昏以后是人定，人定以后就是夜半了。“鸡鸣”和“昧旦”是夜半以后相继的两个时间段，“昧旦”又称“平旦”，是天亮的时间。“平旦”、“日出”、“食时”、“隅中”、“日中”、“日昃”、“晡时”、“日入”、“黄昏”、“人定”、“夜半”和“鸡鸣”，一昼夜共分十二时段，顺次而排，在古书上常见到这些计时说法，如《孔雀东南飞》：“奄奄黄昏后，寂寂人定初”，《诗经》上也经常提到这些时间专称，如“女曰鸡鸣，士曰昧旦”等。

十二个时间段的时辰概念确定之后，古人又进一步用“子、丑、寅、卯、辰、巳、午、未、申、酉、戌、亥”十二地支来表示十二个时辰，每个时辰恰好等于现代的两个小时，“小时”本来就是“小时辰”的意思，因为一小时只等于半个时辰。和现代时间对照，夜半 11 点（即 23 点）到 1 点是子时，1 点到 3 点是丑时，由此顺推，见表 3-1。

表 3-1　十二时辰对照表

地支	子时	丑时	寅时	卯时	辰时	巳时	午时	未时	申时	酉时	戌时	亥时
一日内时间	23～1	1～3	3～5	5～7	7～9	9～11	11～13	13～15	15～17	17～19	19～21	21～23
古代时称	夜半	鸡鸣	平旦	日出	食时	隅中	日中	日昃	晡时	日入	黄昏	人定

每个时辰的第一小时为“初”，第二小时为“正”。我国古人就是这样按照十二时辰的排列安排一天的劳作生息的，代代相循，由来已久。在此照录一首敦煌遗书中发现的《十二时辰歌》：

平旦寅，少年勤快莫辞贫。君不见买未得贵，犹自行歌自负薪。
日出卯，人生在世须臾老。男儿不学读诗书，恰似园中肥地草。
食时辰，偷光凿壁事殷勤。丈夫学问随身宝，白玉黄金未是珍。
隅中巳，专心发愤寻诗书。每忆贤人羊角哀，求学山中并粮死。
日正午，读书不得辞辛苦。如今圣主召贤才，去尔中华用我武。
日映未，暂时贫贱何羞耻？昔日相如未遇时，栖惶卖卜于缠市。
脯时申，悬头刺股士苏秦。贫病即令妻嫂行，衣锦还乡争拜秦。
日入酉，金樽多泻蒲桃酒。唤君莫弃失途人，结交承已须朋友。
黄昏戌，琴书独坐茅庵室。天子不将印信迎，誓隐山林终不出。
人定亥，君子虽贫礼常在。松柏纵然经岁寒，一片真心常不改。
夜半子，莫言屈滞常如此。鸿鸟只思羽翼齐，点翅飞鹏千万里。
鸡鸣丑，莫惜黄金结朋友。蓬蒿岂得久荣华，飘飘万里随风走。

知识点二　十二生肖

十二生肖的传说故事

古时在实践中，我们的祖先觉得天干和地支配合的“干支纪年法”比较复杂，不易在民间流行。于是，有人建议以十二生肖来纪年。这一建议得到黄帝首肯并命仓颉来办理。这一年正月初一，就召令天下所有动物到黄帝宫殿前候选。

生肖竞选，好不热闹！天上飞的、地上跑的、水里游的、树上栖的全都聚在了一块。黄帝从百兽百禽中按到达时间的先后，挑选了12种动物，为它们排次序。黄帝想：牛虽笨拙，但身材魁梧健壮、力气大，来得最早，应排首位。老鼠最小，不起眼，来得也最晚，应排在最后。黄帝的话音刚出口，老鼠灵机一动，跳到黄帝前说："要说大，还得数我，不信让百姓鉴定一下。"黄帝觉得好笑，心想：这个不知天高地厚的家伙，说："既然是老百姓选生肖，就让百姓来鉴定一下吧。"于是让12种动物都到街上去走一趟。牛上了街，人们对它很友好，有的摸摸头，有的夸几句，没有一个人说牛大的。这时，老鼠窜上牛背，把人们吓了一跳。只听有人惊呼："哎呀，哪儿蹦出这么大的一只老鼠！"这一喊，让老鼠得了逞，黄帝不好违言，只好将老鼠排在十二生肖的第一位。

什么是生肖？生指出生年，肖是肖似。生肖又称属相，相是面相，属相即面相何属。所"肖"所"属"则是12种动物，它们依次是鼠、牛、虎、兔、龙、蛇、马、羊、猴、鸡、狗、猪。再配上十二地支，便成为子鼠、丑牛、寅虎、卯兔、辰龙、巳蛇、午马、未羊、申猴、酉鸡、戌狗、亥猪，这就是所谓的生肖或属相。每个人都可以按自己的出生年月找到自己的生肖或属相。

十二生肖起源于古人对动物的崇拜。人是万物之灵，世界的主宰。在长期的生活实践中，经过对动物的接触观察，发现了动物的许多特殊功能，例如有的力大、有的凶猛、有的会飞、有的跑得快等，令古人羡慕不已。这样便使古人产生认同感，认为某些人同某些动物有着某种神秘的联系。在对动物崇拜的同时，产生了与动物相关的神话，并相信自己的祖先也是由某种动物演化而来的。

生肖不仅汉族有，少数民族也有。例如，蒙古族是虎、兔、龙、蛇、马、羊、猴、鸡、狗、猪、鼠和牛等；傣族是鼠、黄牛、虎、兔、大蛇、蛇、马、羊、猴、鸡、狗和象等；黎族是鸡、狗、猪、鼠、牛、虎、兔、龙、蛇、马、羊和猴等。生肖不仅中国有，外国也有。例如，缅甸有八大生肖，分别为虎、狮、双牙象、无牙象、老鼠、天竺鼠、龙和妙翅鸟等；希腊有十二兽历，它们是牡牛、山羊、猴、狮、驴、蟹、蛇、犬、猫、鳄、红鹤和鹰等；印度的十二生肖更是与我国的十分相似，只是有狮无虎。可以说，生肖这种现象并非个别民族独有，而是人类文明进程中具有普遍性的产物。

关于十二生肖的排列顺序，有各种传说。据说，十二生肖的选用与排列是根据每天动物活动的时间来确定的。夜晚23时至1时，是子时，此时，老鼠最为活跃。凌晨1时至3时，是丑时，牛正在反刍长膘。3时至5时，是寅时，此时老虎到处游荡，最为凶猛。5时至7时，是卯时，这时太阳尚未升起，月亮还挂在当空，玉兔捣药正忙。7时至9时，是辰时，这正是神龙行雨的好时光。9时至11时，是巳时，蛇开始活跃起来。11时至13时，阳气最盛，是午时，正是天马行空的时候。13时至15时，是未时，据说羊在这时吃过的草，会长得更旺盛。15时至17时，是申时，此时猴子开始活跃起来。17时至19时，是酉时，夜幕降临，鸡开始归窝。晚上19时至21时，是戌时，狗开始守夜。21时至23时，是亥时，万籁俱寂，猪正在鼾睡。

另一种说法是依据阴阳来确定这些动物的名称，如子、寅、辰、午、申、戌属阳，故用身上有奇数特征的动物表示，如鼠、虎、龙、猴、狗都有五趾，马为奇蹄；而丑、卯、巳、未、酉、亥属阴，故以身上有偶数特征的牛、羊、猪（偶蹄）、鸡（四爪）、兔（双唇）、蛇（二舌）来表示。

十二生肖各有象征意义。老鼠代表智慧通灵；牛代表勤奋执著；虎象征威严沉雄；兔代表谨慎机警；龙代表刚猛勇毅；蛇代表柔韧机变；马代表一往无前，自强不息；羊代表温顺祥和；猴子代表灵活警通；鸡代表恒定守信；狗代表忠诚顽强；猪代表随和老实。

自古以来，关于十二生肖的诗也有很多。这里抄录明代胡俨《十二生肖诗》一首："鼷鼠饮河河不干，牛女长年相见难。赤手南山缚猛虎，月中取兔天漫漫。骊龙有珠常不睡，画蛇添足适为累。老马何曾有角生，羝羊触藩徒忿嚏。莫笑楚人冠沐猴，祝鸡空自老林邱。舞阳屠狗沛中市，平津牧豕海东头。"诗中暗含了许多有关十二生肖的典故和成语，足见生肖文化意蕴的悠长。

第五节　民俗传统文化中的"五行"

民俗传统中的五行之说，历史久远，在夏商时期的《尚书·洪范》一书中就有明确记载。古人认为天上有月亮、太阳，代表万事万物的阴阳之道；有金、木、水、火、土等五星，而万物就由这五种相关的基本物质构成。金、木、水、火、土俗称"五行"。

到春秋战国时期，产生并确立了"五行相克"、"五行相生"（见图 3-62）的说法。

"五行相克"即五行中的某一行可以战胜、克制另一行。其内容：金克木，金属铸制刀斧，刀斧可以砍伐树木；木克土，草木扎根于土中，将土克制固住；土克水，土能筑堤挡水；水克火，水能灭火；火克金，火能熔化金属。

"五行相生"即五行中的某一行可以促长生成另一行。其内容：金生水，金熔化则成为液体，金凉亦凝水；水生木，雨水滋润草木生；木生火，木燃烧而生火；火生土，火燃烧后而成灰烬化为土；土生金，土里藏金，金由土石冶炼而成。

图 3-62　五行相生相克图

五行相生相克在民俗中有什么作用呢？

（1）古人用五行来说明宇宙万物的起源和变化；依据相似、相生、相克的道理，对各种事物进行分类。

1）五方：东方为旭日东升之方，草木生发，故属木；南方气候炎热，为阳气最盛，故属火；西方干燥萧瑟，草木凋零，故属金；北方气候寒冷，阴气最盛，故属水；中央温湿郁积，故属土。

2）五季：春季草木萌生，属木；夏季酷热难熬，属火；长夏（古人认为夏秋之间还有一个季节，叫长夏）烦闷多湿，属土；秋季，肃杀凉爽，属金；冬季寒冷成冰，属水。

3）五候：风动于春，属木；暑生于夏，属火；湿郁于长夏，属土；燥见于秋，属金；寒生于冬，属水。

4）五德：仁，属木，因东风和煦，春生万物，为仁爱之象；礼，属火，大凡祭祀天地，婚礼寿庆，都离不开火；信，属土，稳定如山，沉实如地，此为诚信之象；义，属金，仗义行侠，义师出征，离不开刀兵金铁；智，属水，水性圆通、清澈，为智慧之象。

除此之外，还有"五服"、"五福"、"五礼"、"五色"、"五味"、"五利"、"五岳"、"五常"、"五音"等，都是比照"五行"推演而成。

（2）中医学用五行相生相克的道理来说明病理现象。"五行"说将人体的五脏、五体、五官、六腑归属于五行，见表3-2。例如：从五脏的滋生来看，肾属水，肝属木，心属火，脾属土，肺属金。肾水之精以养肝木，肝木藏血以济心火，心火之热以温脾土，脾土化生水谷精微以充肺金，肺金清肃下降以助肾水。这是五脏之间如同五行的相生关系。从五脏之间的相互制约来看，肺气清肃下降，可以抑制肝阳上亢，即金克木；肝气条达，可以疏泄脾土的郁结，即木克土；脾的运化可以避免肾水的泛滥，即土克水；肾水的滋润，能够防止心火的亢烈，即水克火；而心火的阳热，可以制约肺金清肃得太过，即火克金。中医学还用五行来说明人体与自然环境及气候、饮食等的关系。根据五行学说，治疗疾病时不仅要考虑发生病变的脏腑本身，还要根据脏腑之间的生克关系，控制疾病的传变。

表3-2　五行归类表

五行	自然界						人体				
	五方	五季	五味	五色	五气	五化	五脏	五腑	五体	五官	五志
木	东	春	酸	青	风	生	肝	胆	筋	目	怒
火	南	夏	苦	赤	暑（热）	长	心	小肠	脉	舌	喜
土	中	长夏	甘	黄	湿	化	脾	胃	肌肉	口	思
金	西	秋	辛	白	燥	收	肺	大肠	皮毛	鼻	悲
水	北	冬	咸	黑	寒	藏	肾	膀胱	骨	耳	恐

（3）星相家用五行相生相克的道理来臆测人的命运。这一点虽无科学道理，但过去民间相信的人颇多。民俗认为，每个人按禀性都是五行的聚合，完美的人应当五行俱全，比例谐和，不偏不缺。然而这种人只是极少数，大多数人都是五行有缺。

思考题：

（1）“三更半夜”、“起五更、睡半夜”，这里的“三更”、“五更”是什么时辰？相当于现代的几点钟？

（2）传说农历正月初五是牛的生日，正月初六是马的生日，农历正月二十五是鼠的生日，农历二月二日是龙的生日，说说与这些动物有关的民俗活动。

（3）有关十二生肖动物的成语有很多，各列举一条，注意其中有关“猪”的成语最难找。提示一下，古代猪又称“豕”，如“狼奔豕突”。

（4）说说与你的生肖有关的典故或传说，你的生肖具有什么象征意义？

本章小结

我国是一个有着几千年悠久历史的文明古国。在这块古老的土地上，繁衍生息着56个民族，由于地理环境、文化背景和社会环境的影响，每个民族都在长期的历史发展过程中形成了自己独特的风尚习俗。随着社会的发展，各民族之间相互影响，这也使岁时节日民俗具有变异性的特点。中华民族由于自然环境、生产、生活条件不同，产生了带有鲜明的民族特点和地方特色的岁时节日民俗。这在各民族的衣、食、住、行等方面表现得非常明显。

第四章

游艺娱乐民俗

游艺娱乐民俗是一种以消遣休闲和调节身心健康为主要目的，并有一定模式的民俗活动。它是民间口承文学、民间歌舞、民间曲艺、民间小戏、民间竞技、民间杂艺、民间游戏等各种民间文化娱乐活动的总称，有很强的娱乐性、竞技性、地区性和民族性。

第一节　游艺娱乐民俗概述

学习目标

1. 了解游艺娱乐民俗的历史概貌
2. 掌握游艺娱乐民俗的特点

阳春召我最怡情，五夜频看景物新。
沈水银花联锦缎，文山歌鼓动金声。
桥凭肩跨后先续，马作云腾首尾轻。
兴罢更阑人散去，一轮明月入窗清。

这是民国《尤溪县志》记载的清代嘉庆年间福建尤溪县训导陈日宪描述迎春灯会的一首七律诗。千百年来，我国产生了无数多姿多彩的民间游艺。欢乐时，用歌舞表达自己的喜悦；悲伤时，用说唱排遣自己的忧伤；休息时，用游戏打发闲暇的光阴……在我国丰富的民俗事项中，游艺娱乐使得广大劳动人民尤其是青少年在精神生活、智力开发和身体素质等方面都得到有益的充实和锻炼，使人们的生活变得有滋有味、精彩纷呈。

知识点一　我国民间游艺娱乐民俗的历史概貌

据考古学家推测，最初的民间游戏娱乐源于原始社会人们对神灵的崇拜、祭祀和巫术等活动，也有来自生产劳动和军事训练等。例如，舞龙来源于人们崇拜龙和祭土地神等歌舞娱乐活动，放风筝来源于一种禳灾的巫术行为，射箭来源于狩猎生产，象棋来源于兵家思想，等等。

秦汉时期，民间就已经很喜欢民歌民谣了，流行巾舞、铎舞、盘舞、鼓舞和剑舞等；流行的民间娱乐活动还有角牴（觝）、斗兽、斗鸡、马戏、幻术（即魔术表演）和杂技等；还有一种从射礼中演变而来的竞赛娱乐游戏——投壶；风行六博戏和围棋。此时，蹴鞠运动（一项古老的民间足球竞技活动）很兴盛，汉代还出现了研究这项运动的专著《蹴鞠二十五篇》，这是我国最早的一部体育专业书籍，也是世界上的第一部体育专业书籍。

魏晋南北朝时期的娱乐活动日渐丰富，技艺类有歌舞、音乐和杂技等；竞技类主要有樗蒲（又称五木，是一种以投掷方式来定输赢的游戏，类似于后代的掷骰子）、投壶、弹棋、藏钩、戏射、握槊、施钩、斗鸡、斗鹅和斗鸭等；博弈类主要有围棋、四维和象戏等；游戏类主要有猜谜语、荡秋千、斗百草和儿童游戏（主要有战阵、竹马、斗鏉、跳绳和摊戏等）。

隋唐时期经济比魏晋南北朝时期有了很大的发展，娱乐文化更加丰富。隋唐人喜爱歌舞，有著名的舞蹈“踏歌”、“打令”和马舞等；有代表性的“百戏”节目幻术“黄龙变”、杂技“双竿对跳”、参军戏、“窟儡子”（傀儡戏，又称木偶戏）、缘竿和蹋球等；有围棋、弹棋、双陆（又称握槊）、樗蒲和叶子（麻将牌的前身）等博弈类娱乐活动；有马球、拔河、相扑、斗鸡、斗鸭、斗鹌鹑、斗蟋蟀和斗百草等竞技类娱乐活动；有投壶、行酒令（最为流行的是急口令、筹令、骰盘令和抛打令，此外还有改令、旗方香令、雅令、鞍马令等）、抛球和荡秋千等游戏类娱乐；还有旅游、赏花等玩赏习俗。此外，唐代还流行有娱乐性和训练性的“军中戏”，内容包括骑射、格斗、角牴（觝）、马球、驴球、蹴鞠、步打球（曲棍球）和十五柱球（又名木射，是一种室内球类竞赛运动）。

宋元时期的人们崇尚对物质享受和世俗欢娱的追求，城市文化娱乐活动异常丰富，宋代更是我国民间百戏繁荣兴盛的时期。这时期的百戏杂耍演出出现了专业化的倾向，依据表演性质分为马戏、魔术、走索、缘竿、踢弄、口技和水秋千等。宋元时期的歌舞戏曲非常流行，宋朝宫廷舞主要是“队舞”，民间表演性的称“舞队”。民间著名的自娱性舞蹈是踏歌，有傀儡戏、影戏、杂剧和南戏，还有说唱（包括说话、杂说和弹唱）。这时期流行竞渡（划船比赛）、弄潮（钱塘江潮涌时）、斗百草、斗鸡、斗鸭、水球、象棋、围棋、双陆、象戏、打揭、掷五木和掷骰子等竞技博弈娱乐；还有雅俗共赏的游戏活动，诸如节日聚会饮宴流行的投壶、拆白道字、行酒令和商谜等游戏，日常流行的放风筝、踢毽子、荡秋千、戏面具等游戏。宋代主要的体育项目有武术、角牴（相扑）、蹴鞠、击球（又称筑球，有马球、捶丸）、射箭和射柳等，元代时还出现了竞走比赛。宋代的踢球艺人还组织了自己的团体，称做“齐云社”，又称“圆社”。这是专门的蹴鞠组织，专事负责蹴鞠活动的比赛组织和宣传推广。这是我国最早的单项运动协会，类似于今天的足球俱乐部。

清代经济的发展带动了人们对传统节日、习俗和文化娱乐的需求。传统节日、迎神赛会及喜庆日子一般都要举行音乐、舞蹈、杂技、曲艺、戏剧及体育方面的娱乐活动，平常日子里人们则喜欢玩角牴、围棋、象棋、麻将、蹴鞠和踢毽子等。清代比较流行的地方戏有花鼓戏、采茶戏、黄梅戏、泗州戏、莆仙戏、秦腔、花灯戏、吕剧、五音戏、锡剧、二夹弦、歌仔戏、楚剧、彩调剧和傩戏等；主要的民间说唱有沧州大板大鼓、苏州弹词、八角鼓和扬州清曲；著名的曲艺有广东的粤曲、龙舟歌，福建的锦歌和湖北的三棒鼓等；主要的民间舞蹈有秧歌、高跷、旱船、竹马、太平鼓、霸王鞭、大头和尚、采茶灯、龙舞、舞灯和狮子舞等；流行的杂技有中幡、开路、双石、石锁、杠子、花坛、花砖和五虎棍等；著名的节会娱乐活动有北京的花会、天津的皇会、山东潍坊的风筝会、广州的花市和杭州的钱塘观潮会等；盛行的体育活动有龙舟竞渡、骑射、武术、滑冰、围棋和象棋等。清代后期还吸收了国外的话剧、电影、西式舞蹈、体育比赛（如赛船、跑马等）、打扑克、打台球、音乐会和游泳会等文体娱乐形式。

新中国成立后，游艺娱乐活动继承了传统的许多游艺娱乐项目，又产生了更多的新兴游艺项目。从继续吸收国外的文体娱乐方式如卡拉 OK、羽毛球、网球、保龄球、高尔夫球等，到一些新的娱乐方式，如网络聊天、游戏和交友等都在满足不同文化层次的消遣娱乐爱好。而传统游艺观念中求新奇、求热闹的基本特性没有改变。

知识点二

游艺娱乐民俗的特点

1. 娱乐性

游艺的本质是娱乐。游艺的娱乐性合乎人类休闲的天性，更适合儿童爱玩的天性。在游戏竞技活动中，人类的情感可以自由抒发，有利于调节人们的心情、发掘人们的潜力和提高生活质量。

2. 竞技性

游艺活动大多情况下是带有一定的竞争特点的。因为参加游戏或比赛的人在相互较量和竞赛中，可以获得心理上的满足，从而增加了活动的趣味性，并能在意志上得到磨炼。例如，民间的各种体育活动项目，都有竞技的成分在内。

3. 地区性和民族性

不同民族居住在不同的地域，他们在特定的地域和社会条件下形成了自己的生活习俗。因为我国是一个地域广阔的国家，又是一个多民族的国家，所以我国的游艺娱乐带有一定的地区性和民族性。例如，蒙古族主要生活在北方的大草原上，以放牧劳动为主，因而蒙古族的游艺娱乐活动以赛马、射箭和摔跤为主。

4. 农业属性

我国长期以来是农业大国，大多的民间游艺活动形成于以农业经济为主的时期，人们对丰收的期盼以及收获时的庆贺活动，都带有强烈的娱乐性。这种娱乐性使这些活动得以代代相传，形成了各地的民俗活动。比较有代表性的是各民族的娱乐歌舞活动，大多是由农闲时娱乐的舞蹈和比赛活动发展而来的。

思考题：

（1）我国游艺娱乐民俗的特点是什么？

（2）你知道或参与过哪些游艺活动？请列举并介绍家乡的特色游艺项目。

（3）请归纳我国各个历史时期的特色游艺项目，并试述其游戏规则。

第二节　我国传统游艺娱乐民俗

学习目标

1. 熟悉我国丰富多彩的传统民间游艺的不同形式和特色

2. 能将我国传统游艺娱乐民俗的相关知识灵活运用到旅游行业服务中

知识点一　民间口承文学

民间口承文学是劳动人民集体口头创作，在广大群众中流传，并一代一代地口头流传下来的，在各族人民中有深厚的基础的民间文化。我国作为一个历史悠久、幅员辽阔、民族众多的国家，民间口承文学是丰厚而多样的。我国的民间口承文学创造了牛郎织女、梁山伯与祝英台、白蛇传、孟姜女等家喻户晓的名作，也是文人创作的一个重要源头。

在少数民族文学中，口承文学占有相当比例。口承史诗、民间叙事诗、歌谣、对歌等民间艺人的表演艺术，在汉族和国外已极为罕见，但在我国的少数民族群众中至今仍然盛行。口承文学是他们生活中不可或缺的组成部分。

常见的民间口承文学的样式有民间歌谣、民间传说、民间熟语、谜语（灯谜）、绕口令等。

1. 民间歌谣

民间歌谣即民间短篇诗歌，起源于人类的生产劳动。它是人类社会最早出现的口头创作形式，包括抒情性的民歌与民谣。《毛诗训诂传》中说“曲合乐曰歌，徒歌曰谣”，古人对歌与谣，也常联用，统称为歌谣，简称民间歌谣为民歌。我国第一部诗歌总集《诗经》中的“国风”就是当时各地的民歌。汉代设立的乐府的主要职能之一就是搜集民间歌谣。我国的四言诗、五言诗、七言诗以及词、曲等体裁，大都起自民间。楚辞和古代民歌、建安文学和两汉乐府、唐代诗歌和六朝歌谣、元代杂剧和五代以来民间词曲，都有着深刻的渊源关系。

民歌多抒发主观感情，抒怀性强，旋律优美。我国的民歌种类繁多，各地的称谓也不相同。

（1）山歌。山歌是南方各省（西南、中南、江南）对民歌的统称。山歌的名称在唐代就已经产生。描写四川抗旱的民歌：一人唱歌歌声小，一人车水水不多，千万水车辘辘转，车来长江与黄河，满山秧苗笑呵呵。对答性山歌叫盘歌。盘问内容有对花、对事、对历史人物等，谁回答不出谁就算输了，如刘三姐和秀才对歌的故事。

（2）信天游。信天游流传在我国西北广大地区，又称顺天游、小曲子，在山西被称为山曲，在内蒙古则被称做爬山调。曲调高亢，音乐性较强，歌词都是以七字格二二三式为基本句格式，多用叠字音词和比兴手法。一曲高歌，响遏行云，荡气回肠，令人精神振奋。

（3）花儿。花儿又称少年，流行于甘肃、青海、宁夏等广大地区，已有四百多年的历史。男青年唱的叫少年，女青年唱的称花儿。它的内容丰富多彩，形式自由活泼，语言生动形象，曲调高昂优美，具有浓郁的生活气息和乡土特色，深受回、汉、藏、东乡、土、撒拉等民族的喜爱。除了农事劳动和山野运货等劳动场合歌唱外，各地还有“花儿会”的习俗，一般在农历四、五、六月间，群众云集，对歌声此起彼伏。

（4）民间小调。民间小调有绣荷包、小放牛、四季歌、秧歌调、沂蒙山小调、凤阳花鼓。曲式多样，以五七言为主，多有衬字。

2. 民间传说

民间传说是民间口头叙事文学，是流传于民间的故事传说。人们用以表达自己的愿望、要求和理想，反映自己的思想、感情和意志。民间传说往往围绕一个历史人物、历史事件，或者一个地方古迹或风俗习惯等。我国流传广泛、影响深远的民间传说主要有：大禹传说、愚公移山传说、鲁班传说、孟姜女传说、牛郎织女传说、白蛇传说、梁祝传说、刘三姐传说和地方风物传说等。

梁山伯与祝英台的传说

梁山伯与祝英台的传说是一则凄美、动人的爱情故事，与《孟姜女哭长城》、《牛郎织女》、《白蛇传》并称我国四大民间传说。它形成于东晋，故事发源于汝南县马乡镇。

故事讲述上虞祝家庄才女祝英台，美丽聪颖。她自幼随兄学习诗文，一心向往书院访师求学，却遭到父亲的拒绝。求学心切的祝英台，伪装算卦人，对父亲说："按卦而断，还是让令爱出门的好。"祝父见女儿乔扮男装，毫无破绽，只得勉强答应。英台女扮男装，远赴杭州求学。途中，邂逅梁庄书生梁山伯。二人一见如故，相谈甚欢，在草桥上撮土为香，义结金兰，共赴台儿寺的红罗书院，拜师入学。从此，同窗共读，形影不离。梁祝二人同学三年，英台深爱山伯，但山伯却始终不知她是女子，只念兄弟之情。

祝英台学成先归。分手时，梁祝依依不舍。在十八里相送途中，英台不断借物抚意，暗示爱情。山伯却忠厚纯朴，不解其故。英台无奈，谎称家中九妹，品貌与己酷似，愿替山伯作媒。无奈梁山伯家贫，未能如期而至。待山伯去祝家求婚时，祝父已将英台许配给马员外之子马文才。美满姻缘，已成泡影。二人楼台相会，泪眼相向，凄然而别。临别时，立下誓言：生不能同衾，死也要同穴！

三年后梁山伯出任鄞县县令，终因多年相思成疾，一病不起，死后葬鄞城西清道山下。梁死后第二年祝英台出嫁途中，路经梁墓，风浪大作，闻此处是梁山伯葬地之后，不禁悲从中来，上山祭奠。祝英台痛哭亡灵，情义感动天地，只见梁山伯墓突然地裂开一道口子，祝英台纵身跃入其中，同穴而死。梁山伯墓复合拢，二人魂魄化作彩蝶蹁跹飞舞。

3. 民间熟语

民间熟语是来自人们口头，并广泛流传的现成语言，以谚语、歇后语、惯用语为主，大多总结了历代劳动人民的生活斗争经验或对自然的认识，往往诙谐生动，含蓄隽永，极具生活情趣。

（1）谚语。谚语也称俚语、俗语、俗话，是民间集体创造、广为口传、言简意赅并较为定型的艺术语句，是民众丰富智慧和普遍经验的规律性总结。有认识自然和总结生产经验的谚语，如"蚂蚁搬家蛇过道，明日必有大雨到"、"今冬麦盖三层被，来年枕着馒头睡"、"东北有三宝：人参、貂皮、乌拉草"等；有认识社会和总结社会活动经验的谚语，如"人不可貌相，海水不可斗量"、"良药苦口利于病，忠言逆耳利于行"、"笑一笑，十年少；愁一愁，白了头"、"人行千里路，胜读十年书"等；有总结一般生活经验的谚语，如"寒从脚起，病从口入"、"早晨起得早，八十不觉老"、"冬吃萝卜夏吃姜，免得医生开药方"等。

谚语也生动地反映出大量民俗内容，如"钱官司，纸道场"、"好饭不过高粱酒"、"三亩好地一头牛，老婆孩子热炕头"。

（2）歇后语。歇后语是我国人民在生活实践中创造的一种特殊语言形式。它一般由两个部分组成，前半截是形象的比喻，后半截是解释、说明，十分自然、贴切。通常人们说出前半截，"歇"去后半截，就可以领会和猜想出它的本意，所以称它为歇后语。例如：猪八戒照镜子——里外不是人；水仙不开花——装蒜；擀面杖吹火——一窍不通；哑巴吃黄连——有苦说不出；外甥打灯笼——照旧（舅）；孔夫子搬家——净是书（输）；百日不下雨——久晴（情）；老爷下轿——步（不）行。

4. **谜语**

谜语是我国劳动人民智慧的结晶，是我们民族传统的一门综合性艺术。谜语，古称隐语、廋辞，来源于民间口谜，后经文人加工而成。谜语起源于春秋战国时期，在我国源远流长。谜语一般由谜面、谜目和谜底三部分组成。谜语分为两大类：一类是事物谜，就是我们常说的谜语，如“有丝没有蚕，有洞没有虫，有伞没有人，有巢没有蜂。（打一植物）谜底：莲藕”。另一类是文义谜，也就是灯谜，如“黄昏。（打一地名）谜底：洛阳”。

灯谜又称文虎，是写在彩灯上面的谜语（见图 4-1）。猜灯谜又称打虎、射灯虎、弹壁灯、商灯等。谜语悬之于灯，供人猜射，开始于南宋。《武林旧事·灯品》记载：“元宵佳节，帝城不夜，春宵赏灯之会，百姓杂陈，诗谜书于灯，映于烛，列于通衢，任人猜度”，所以称为灯谜。明清时代，猜灯谜在民间十分流行。猜灯谜成为我国人民训练思维和语言的一种巧妙形式，也是民族性、群众性、趣味性很强，且雅俗共赏的娱乐项目。

图 4-1　灯谜

元宵猜灯谜的来由

相传很久以前，有个财主，人称笑面虎。他见了衣着体面的人，就拼命巴结；见了粗衣烂衫的穷人，就吹胡子瞪眼。有个叫王少的青年，曾因穿得破烂，去向财主借粮，被赶出了大门。王少回去后越想越气。于元宵之夜，扎了一顶大花灯，来到笑面虎家门前。这大花灯上题着一首诗。笑面虎上前观看，只见上面写着：

头尖身细白如银，
称称没有半毫分；
眼睛长到屁股上，
光认衣裳不认人。

笑面虎看罢，气得面红耳赤，暴跳如雷，嚷道：“好小子，胆敢来骂老爷。”便命家丁去抢花灯，王少忙挑起花灯，笑嘻嘻地说：“哎，老爷莫犯猜疑，我这四句诗是个谜，谜底就是‘针’，你想想是不是。这‘针’怎么是对你的呢？莫非是‘针’对你说的，不然你又怎么知道说的是你呢？”笑面虎一想，可不是，只好气得干瞪眼，灰溜溜走了，周围的人都乐得哈哈大笑。这事传开后，越传越远。第二年元宵，人们纷纷仿效，将谜语写在花灯上，供人猜射取乐。以后相沿成习，猜灯谜成了元宵佳节的重要活动内容。

5. 绕口令

绕口令是我国一种传统的民间语言游戏，又称急口令、吃口令、拗口令。它是将若干双声、叠词词汇或发音相同、相近的字、词有意集中在一起，组成简单、反覆、重叠、绕口、拗口的有趣语韵，要求一口气急速念出，读来节奏感强，妙趣横生，如“吃葡萄不吐葡萄皮，不吃葡萄倒吐葡萄皮”、“门后吊刀刀倒吊”等。

绕口令现在作为练习发音和训练口头表达的一种特殊的语言工具，不仅能有效地锻炼口才，增强记忆力，还能培养人的反应能力，对人的语言及思维发展具有极大的促进作用。

资料链接

世界上最难念的绕口令

《施氏食狮史》是一篇由赵元任所写的设限文章。全文共九十一字（连标题九十六字），每字的普通话发音都是“shi”。《施氏食狮史》这篇绕口令也许你能看懂，可是如果读给别人听，他是无论如何也听不懂的。本文为汉语中最难读的一篇，只用一个发音来叙述一件事，除了汉语，怕是再无其他语言能做到了。

《施氏食狮史》：石室诗士施氏，嗜狮，誓食十狮。施氏时时适市视狮。十时，适十狮适市。是时，适施氏适市。氏视是十狮，恃矢势，使是十狮逝世。氏拾是十狮尸，适石室。石室湿，氏使侍拭石室。石室拭，氏始试食是十狮。食时，始识是十狮，实十石狮尸。试释是事。

译文：石室诗士施氏，特别嗜好狮子，发誓要吃十只狮子。施氏常常到集市里看狮子。十点钟，刚好有十只狮子到了市场。这时。刚好施氏也到了市场。他看见这十只狮子，便放箭。把那十只狮子杀死了，他拾起那十只狮子的尸体，带到石屋子。石室湿了水。施氏叫侍从把石室擦干，石室擦干了。他才尝试着吃这十只狮子。吃的时候，才发现这十只狮子，原来是十只石头做的狮子的尸体。（请）试着解释这件事。

知识点二

民间歌舞

汉族的民间歌舞形式极其丰富，最具特色的表现形式是秧歌舞。秧歌起源于插秧耕田的劳动生活，它和古代祭祀农神、祈求丰收和祈福祛灾时所唱的颂歌有关。在发展过程中，歌唱者不断吸收农歌、菱歌（民歌的一种形式）、民间武术、杂技以及戏曲的技艺与形式，由一般的演唱秧歌发展成为民间歌舞。至清代，秧歌已在全国各地广泛流传。因地域不同，其风格也各异。北方的秧歌较为著名的有山东秧歌、东北秧歌、河北秧歌和陕北秧歌（见图 4-2），被称为“北方四大秧歌”。而南方的花鼓、花灯、采茶以及广东与香港流行的英歌，其名称虽异，但都是从秧歌中派生出来的形式。

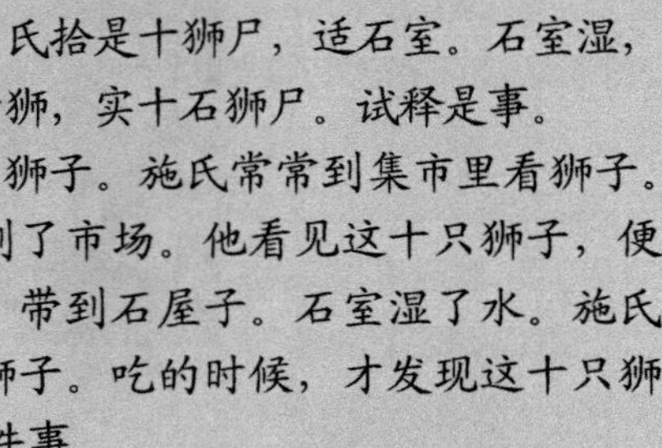

图 4-2 陕北秧歌

秧歌因其既具有表演性，又具有自娱性，深受老百姓的喜爱。如今，各地的秧歌一般都以秧歌舞队为主要形式，舞队人数少则数十人，多则上百人，既有集体舞，也有双人舞、三人舞等多种表演形式。扭秧歌不分男女老少，着上盛装，摆动彩扇，几十人或数百人排成队列，在锣鼓唢呐的伴奏下，在大街小巷或广场上尽情扭跳。尤其是到节庆日，秧歌队伍场面宏大，气氛极其热烈。

知识点三　民间曲艺

民间曲艺又称民间说唱，是以说唱为主，包括一些表演因素的口头艺术形式。曲艺和劳动人民关系最密切，它在民间流传了几百年，是人们最喜欢的一种娱乐方式。曲艺以说唱为手段，生动、通俗、有趣地叙述故事、刻画人物。它所使用的道具和乐器很简单（一块醒木、两块竹板、几件弦乐器和一面小鼓），演员单一（通常只需一人或两三人），却因为故事内容与各地的方言相配合，与地方乐调相结合，深入街巷，深得民心。

曲艺种类繁多，按表演手段不同，曲种分成说、唱、数、说唱兼有四大门类，大约三百多个小类，如评书、相声、大鼓、弹词、快书和快板等。

我国南北曲艺风格迥然，南曲柔媚，北曲刚健。曲艺成为现在我国旅游的重要文化资源，各地方的曲艺节目成为旅游开发项目之一，为旅游增添异域情趣。

1. 评书

评书又称说书，是曲艺的一种，源于古代的“说话”，也就是讲故事。“评”就是说书人对所说故事的点评。评书往往由一人演说，通过叙述情节、描写景象、模拟人物、评议事理等艺术手段，演绎历史或现代故事。这种说书形式在北京、四川等地称做评书，在上海、江浙一带称平话，在东北地区称评词。

评书的表演形式，早期为一人坐于桌子后面，以折扇和醒木为道具，身着传统长衫，说演讲评故事。发展至20世纪中叶，多为不用桌椅及折扇、醒木等道具，站立说演，衣着也不固定为长衫。传统的表演一般的程序：先念一段“定场诗”或说段小故事，然后进入正式表演。正式表演时，以叙述故事并讲评故事中的人情事理为主。如果介绍新出现的人物，就要说“开脸儿”，即将人物的来历、身份、相貌、性格等特征作描述或交代；讲述故事的场景，称做“摆砌末”；如果赞美故事中人物的品德、相貌或风景名胜，又往往会念诵大段富有音乐性和语言的美感的骈体韵文，称做“赋赞”；说演到精彩处，常会使用排比重迭的句式强化说演效果，称为“垛句”或“串口”。为了吸引听众，把制造悬念，使用“关子”和“扣子”作为根本的结构手法，从而使其表演滔滔不绝、头头是道而又环环相扣，引人入胜。

一首《西江月》这样形容评书的表演者：“世间生意甚多，惟有说书难习。评叙说表非容易，千言万语须记。一要声音洪亮，二要顿挫迟疾。装文装武我自己，好似一台大戏。”我国现代著名的评书表演艺术家有连丽如（代表作有《水浒传》、《红楼梦》、《鹿鼎记》、《康熙大帝》、《三国演义》等）、单田芳（代表作有《隋唐演义》、《白眉大侠》、《千古功臣张学良》、《平原枪声》等）、田连元（代表作有《刘秀传》、《瓦岗寨》、《水浒人物传》、《包公案》等）、袁阔成（代表作有《三国演义》、《封神榜》、《西楚霸王》、《碧眼金蝉》等）、刘兰芳（代表作有《杨家将全传》等）。

资料卡

惊　堂　木

惊堂木也称醒木，正式名称叫“气拍”，也有称界方和抚尺的，俗称“惊堂木”，取“规矩”之意。一块方寸大小的长方形硬木，有棱有角，可敲击桌面，具有严肃法堂、壮官威、震慑受审者的作用。使用者用中间的手指夹住，轻轻举起，然后在空中稍停，再急落直下。古时县官用，举起拍于桌上，起到震慑犯人的作用，有时也用来让堂下人等安静下来。在评书中使用惊堂木作为道具，有在开始表演或中间停歇的时候使用，作为提醒听众安静或吸引听众注意力，以加强表演效果或起到惊醒的作用。

2. 相声

相声是用说笑话、滑稽问答、说唱等引起观众发笑的一种民间说唱曲艺。相声艺术始于明清时期，源于华北，流行于京津冀，普及于全国及海内外，盛于当代。它用诙谐的话语，尖酸、讥讽的嘲弄，以达到惹人“捧腹大笑”而娱人的目的，扎根民间、源于生活、深受群众欢迎。

相声按表演的人数可分为单口相声、对口相声和群口相声。单口相声由一个演员表演，长篇单口相声通常分为数次表演，类似于评书，但更注重笑料。对口相声，演员人数为两人，演员一捧一逗，相互配合，插科打诨。群口相声，演员人数在三人或三人以上。甲称“逗哏”，乙称“捧哏”，丙称“腻缝”。说、学、逗、唱是相声演员的四大基本功。演员向观众传递笑料是相声的主要艺术手段，相声中惯用“抖包袱”的手法，使笑料经过细密的组织、铺垫，达到最佳的喜剧效果。

3. 大鼓

大鼓一般指以鼓、板击节说唱的曲艺形式。清代形成于北方，主要流行于我国北方各省、市，以及长江流域和珠江流域的部分地区。近代流行各地的大鼓大约有二三十种，主要曲种有京韵大鼓（见图 4-3）、西河大鼓、梅花大鼓、乐亭大鼓、东北大鼓、山东大鼓、北京琴书、河南坠子、温州鼓词等数十种。

图 4-3　京韵大鼓

大鼓主要流行于中国北方诸省、市的广大城镇与乡村。其表演形式大多为演员一人自击鼓、板，配以一至数人的乐队伴奏演唱。主要伴奏乐器为三弦，另有四胡、琵琶、扬琴等。演员自击的鼓，也称书鼓，其形状为扁圆形，两面蒙皮，置于鼓架上，以竹制的鼓箭敲击。板有两种，一种由两块木板组成（多以檀木制成）；一种由两块半月形的铜片或钢片组成，俗称“鸳鸯板”。

大鼓的文学脚本称为鼓词，基本为七言或十言的上下句体。曲目有短篇、中篇、长篇之分。短篇只唱不说，中、长篇则有唱有说。人们往往称唱短篇为唱大鼓，唱中、长篇为唱大鼓书。大鼓的唱腔音乐结构为板腔体，唱腔曲调多源于流行地的民间音乐及地方小调，并用当地方言语音演唱。

4. 快书和快板

快书和快板属于曲艺中韵诵类（即似说似唱的一类）表演形式，词儿合辙押韵，说时用竹板打拍，节奏较快。快板早年称为数来宝，也称顺口溜、流口辙、练子嘴，是从宋代贫民演唱的莲花落（乞丐沿街乞讨时演唱）演变发展成的。

快书与快板虽然都以节奏感极强的数唱或诵说方式进行表演，运用“包袱”、“夸张”、“铺陈”等艺术手段，所说唱的曲词均是句式比较规整的韵文，但也有区别。快书或者在快板基础上发展起来的快板书，一般都是具有较强的故事性，并塑造典型人物形象的中、长篇节目，曲词的韵辙通常是每个回目一韵到底；而快板一般是只表演说理或抒情性较强的短篇节目，且曲词的押韵方法比较自由，称为“花辙”，即可在一段曲词中自由转韵。

快板的演出形式主要有一个人演唱和两个人对口演唱两种。对口还保留了数来宝的原名，也称对口快板。有些地区发展成用当地方言演唱，如天津快板、陕西快板等，都很好地发挥了教育、娱乐的作用。快板有数来宝、快板书、小快板、天津快板等多种形式。数来宝是两个人表演的；快板书是一个人表演的；小快板除了作返场小段以外，主要是群众文艺活动的一种形式；天津快板是用天津方言演唱的。

资料链接

快板的开山鼻祖

历史上唱数来宝的艺人奉明太祖朱元璋（洪武皇帝）为祖师爷。

据说，朱元璋是元朝文宗时人，生于安徽省濠州钟离县。幼年时，他父母双亡，被送往皇觉寺出家，长老赐法名元龙。长老圆寂后，朱元璋被僧人驱逐，只能以乞讨为生。但他呼谁为爷谁就病，呼谁为妈谁也生病，钟离县人都不准他在门前呼爷唤妈。朱元璋急中生智，用地上的两块牛骨相互敲打，挨户乞讨。人们听到门前有牛骨声，就将吃剩的食物送给朱元璋。

后世乞丐纷纷效仿朱元璋，揣着牛骨或者打着竹板走街串巷，行乞卖艺。快板艺人在轻快的竹板声中讲述着生活中的琐事、身边的事、老百姓爱听的事儿。

知识点四

民间小戏

世界上有三种古老的戏曲文化：希腊悲喜剧、印度梵剧、中国戏曲。中国戏曲又有正宗大戏与民间戏曲之分，元杂剧、明清传奇、京剧、粤剧、蒲剧、越剧等属于正宗大戏。民间戏曲深刻地反映了人民的生活，记录了人民的喜怒哀乐，积淀着浓厚的民族心理，紧密地联系着“乡土中国”，是值得重视的民俗文化。

民间戏曲是由劳动民众集体创作并演出的一种有歌有舞、有唱有白、有故事情节和舞台表演的小型综合性艺术。我国历史悠久，幅员辽阔，各民族、各地区民间小戏丰富多彩，剧种多达 360 余种。根据流传情况和传统称谓，民间小戏大体分为花灯戏、花鼓戏、采茶戏、秧歌戏、道情戏和道具戏六大类。

1. 花灯戏

花灯戏是广泛流行于我国西南地区的民间小戏剧种，由花灯歌舞发展而来，俗称灯夹戏、花戏等。比较有代表性的是四川灯戏、贵州花灯戏、湘西花灯戏（见图 4-4）和云南花灯戏。最初，当地农民为庆贺丰收或春节演出“跳灯”，也就是平地围灯，边歌边舞，洋溢着喜庆的气氛，后来逐渐发展成表演故事的灯戏。其演出特点是以唱为主，说白很少，以旦、丑为主要角色，唱腔质朴明快。代表性剧目有《拜年》、《三访亲》等。

图 4-4　湘西花灯戏

2. 花鼓戏

花鼓戏主要流传于我国南方。在南方，花鼓戏甚至成为民间戏曲的代称。我国重要的花鼓戏有湖南花鼓戏、湖北花鼓戏、皖南花鼓戏。其演唱特点是演唱时有人帮腔，有锣鼓伴奏。代表性的剧目有湖南花鼓戏《刘海砍樵》，湖北花鼓戏《卖棉纱》、《绣荷包》，皖南花鼓戏《凤阳花鼓》。

刘海砍樵的传说

“家住常德武陵境，丝瓜井畔刘家门”这是湖南花鼓戏《刘海砍樵》（见图 4-5）中刘海的两句唱词。在常德武陵区流传着一个刘海砍樵的传说：古时候，常德城武陵区丝瓜井旁，住着刘海母子俩。刘母因思念亡夫，哭瞎了眼睛。刘海非常勤劳孝顺，天天上山砍柴，奉养老母。在刘海砍柴的大高山、小高山一带，住着一只多年修炼的狐狸精，她炼成宝珠一颗，含在口中可化身人形。此时她已成半仙，若再修炼几百年，便可成仙上天。她非常敬佩刘海的为人，起了思凡之心，取名胡秀英，执意嫁给刘海。憨厚朴实的刘海怕连累胡秀英受苦，几番推辞，后见胡秀英一片真心，答应与胡秀英成亲。

图 4-5　湖南花鼓戏《刘海砍樵》

回到家后，刘海告诉母亲，母亲也很喜欢，同意了他们的婚事。刘海于是去位于城中心的鸡鹅巷置办东西结婚。鸡鹅巷旁边有个小庙，庙里有十八个罗汉。其中十罗汉带着一群弟子（金蟾）也在暗中修炼。他炼得一串金钱，也已成半仙，如能得到胡秀英的宝珠，就能即刻成仙升天。十罗汉见胡秀英和刘海成婚，遂起歹心，他带领弟子抢走了胡秀英的宝珠。胡秀英失去宝珠现出原形，把实情告诉了刘海。刘海知道后，没有怪胡秀英，他拿起家中砍柴的石斧去斗十罗汉，最终在斧头神和胡秀英众姐妹的帮助下，刘海打败了他们，夺回了宝珠。从此，他们过着男耕女织的幸福生活。

3. 采茶戏

采茶戏主要流传地是江西和两广（即广东和广西）。它是歌舞性很浓的民间戏曲，起源于采茶灯，也称茶篮灯，主要是描写采茶人的劳动，是民间茶农采茶叶时所唱的采茶歌与民间舞蹈结合而形成的载歌载舞的表现形式。采茶戏表演欢快，诙谐风趣，载歌载舞，喜剧性强，富有浓郁的乡土气息，颇受群众喜爱。表演时伴随着有趣的舞蹈动作，小丑要走“矮子步”，小旦要表演“扇子花”，增加了视觉艺术成分。代表性的剧目有《瞧妹子》（见图 4-6）、《采茶歌》、《挖笋》、《拣田螺》等。

4. 秧歌戏

秧歌戏主要流传在北方，南方也有。其起源有人认为，原本是南方农民插秧时所唱的歌曲，这种情形适合于南方。而在北方准确地称谓应是“阳歌”，因为在传统的民间信仰中，人间为阳，地府为阴，神为阳，鬼为阴。娱鬼与赞颂地府的歌称为“阴歌”，祭神与娱人时所唱的歌为“阳歌”。这些“阳歌”是在民间闹社火时演唱的，陕西《葭县志》、山西《临县志》都记载为“阳歌”。总之，秧歌是在农村节日社火中或农闲时节演出的，其特点是化妆表演，重舞不重唱，动作很大，大扭大作，在表现民俗风情、生活情趣方面很有魅力。比较重要的有陕南大秧歌、陕北秧歌（见图 4-7）、河北定县秧歌、山西祁太秧歌。代表作有《刘三推车》、《送樱桃》、《打酸枣》、《看秧歌》、《偷南瓜》。

5. 道情戏

道情戏（见图 4-8）是在道情说唱基础上发展起来的，主要流传在山西、江西、甘肃、湖北。据说，道情起源于唐代道教在道观内所唱的“经韵”，文体为诗赞体。后来吸收词牌、曲牌，演变为民间布道的演唱。其特点是演唱时，主唱者怀抱渔鼓，手持简板，击节说唱，并有五六人以竹笛、四胡、板胡等乐器伴奏和伴唱，内容主要是神话、史事，比较难懂，也有表现日常生活的。主要的代表有江西道情、山西道情、陕西道情、河南道情。

图 4-6　采茶戏《瞧妹子》

图 4-7　陕北秧歌

图 4-8　道情戏

6. 道具戏

道具戏是不通过演员直接扮演，而是将戏曲内容借助人工制作的偶像、皮影或面具来表演的民间戏曲。主要有木偶戏、皮影戏和傩戏。

（1）木偶戏，由演员操纵木偶进行戏剧表演，也称傀儡戏。它常以对话为主，或兼有歌舞伴随，通过虚拟、幻想、夸张等手法表现戏剧冲突，反映社会生活，风趣而又简练，带有漫画化格调。其要求演手与偶人之间在动作、语言、感情方面高度和谐统一。我国木偶戏历史悠久，三国时已有偶人可进行杂技表演，隋代则开始用偶人表演故事。

因操作木偶的方式不同，有提线木偶戏（见图 4-9）、杖头木偶戏（见图 4-10）、布袋木偶戏（见图 4-11）三种形式。传统木偶戏题材主要沿袭宋代傀儡表演，表现历史人物、神话故事等，如提线木偶戏《桃园结义》、《辕门射戟》，杖头木偶剧《真假孙悟空》，布袋木偶戏《雷万春》随着社会的不断发展，结合新的科技技术，木偶戏创作又有了更新更多的发展，如多媒体音乐木偶剧《拇指姑娘和青蛙王子》等。

图 4-9　提线木偶戏

图 4-10　杖头木偶戏

图 4-11　布袋木偶戏

（2）皮影戏又称影戏、灯景戏（见图 4-12），由剪纸发展而来，最初是用纸剪成侧面人形，后来逐渐以半透明的驴皮、羊皮、牛皮制作，更加结实耐用。它用动物皮革制作成道具，再用灯光照射在白色方幕上，投影演出，观众坐在黑暗处观看。

图 4-12　皮影戏

有关皮影戏的来历，有一传说流传最广：相传汉武帝时，一方士为解汉武帝思念爱妃李夫人亡故之愁，取海底神石，刻成李夫人模样，置于轻纱缦中，灯光下宛如李夫人重现。皮影由此而来，至宋、金、元时呈现出极其繁盛的趋势，并由南至北几乎遍及全国各省区，形成了异彩纷呈的地方艺术风格。

因各地所演的声腔不同，皮影戏也多种多样，如陕西的华县皮影戏、华阴老腔皮影戏、阿宫腔皮影戏、弦板腔皮影戏，甘肃的环县道情皮影戏，山西的孝义碗碗腔皮影戏，河北的唐山皮影戏、冀南皮影戏，浙江的海宁皮影戏，湖北的江汉平原皮影戏，广东的陆丰皮影戏，辽宁的复州皮影戏、凌源皮影戏等。

（3）傩戏又称傩堂戏、端公戏（见图 4-13），是在民间祭祀仪式基础上吸取民间戏曲而形成的一种戏曲形式。它起源于民间巫术，主要功能是驱逐疫鬼，其特点是演员戴着狰狞可怕的面具表演。主要流传在我国西南地区，近年来发现的山西曲沃县任庄的《扇鼓神谱》，保存有六个傩戏节目。傩戏的研究涉及宗教学、民族学、民俗学等多学科知识，有待深入探索。

图 4-13　傩戏

知识点五

民间竞技

民间竞技是民间举行的各种形式的赛力量、赛技艺和赛智力的群众性体育活动。

1. 赛力量竞技

（1）拔河。拔河（见图 4-14）是人数相等的双方对拉一根粗绳以比较力量的对抗性体育娱乐活动。拔河是我国传统的集体角力竞技项目，古代称“牵钩”、“施钩”。有人认为拔河之名是对当年楚人水上教战传统的溯源，可作两种解释。一种解释是此项竞技判断胜负的标志是使用界旗为“河”，即“载立长旗，居中作程”，能够把绳索拉过旗界，就是拔过了“河”；

另一种解释是径以绳索中心的标志为“河”，胜者就是把“河”拔了过来。可见“拔河”是对竞赛规则的形象表述。例如，现代广西仫佬族同胞的拔河游艺，就将此中线称为“界河”。

图 4-14 拔河

拔河时，人的全部力量几乎都用来对抗绳索的阻力，躯干、四肢等运动器官几乎都要参与。最重要的是要求所有参与者具有浓厚的团队意识。精神和力量高度统一，团队意识高于一切，是拔河的特点。众多人用同一种姿势、同一种力量、同一个方向，“劲往一处使、汗往一处流”。

在我国流行两千多年的拔河运动，有着悠久的历史和广泛的群众基础，特别能体现团队精神。随着时间的推移，它已从自发的民间游戏行为逐步发展成为比较成熟的集健身性、娱乐性、竞技性、观赏性于一体的广大群众喜闻乐见的体育项目。

（2）龙舟竞渡。龙舟竞渡（见图 4-15）又称赛龙舟、划龙船、龙船赛会等，是我国民间传统水上体育娱乐项目，是一种具有浓郁的民俗文化色彩的群众性娱乐活动，同时也是一种有利于增强人民体质，培养勇往直前、坚毅果敢精神的体育运动。

图 4-15 龙舟竞渡

龙舟竞渡在我国已流传两千多年，多在喜庆节日举行，由多人集体划桨竞赛。史书记载，龙舟竞渡是为了纪念爱国诗人屈原而兴起。由此可见，龙舟竞渡不仅是一种体育娱乐活动，更体现出人们心中的爱国主义和集体主义精神。

龙舟竞渡是在规定距离内，同时起航，以到达终点先后决定名次。我国各族的龙舟竞渡略有不同。汉族多在每年端午节举行，船长一般为 20～30 米，每艘船上约有 30 名水手。例如，广州黄埔一带，龙船长 33 米，桡手约 80 人；南宁龙舟长 20 多米，每船 50～60 人；湖南汨罗县龙舟长 16～22 米，桡手 24～48 人；福建福州龙舟长 18 米，桡手 32 人。龙船一般是狭长、细窄的，船头饰龙头，船尾饰龙尾。龙头的颜色有红、黑、灰等色，均与龙灯之头相似，姿态不一。一般以木雕成，加以彩绘（也有用纸扎、纱扎的）。龙尾多用整木雕，上刻鳞甲。除龙头龙尾外，龙舟上还有锣鼓、旗帜或船体绘画等装饰，如广东顺德龙舟上饰以龙牌、龙头龙尾旗、帅旗，上绣对联、花草等，还有绣满龙凤、八仙等图案的罗伞。一般龙舟没有这么多的装饰，多饰以各色三角旗、挂彩等。

2．赛技巧竞技

（1）放风筝。放风筝是起源于我国的一项传统的民间体育活动，至今已有两千余年的历史。相传，风筝（见图 4-16）是由春秋时期著名的建筑工匠鲁班发明的，最初为木鸢。后来，以纸代木，称为纸鸢；汉代起，人们将其用于测量和传递消息；唐代时，风筝传入朝鲜、日本等周边国家；到五代时期，人们又在纸鸢上系以竹哨，竹哨发出的声音如筝鸣，因此又称风筝；到宋代，放风筝逐渐成为一种民间娱乐活动；元代时，风筝传入欧洲诸国。

图 4-16 风筝

传统的中国风筝技艺包括“扎”、“糊”、“绘”、“放”四种技艺。“扎”即用细竹扎成风筝，要达到对称，左右吃力均匀。“糊”即糊纸绢，要保证全体平整，干净利落。“绘”即风筝上的彩绘，要做到远眺清楚，近看逼真的效果。“放”即利用风力把风筝升入空中，放时要依据风力调整提线角度，有风、线、放、调、收等技法。风筝的种类主要分为“硬膀”和“软翅”两类：“硬膀”风筝翅膀坚硬，吃风大，飞得高；“软翅”风筝柔软，飞不高，但飞得远。在式样上，除传统的禽、兽、虫、鱼外，近代还发展出人物风筝等新样式。

1980 年 5 月 23 日，在北京成立了中国第一个风筝学会——北京风筝学会。此后，国内每年均举办有较大规模的风筝节。1989 年，国际风筝联合会正式成立，总部设于山东潍坊。在欧美、日本和东南亚一些国家，放风筝活动也很流行，这些地方经常举办国际性的风筝放飞大赛等活动。

（2）跳绳。跳绳是一种在环摆的绳索中做各种跳跃动作的体育游戏，在我国已有数千年的历史，唐朝称跳绳为“透索”，宋朝称为“跳索”，明朝称为“白索”，清朝称为“绳飞”，民国以后才称“跳绳”。南宋以来，我国人民每逢佳节都跳绳，称为“跳白索”，原属于庭院游戏类，后发展成民间竞技运动。

跳绳有二人摇绳，一人或多人跳的，有一人跳的，也有一人跳前面带一人或前后各带一人的各种跳法。以一人独跳变化最多，有双脚跳、单脚跳、迈门坎、麻花阵、旋风、倒抡绳、跑跳、蹲跳等花样跳绳（见图 4-17）。跳绳时还可按不同情况编排节奏与旋律适宜的歌谣伴唱，《松风阁诗抄》有诗记载（见图 4-18）：“白光如轮舞索童，一童舞索一童唱，一童跳入光轮中。”这种加伴唱的跳绳游戏，娱乐性很强。

（3）踢毽子。踢毽子（见图 4-19）又称打鸡，起源于汉代，盛行于南北朝和隋唐，至今已有两千多年的历史了，是西南地区民间传统体育娱乐项目之一，后来风行全国各地，深受青少年儿童（尤其是女性）的喜爱。20 世纪初，欧美近代体育传入我国以后，踢毽子仍为我国青少年喜爱的体育活动。

图 4-17　花样跳绳

图 4-18　伴唱跳绳

图 4-19　踢毽子

毽子分毽砣和毽羽两部分。毽砣多用铜钱或圆形的铅锡、铁片制成；毽羽多用翎毛、鸡毛或羊皮制成。游戏时，用脚连续向上踢毽子，不让毽子落地。踢毽子的套数多达 17 种，有踢、把、拐、站、端和盘等。踢毽子比赛分单人赛与集体赛。单人赛以每人踢毽的次数多少判定胜负；集体赛按个人技术高低分组，以总共踢的次数多少判定输赢。技艺高超者可连踢数千次而毽子不落地。另有一种团踢，即一群人共踢一个毽子，当毽子落到谁面前，谁可任意选择踢法将毽子复踢给任何人，下一人仍以此法踢毽给任何人，毽子掉在谁面前谁为负。北京、上海、广东、浙江、河北、湖南、福建和山东等省市都举行过规模较大的踢毽子比赛。

作为民间的体育活动，踢毽子是一项全身运动，可以使腿、脚、臂、腕、手和眼等身体各部位得到锻炼，增强人的体质。除春冬季外，踢毽子在其他季节也是随时可以进行的。经常参加这项运动，不仅可以使下肢肌肉、韧带富有弹性，关节灵活，还可使心、肺系统得到全面锻炼，有利于提高人们的反应能力、灵敏度和动作协调的能力。加之场地要求比较简单，在室内、室外均可进行，所以一直以来踢毽子是民间比较普及的游戏活动。

（4）荡秋千。秋千的起源可追溯到几十万年前的上古时代。人们为了获得高处的食物，在攀登中创造了荡秋千的活动。秋千最早称为千秋。到春秋时，出现了下边有踏板的秋千。

荡秋千是一种有益的民间体育游艺活动。荡秋千既可以使人心旷神怡，又可以锻炼身体和意志。荡秋千分为单人荡、双人荡、立荡和坐荡等。荡秋千是朝鲜族妇女最喜爱的民间游戏（见图 4-20），每逢节日聚会，身穿鲜艳民族服装的朝鲜族妇女，就会聚在一起荡起秋千，尽情地欢乐。在济南城乡，还流传着清明时节荡秋千的习俗。清明节这天，男女老幼身着新衣在街前广场，立木为架，上架横木，下悬二绳，绳下横系一板，人在板上可坐可立，手握两绳可前后上下飘荡，极富乐趣。每年元宵节期间，河北省武安、涉县和磁县一带的城乡群众也有荡秋千的习俗。除普通的荡秋千外，我国还有一些特殊的荡秋千方式，如“胡悠”、“过梁悠”和“板不煞”等。

（5）抖空竹。抖空竹（见图 4-21）是我国独有的一项传统娱乐运动，适合各种年龄段的人。它不仅是锻炼身体的手段，也是一种优美的艺术表演，很具观赏性。

图 4-20　朝鲜族妇女荡秋千

图 4-21　抖空竹

空竹由圆盘和轴两部分组成，圆盘边上有哨口，用线绳缠绕在空竹的轴上，通过两手握的杆与连接着的线，可以把空竹转动和舞动起来，并发出悦耳的响声。空竹多为单圆盘或双圆盘，又称单葫芦头或双葫芦头。

玩者用上肢做提、拉、抖、盘、抛和接动作，下肢配合走、跳、绕、骗、落和蹬，在眼睛追瞄之间，身体作出俯仰和扭转等动作。由此可见，抖空竹是一项全身运动，有时还很激烈。经常参加这项运动，不仅可使上下肢肌肉、韧带富有弹性，关节灵活，而且可使心、肺系统得到全面锻炼，起到增进身体健康的良好作用，对身心健康极为有益。

（6）抽陀螺。抽陀螺（见图 4-22）也称打陀螺，是我国民间的传统体育游戏。陀螺一般为木制的圆锥形，上大下尖。将尖头着地，以绳抽之，使之在平滑的地面上旋转，比赛谁转得久就为赢家。另有鸣声陀螺和菱形陀螺，以竹木制成中空圆筒，中间贯以旋轴。圆筒体开有狭长裂口，转动时由于气流作用能发声。菱形陀螺为两头小、中间大，以绳绕螺身。玩时将螺置于地上，顺势抽绳，使螺旋转。陀螺有木制、竹制、石制、陶制及砖瓦磨成的。近代的木制陀螺在接触地面的尖底部多加铁钉或钢珠，以减少摩擦。

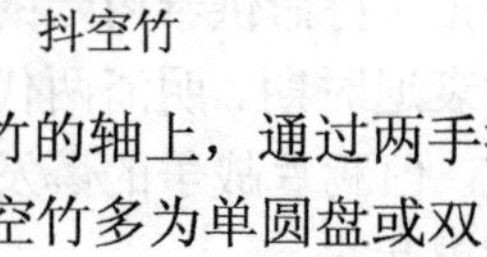
图 4-22　抽陀螺

抽陀螺的游戏历史久远。宋朝时已经出现了类似陀螺的玩具，名字称做“千千”。它是一个长约三公分的针形物体，放在象牙制的圆盘中，用手撑着旋转，比赛谁转得久就为赢家。这是当时嫔妃宫女用来打发深宫内无聊时光的贵族游戏。“陀螺”这个名词最早出现于明朝，刘侗、于弈正合撰的《帝京景物略》有“杨柳儿青，放空钟；杨柳儿活，抽陀螺；杨柳儿死，踢毽子”的记载。据记载，当时陀螺是木制的，用绳子绕好了，一抛一抽，陀螺便在地上无声地旋转。当它缓慢下来时，再用绳子鞭它，给它加速，便可转个不停。为了转起来好看，也可在陀螺上着几圈环形色彩。公元 10 世纪前，我国的这种民间游戏就传到了朝鲜、日本等国，并流传至今。

我国各地对陀螺有不同的称呼，如“地黄牛”、“老牛”、“牛牛儿”、“菱角”等。抽陀螺的趣味性强，尤其在我国北方各地，一到冬天河湖湾坑冻上厚冰之后，更吸引着众多的少年儿童到冰上去参加这一活动。

3．赛智力竞技

（1）中国围棋。围棋（见图 4-23）起源于中国古代，是一种策略性二人棋类智力游戏，使用格状棋盘及黑白二色棋子进行对弈。它是我国汉民族传统文化中的瑰宝，体现了汉民族对智慧的追求。古人常以“琴棋书画”论及个人的才华和修养，其中的“棋”指的就是围棋。

图 4-23　围棋

围棋，我国古代称为弈（下棋也称对弈），可以说是棋之鼻祖，相传已有四千多年的历史，是我国古人喜爱的娱乐竞技活动。据《世本》所言，围棋为尧所造。《博物志》中记载：“舜以子商均愚，故作围棋以教之。”春秋时期，围棋已成为一种游戏在社会上流行。西汉时期，围棋传遍全国，但发展缓慢。东汉灭亡后，围棋活动发展迅速。西晋时期，围棋全面兴旺。盛唐时期，唐玄宗大力倡导围棋，创立了翰林棋待诏（待命供奉内廷的人）制度，这是我国围棋走向专业化、职业化的标志。元朝是我国围棋的衰退时期。明清两代，围棋流派纷起，频繁的民间比赛活动，使得围棋游艺进一步得到了普及。但鸦片战争的爆发，使得围棋运动进入低潮。新中国成立后，围棋运动才得以恢复并迅速发展起来。

被人们形象比喻为黑白世界的围棋，是人类历史上最悠久的一种棋戏。由于它将科学、艺术和竞技三者融为一体，有着发展智力、培养意志品质和机动灵活的战略战术思想意识的特点。因而，几千年来长盛不衰，并逐渐地发展成为了一种国际性的文化竞技活动。

（2）中国象棋。中国象棋是由两人轮流走子，以“将死”或“困毙”对方将（帅）为胜的一种棋类运动。人们往往通过对弈参透人生的一些哲理，提高自己的觉悟能力、思维能力和生活乐趣。

中国象棋是一种古老的智力游戏，具有悠久的历史，战国时期已经有了关于象棋的正式记载。早期的象棋，棋制由棋、箸、局等三种器具组成。棋子用象牙雕刻而成。箸相当于骰子，行棋前先投箸。局是一种方形的棋盘。两方行棋，每方 6 枚棋子，经过近百年的实践，象棋于北宋末定型成近代模式（见图 4-24），即 32 枚棋子，有“楚河汉界”的棋盘，将在九宫之中等。对局时，由执红棋的一方先走，双方轮流各走一着，直至分出胜、负、和，对局即终了。轮到走棋的一方，将某个棋子从一个交叉点走到另一个交叉点，或者吃掉对

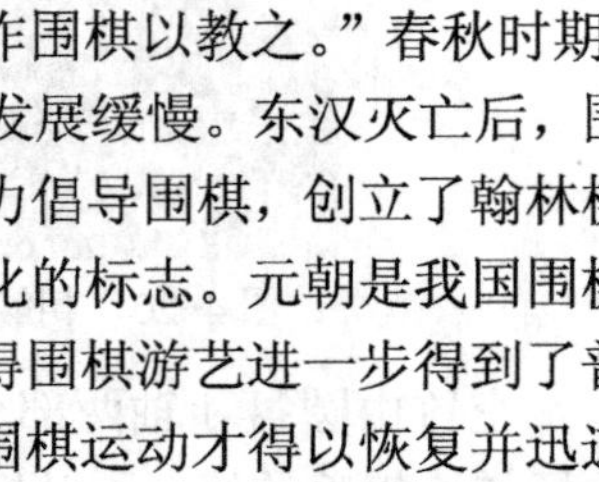

图 4-24　中国象棋

方的棋子而占领其交叉点，都算走一着。双方各走一着，称为一个回合。

中国象棋是中华民族的传统文化，不仅在国内深受喜爱，在东南亚地区也广泛流传。许多海外华侨、华人把开展象棋活动看做炎黄后裔对自己民族文化的继承和发扬。近几十年来，随着贸易和文化交往的不断发展，中国象棋在英国、美国、法国、加拿大、德国等国家也发展了不少的爱好者。中国象棋正从它的发源地，经过亚洲传播到世界各个角落。

资料卡

棋盘中的楚河汉界

中国象棋棋盘中的楚河汉界来源于2200多年前的楚汉战争。

“楚河汉界”在古代的荥阳（属郑州）成皋一带，该地北临黄河，西依邙山，东连平原，南接嵩山，是历代兵家兴师动众的战场。楚霸王项羽和汉王刘邦以荥阳为主战场，展开了长达4年的攻伐激战。公元前203年，刘邦出兵攻打楚国，项羽粮缺兵乏，被迫提出了“中分天下，割鸿沟以西为汉，以东为楚”的要求，从此就有了楚河汉界的说法。至今，在荥阳广武山上还保留有两座遥遥相对的古城遗址，西边那座叫汉王城，东边的叫霸王城，相传是当年刘邦、项羽所筑。两城中间，有一条宽约300米的大沟，被人们称做“鸿沟”，也是象棋盘上所标界河的依据。

作为“楚河汉界”的鸿沟，留在了荥阳这座东方名郡，留在了中华历史的灿烂进程中，也留在了中国象棋的棋盘上，成就了荥阳中国象棋之都的美誉。

（3）民间棋类。民间棋文化是中华传统文化的重要部分，博大精深。流传于我国民间的棋类游戏丰富多彩。我国民间棋类游戏类似于围棋，俗称“石子棋”。双方用不同的石块互相摆阵、走阵以决胜负。各种民间棋类游戏均就地取材，用具方便，玩法样式很多，如五子棋、六子棋、老虎棋、斗兽棋、虎鸡虫棒棋、西瓜棋、翻数棋等。古今民间棋类有120余种。我们介绍其中具有代表性的五子棋和老虎棋。

1）五子棋，是一种两人对弈的纯策略型棋类游戏，起源于中国古代的传统黑白棋种之一（见图4-25）。五子棋相传源于四千多年前的尧帝时期，比围棋的历史还要悠久，有关早期五子棋的文史资料与围棋有相似之处，因为古代五子棋的棋具与围棋是完全相同的。在上古的神话传说中有“女娲造人，伏羲做棋”一说。

传统五子棋的棋具与围棋相同，棋子分为黑白两色，棋盘为15×15的小方格组成的正方形，棋子放置于棋盘线交叉点上。两人对局，各执一色，轮流下一子，先将横、竖或斜线的5个或5个以上同色棋子连成不间断的一排者为胜。因为传统五子棋落子后不能移动或拿掉，所以也可用纸和笔来进行游戏。

2）老虎棋是流传于我国民间的一类版图棋类游戏。这是一种双人对弈的游戏，交战一方为“老虎”（只有一粒棋子，南方地区有两粒棋子，棋子一定要大于“人”棋子），一方为“人”（有十二粒棋子）。“人”方只要把“老虎”困住不能动弹方为取胜。棋子可信手拿来，只要互相能够区分即可。老虎棋的棋盘（见图4-26）由8×8的小三角格组成的长方形，长方形上下两端正中各加一个2×2的三角格组成的正方形。老虎棋看似简单，其实里面也包含了一些策略。往往是“老虎”一不小心，就落到了“人”的包围圈里。

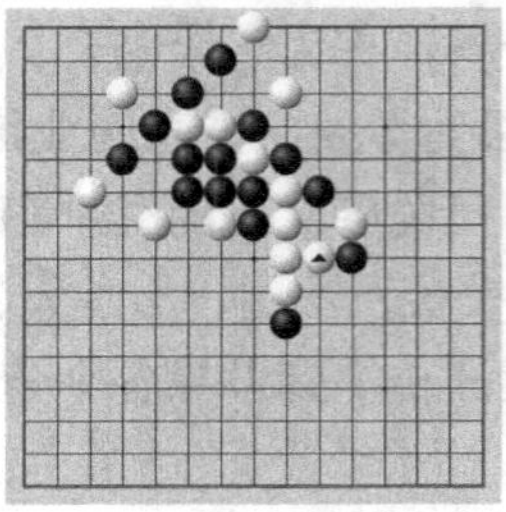

图 4-25　五子棋

图 4-26　老虎棋的棋盘

知识点六

民间杂艺

民间杂艺古代称为百戏、把戏，是流传于民间，以杂耍性表演为主的娱乐活动，它包括民间艺人的杂耍手艺、动物表演及诸种斗戏。这些民间杂艺往往需要特殊的技艺，有的技艺甚至流传了几百年，传承了好几代人。在时代更新、社会转换的今天，许多独特的技艺已经成为越来越少见的民间绝技。

1. 民间杂耍

我国民间杂耍内容十分丰富，如舞龙、舞狮、杂技、戏法（魔术）等都属于杂耍类。

（1）舞龙。舞龙（见图 4-27）也称耍龙灯、龙灯舞，从春节到元宵灯节，我国许多地方都有舞龙的习俗。龙在中华民族代表吉祥、尊贵、勇猛，更是权力的象征。

图 4-27 舞龙

舞龙起源于汉代，经久不衰。舞龙最初是作为祭祀祖先、祈求甘雨的一种仪式，后来逐渐成为一种文娱活动。到了唐宋时代，舞龙已是逢年过节时常见的表现形式。人们在喜庆日子里用舞龙来祈祷龙的保佑，以求得风调雨顺，五谷丰登。

舞龙的主要道具是龙。一般的龙用草、竹、布等扎制而成，龙的节数以单数为吉利，多见九节龙、十一节龙、十三节龙，多者可达二十九节。十五节以上的龙比较笨重，不宜舞动，主要是用来观赏，这种龙特别讲究装饰，具有很高的工艺价值。舞龙的动作千变万化，九节以内的侧重于花样技巧，较常见的动作有蛟龙漫游、龙头钻档子、头尾齐钻、龙摆尾和蛇蜕皮等。十一节、十三节的龙侧重于动作表演，金龙追逐宝珠，飞腾跳跃，时而飞入云端，时而入海破浪，再配合龙珠及鼓乐衬托，成为一种集武术、鼓乐、戏曲与龙艺于一身的艺术样式。

经过几千年的流传和发展，我国舞龙的制作工艺和表现形式有上百种之多。常见的有火龙、草龙、毛龙、布龙、纸龙、花龙、筐龙、烛龙、醉龙、竹叶龙、荷花龙、板凳龙、扁担龙、滚地龙、七巧龙、夜光龙、焰火龙等。

舞龙风格

我国各地的舞龙风俗主要有以下几种。

① 香火龙。香火龙发源于广东佛山制陶古镇石湾镇，现已经失传。目前保存得较好的舞香

火龙表演（见图 4-28）在广西南宁市良庆区良庆镇缸瓦窑村。清代传入良庆镇缸瓦窑村的香火龙表演，于每年农历八月十四、十五、十六晚举行。点燃的香火插在龙身上，点点火光组成了一条光闪闪的龙在夜空遨游，十分壮观。香火龙穿圩过巷游舞，每到一户人家，主人家便点燃全数鞭炮轰炸香火龙，烟花爆竹，火光耀目，预示着好运和一年的日子红火兴旺、如龙腾飞。

② 烧火龙。烧火龙（见图 4-29）又称舞火龙，是流传于广东丰顺一带的独特的民间传统项目，一般在春节和元宵夜举行。烧火龙的“火龙”，是用纸扎成的，长 15～20 米，分为五节，四周扎满五颜六色的鞭炮。起舞前，先燃响鞭炮，以引龙出海。然后一队赤膊袒胸、举着火棍的舞火龙者，随着快速的锣鼓声在场上快跑，接着“火龙”出场，火从龙嘴中喷出，龙身上扎的鞭炮被点燃，从头至尾，火光四射，霹雳连声。舞火龙者的胳膊上、胸脯上灼起一个个血泡，以血泡最多者为“吉利”。

③ 板凳龙。我国福建、浙江、重庆等地有舞板凳龙（见图 4-30）的习俗，由汉代“舞龙求雨”的宗教活动演变而来。相传东海遇上大旱，一条水龙违反天条降雨，被天帝剁成几段，撒向人间。人们把龙体放在板凳上，连接起来奔走相告，希望它活下来，舞板凳龙的习俗由此产生。板凳龙有多种式样的耍法。有独凳龙，有多凳龙。一条龙从头到尾，多时用八十多条板凳相连，每条板凳都扎着有花草、树、鸟等图案的花灯。晚上，点燃花灯内的烛光，形成一条长长的灯龙。

图 4-28 香火龙

图 4-29 烧火龙

图 4-30 板凳龙

④ 竹叶龙。竹叶龙（见图 4-31）是浙江安吉县昆铜乡享誉中外的民间艺术表演。它起源于清朝光绪九年，由“化龙威武之势灯”的传承人杨九龄在“化龙灯”的原型上，以竹、纸为材料创作而成。竹叶龙由九盏竹笋灯、一盏龙头灯、一盏龙尾灯组合成。表演时有分有合，以舞竹笋灯、走阵势为主，主要有双圈阵、长蛇阵、四角阵、篱笆阵、剪刀阵等五种阵势，具有“进门笋灯，出门龙灯”的特色。

⑤ 醉龙。舞醉龙（见图 4-32）又称醉龙舞，流行于澳门、中山、珠海一带，每年农历四月初八（即佛诞节）举行。澳门舞醉龙的参加者首先在三街会馆举行开光典礼。舞者一边饮用米酒，使自己醉倒，一边手持木制的龙头和龙尾舞动，在各区巡游。2006 年被广东省人民政府列为省级第一批非物质文化遗产代表作名录。

图 4-31 竹叶龙

图 4-32 醉龙

⑥ 草龙。舞草龙是广西仫佬族人的春节活动项目之一（见图 4-33），草龙用稻草编织而

成，与汉族的舞龙很近似。草龙是编制成的一条长长的草帘，最后分三个叉略往上翘起，象征龙尾。人们在龙头、龙身、龙尾挂上彩纸，便可舞动起来。春节过后，人们将草龙拿到河边烧掉，送龙回龙宫。平时如果村子里遇到什么灾害，或久旱不雨，也扎草龙去河边焚烧，祈求“龙王”消灾、降福或降雨。

图4-33　草龙

（2）舞狮。舞狮又称狮子舞、狮灯、舞狮子，是我国优秀的民间艺术。我国人民相信狮子是祥瑞之兽，舞狮能够带来好运，所以每逢春节或其他一些庆典活动，都会在阵阵锣鼓鞭炮声中，舞狮助庆祈求吉利。

舞狮这一习俗起源于三国时期，南北朝时开始流行，至今已有一千多年的历史。据传，它最早从西域传入，狮子是文殊菩萨的坐骑，随着佛教传入中国，舞狮的活动也传入中国。狮子是汉武帝派张骞出使西域后和孔雀等一同带回的贡品。而舞狮的技艺却是引自西凉的“假面戏”，也有人认为舞狮是五世纪时产生于军队，后来传入民间的。

在一千多年的发展过程中，舞狮形成了南北两种表演风格。

北狮（见图4-34）的造型酷似真狮，狮头较为简单，全身披金黄色毛。舞狮者（一般两人舞一头）的裤子、鞋都会披上毛，未舞时看起来已经是惟妙惟肖的狮子了。北派狮舞以表演“武狮”为主，魏武帝钦定为“瑞狮”。小狮由一人舞，大狮由双人舞，一人站立舞狮头，一人弯腰舞狮身和狮尾。一般北狮是雌雄成对出现，狮头上有红结者为雄狮，有绿结者为雌性。引狮人以古代武士装扮，手握旋转绣球，配以京锣、鼓钹、逗引瑞狮。狮子在“狮子郎”的引导下，表演腾翻、扑跌、跳跃、登高、朝拜等技巧，并有走梅花桩、窜桌子、踩滚球等高难度动作。

南狮（见图4-35）又称醒狮，造型较为威猛，舞动时注重马步。南派狮舞以表演“文狮”为主，表演时讲究表情，有搔痒、抖毛、舔毛等动作，惟妙惟肖，逗人喜爱，也有难度较大的吐球等技巧。南狮虽也是双人舞，但舞狮人下穿灯笼裤，上面仅仅披着一块彩色的狮被而舞。和北狮不同的是“狮子郎”头戴大头佛面具，身穿长袍，腰束彩带，手握葵扇而逗引狮子，以此舞出各种优美的招式，动作滑稽风趣。

图4-34　北狮

图4-35　南狮

南狮除外形与北狮不同外，各自也有不同的性格。白须狮舞法幅度不宽，花色品种不多，但沉着刚健，威严有力，民间称为“刘备狮”，代表泽被苍生、仁义及皇家贵气；黑须红面狮舞姿勇猛而雄伟，气概非凡，人称“关公狮”，代表财富；灰白胡须狮动作粗犷好战，俗称“张飞狮”，代表霸气、勇猛。南狮以广东为中心，风行于我国港澳地区以及东南亚侨乡。我国内地、香港、澳门地区以及马来西亚、美国等国家，每年都会举办世界性的醒狮大赛。

（3）杂技。杂技是各种超常技艺的统称，古代又称杂伎、杂技乐。我国的杂技艺术以其绚丽多彩而又古朴大方的特点，在世界杂技之林中独树一帜。

杂技艺术在我国已有两千多年的历史，在汉代称为百戏，隋唐时称散乐，唐宋以后为了区别于其他歌舞、杂剧才称为杂技。宋元以后，随着古典舞受轻视，杂技沦落江湖，被视为下九流。但一些绝招妙活，依然代代相承，而且精益求精。清末民初，我国杂技艺术流传海外，饮誉欧美。

我国传统的杂技项目包括顶技、马戏、吊子、口技、蹬技、耍花坛、走钢丝、爬竿、转碟等。一些特技在元明戏曲形成之际，被吸收入某些剧种中流传下来。例如，蒲剧《挂画》中的椅技，川剧中的变脸、吐火等。

我国杂技具有独特的艺术魅力。例如：重视腰腿顶功训练；平中求奇、出神入化；险中求稳、动中求静；轻重并举，妙境通灵，软硬功夫相辅相成；超人力量和轻捷灵巧的筋斗技艺的结合；适应性极强等。新中国成立后，杂技艺术焕然一新，许多省、市成立了专业剧团，创造了许多新节目，增添了灯光、布景、乐队。近年来，我国杂技演员在国际比赛中屡次获奖，中国成为举世公认的“第一杂技大国”。

我国传统特色杂技

① 顶技。顶技（见图 4-36）演员用头、额或鼻顶棍棒，或用口衔棍棒，在棍棒顶端置灯、瓶、缸、桌、碗、蛋等光滑易碎或笨重的物件，以显示演员掌握物体重心平衡的技艺。复杂的有在一根棍棒上摆列几层玻璃杯、灯盏、鸡蛋等。有的演员在表演顶技的同时表演手技或吹奏乐器。

② 口技。口技俗称暗春。口技全靠演员运用口腔发声，模仿虫鸣、鸟叫、走兽、器械的声音和某些人类活动的声音，如军队出操、婴儿啼哭、飞机交战等，表演时有一人、两人配合动作，以加强真实感。

③ 蹬技。蹬技演员仰卧在特制的凳子上，双足向上，用脚尖、脚底掌握平衡，所演较多的有蹬缸、蹬板、蹬桶、蹬桌子、蹬人等节目（见图 4-37）。另有蹬梯，即以长梯竖置在演员脚底，让演员一至数人攀梯表演各种动作。此外，还有双人对蹬的双蹬缸等。

④ 耍花坛。耍花坛演员将各种大小不同的瓷花坛、大缸或酒坛轮番用头顶、手扔、脚踢、臂滚，使之翻滚旋转（见图 4-38）。还有双人表演的，两个演员用头将花坛顶来顶去，称对顶花坛。

图 4-36 顶技

图 4-37 蹬技

图 4-38 耍花坛

⑤ 转碟。转碟也称耍花盘（见图 4-39）。演员双手持两、三根细竿，各顶一个碟子的底，借腕力使之飞快转动。要求在做筋斗、背剑、叼花、单臂倒立等难度很高的动作时碟子不跌落。技巧高的演员，双手能耍十个左右的碟子。

⑥ 川剧变脸。变脸原指戏曲中的情绪化妆，后来指一种瞬间多次变换脸部妆容的表演特技。这种表演在我国许多剧种中都有，以川剧最为著名。相传变脸是古代人类面对凶猛的野兽，为了生存把自己脸部用不同变脸的方式勾画出不同形态，以吓唬入侵的野兽。川剧把变脸搬上舞台，用绝妙的技巧使它成为一门独特的艺术文化。

川剧变脸（见图 4-40）有大变脸和小变脸之分。大变脸系全脸都变，有 3 变、5 变乃至 9 变；小变脸则为局部变脸。变脸手法主要有三种：抹脸、吹脸、扯脸。还有一种“运气（气功）”变脸。抹脸、吹脸属涂面化妆。例如，抹脸是演员手指抹上预存于眉头或鬓的墨青，一抹即变。吹脸即演员吹起色粉，以改变脸色。扯脸比较复杂，它是事前将脸谱画在一张张绸子上，剪好，每张脸谱上都系上丝线，然后一张一张地贴在脸上。丝线则系在衣服的某一个顺手而又不引人注目的地方（如腰带上）。随着剧情发展，在舞蹈动作的掩护下，一张一张地将脸谱扯下来。变脸要求动作敏捷，不露痕迹，主要用于剧中人物惊恐、绝望、愤怒等情绪的突然变化。川剧变脸作为国家二级机密，2005 年被列为中国非物质文化遗产。

⑦ 高跷。高跷（见图 4-41）是舞蹈者脚上绑着长木跷进行表演的形式，技艺性强，形式活泼多样，由于演员踩跷比一般人高，便于远近观赏。高跷起源甚早，多认为与原始氏族的图腾崇拜、沿海渔民的捕鱼生活有关。

图 4-39　转碟

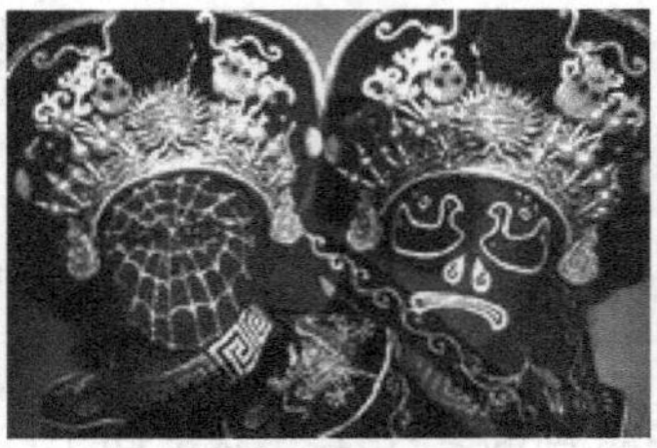

图 4-40　川剧变脸

图 4-41　高跷

高跷分长跷、短跷，长者三四尺，短者一尺左右，大都扮演戏曲人物，如《三打白骨精》中的孙悟空、猪八戒、沙和尚、白骨精等，一边跷走，一边相互戏耍。有时还要做各种惊险动作，如“金鸡独立”，以及横伸双足、平坐于地做下叉动作，起来时只需纵身一跃，又立于三四尺高的高跷上，引人赞赏。

⑧ 马戏。马戏起源于我国的汉代，距今已有近两千年的历史，是指掌握一定技能的人骑在马上进行各种动作的表演。唐宋时，马戏相当流行，专指驯马和马术表演。

现在马戏成为各种驯兽乃至杂技表演的统称，表演形式大都为马术以及演员指挥经过驯练的各种动物，表演各种技巧动作，并穿插杂技和丑角的表演。一般在广场或特建的马戏场——大型篷帐中演出。

（4）戏法。

戏法又称古彩戏法，在我国历史悠久。据汉张衡《西京赋》载，远在汉代就有吞刀、吐火、画地成川等节目。唐朝极盛，称幻术，宋代称藏挟技，明清称戏法或戏术，今多称魔术。表演者以敏捷的手法，造成观众视听上的错觉，表演各种物体、动物或水火等迅速增减隐现的变化。

变戏法都遵循传统，一直穿大褂表演（见图 4-42）。戏法的道具，大部分是劳动人民司空见惯的日常生活用品或生产工具，如盆、碗、碟、勺、笼、箱、柜、刀等。表演前必须上、下、反、正都要亮相，把盖布里外让观众看过。戏法的基本手彩活（即手上的技巧）各有四套，分别是“丹”、“剑”、“豆”、“环”。丹，是吞铁蛋；剑，是吃宝剑；豆，是仙人摘豆（两个碗把七颗胶豆扣在一起，来回变幻，来去无踪，出入无影）；环，是指九连环，将铅丝制成九个铁圈，可变幻成显意式的形象性东西，如三轮车、官帽、花篮、灯笼等物。

图 4-42　戏法

2. 动物表演

动物表演指演员指挥驯练各种动物，进行各种技巧动作的表演。我们在此仅介绍一种动作表演——猴戏。

猴戏（见图 4-43）在中国已有悠久的历史。古人把猴子视为马的守护神，常于马厩内养猴子以留住马匹，并让猴子表演猴戏作祭祀之用，因此猴子又有“马留”的别称，此名称至今仍保留在粤语中。日本于奈良时代从中国传入猴戏。

图 4-43　猴戏

汉代画像《石中百戏图》里有猴戏形象，可知我国驯猴做戏的历史甚早。后来猴戏的宗教性变淡，只是纯娱乐观众。明清时，玩猴者多为谋生之计流浪江湖。玩猴艺人多为一副扁担，挑两个箱子；或牵羊，带助手扛一长十字竹竿。在选好场地后，敲锣引人驻足。一般令猴翻筋斗、担水、走索，或爬高竿，或开箱戴面具，穿戏衣走场。此外，一些小贩为招揽顾客，也会养猴子表演卖技艺，尤其常见于卖武术、卖药等行业。现在一些动物园、主题公园、马戏团也有猴戏的表演项目，常见的有踏单车、跳火圈、走钢线、翻筋斗、芭蕾舞、走平行木、默剧等。

3. 斗戏

斗戏是通过动物相斗的表演给民众造成较强的心理刺激，且往往带有赌博性质的民间娱乐活动。斗戏包括斗鸡、斗鸟、斗鸭、斗鹅、斗马、斗狗、斗蚁、斗蟋蟀、斗鱼等。斗戏深受汉族和少数民族不同阶层人们的喜爱，上自王公贵族，下自平民百姓，对于斗戏的热衷可说达到了痴迷的地步。但斗戏在历史上备受非议，其爱好者被视为“不务正业”、“游手好闲”、“玩物丧志”。

（1）斗牛。斗牛在我国有悠久的历史，分为北方斗牛和南方斗牛。北方斗牛始于秦汉，终于宋代，已成历史化石；南方斗牛始于原始狩猎社会，其民俗一直绵延至今，其中以金华斗牛和贵州斗牛最为著名。

金华斗牛（见图 4-44）曾与金华火腿齐名，至今已有千年历史，清末民初尤其盛行。金华斗牛是牛与牛斗，不同于西班牙的人与牛斗，被誉为“东方文明斗牛”。自 1992 年以来，金华斗牛于每年重阳节隆重开角，并伴有斗牛大奖赛。

我国西南地区少数民族历来尚武，崇尚勇武和坚韧的精神。斗牛中的力量对抗在一定程度上就是这种民族精神和风尚的反映。在贵州，尤其在黔东南苗族侗族自治州的苗乡侗寨，斗牛是一项流传上千年的民族狂欢活动，他们以斗牛的方式展示苗家人和侗家人敬牛、爱牛、崇拜牛的情结（见图 4-45）。黔东南的许多村寨，每年择期或在重要节日举行斗牛比赛（当地俗称“牛打架”）。这些牛均为雄性水牛，是专门精心饲养的，分为宽角、窄角两个级别。斗牛赛制，先为淘汰赛，决斗时改为单循环赛，最后胜出者为年度牛王。斗牛场观众少则数百，多则数万，规模和影响大的是凯里、雷山、台江、剑河等地举行的苗族斗牛和黎平、从江、榕江等地举行的侗族斗牛。侗族人民还在斗牛比赛的基础上，创造了一种名为古式斗牛的舞蹈。

（2）斗鸡。斗鸡（见图 4-46）游戏起源于亚洲。我国是世界上驯养斗鸡的古老国家之一。斗鸡比世界上其他善斗的动物“斗”的历史要长得多。《列子》有“纪渻子为周宣王养斗鸡”的记载。斗鸡之风在春秋时期已较盛行。从北宋至近代，开封斗鸡活动一直盛行于民间，俗称“玩斗鸡”。

图 4-44　金华斗牛

图 4-45　黔东南斗牛

图 4-46　斗鸡

我国斗鸡按其地理分布主要有河南斗鸡和山东斗鸡等，尤以产于开封、郑州和洛阳等地的河南斗鸡血统较纯，也最著名。此外，还有安徽北部、新疆吐鲁番和伊犁、云南西双版纳和福建漳州等地产的斗鸡。印度的娱乐斗鸡也有着悠久的历史。其他盛行斗鸡的亚洲国家还有菲律宾、日本、越南、泰国和缅甸等。斗鸡游戏约于公元前 5 世纪传入欧洲，后传至世界其他地方。

斗鸡需要进行专门的驯养，种鸡经选定后常通过近亲交配、繁殖，再经严格的培育、训练而成。训练从幼雏开始，除精心喂养外，还要注意经常运动，训练腿部弹跳力及啄斗判断力，待公鸡长至成年（一般为 9～10 月龄）后进行第一次短时间的试斗，训练蹿、跑、跳、转、拍、打、推、拉、搓、揉、绞和扰等各种动作的能力，壮其筋骨，提高斗技。一般经过 3 次试斗和 3 个月的训练后，可正式参加竞赛。

（3）斗蟋蟀。斗蟋蟀（见图 4-47）也称斗促织、斗蛐蛐，是用蟋蟀相斗取乐的一种娱乐活动。其做法是将蟋蟀置于盆内或瓶内，挑引双方咬斗，以战胜者为优。斗蟋蟀历史悠久，是具有浓厚东方色彩的我国特有的文化生活，它的发源地在我国的长江流域与黄河流域的中下游。其中，山东齐鲁大平原的蟋蟀最为闻名。把斗蟋蟀作为一项玩赏的活动，最早的文字记载见于唐朝的《金笼蟋蟀》。在宋代，朝野内外大兴斗蟋蟀之风，并将“万金之资付于一啄”。所以有斗蟋蟀“始于唐代，盛于宋代”的说法。这项活动自兴起之后，经历了宋、元、明和清四个朝代，又从民国至今，前后有八九百年的漫长岁月。旧时城镇、集市多有斗蟋蟀的赌场，今已被废除，但民间仍保留此项娱乐活动。我们现在所饲养并用于角斗的蟋蟀，归属于斗蟋亚科的斗蟋。

图 4-47　斗蟋蟀

知识点七　民间游戏

民间游戏是流传于广大民众生活中的嬉戏娱乐活动，俗称玩耍，主要流行于少年儿童和成年人的节日娱乐节目之中，包括助兴游戏、智能游戏、博戏和儿童游戏四类。

1．助兴游戏

（1）行酒令。我国是一个具有悠久的酿酒历史的国家，我国人民历来喜欢喝酒。行酒令是古代沿袭至今的一种宴饮和郊游中助兴取乐的游戏，一般在席间推举一人为令官，余者听令轮流说诗词、联语或其他类似游戏，违令者或负者罚饮，又称行令饮酒。

行酒令由来已久，在远古时代就有射礼，即通过射箭决定胜负，负者饮酒。古时还有一种被称为投壶的饮酒习俗，酒宴上设一壶，宾客依次将箭向壶内投去，以投入壶内多者为胜，负者受罚饮酒。实行行酒令最主要的目的还是活跃饮酒时的气氛。

行酒令除能活跃气氛和增进友谊外，还是古代礼仪教化的方式之一，因此盛行于各个朝代，形式多种多样。行酒令讲究的是雅俗共赏，行酒令既有文人雅士"当筵歌诗"的酒令，又有凡夫俗子吆喝佐欢的酒令。不同的活动，不同的场所，不同的人群会选择不同的酒令形式。常用的酒令大致有以下几种。

1）骰令，骰（也称"色子"）令是古人常用的酒令之一。有时用一格骰子，最多可达六枚，依令限数，因人、因时而定。此令简单快捷，带有很大的偶然性，不需要什么技巧，全凭运气，特别受豪饮者欢迎。骰令种类繁多，主要有猜点令、六顺令、卖酒令等。

2）划拳，即猜拳，唐代人称为"拇战"、"招手令"、"打令"等，是我国从古至今一直流行的一种饮酒游戏。划拳是用嘴和手配合完成的，饮酒时两人面对面，同时伸出手指并各说一个数，谁说的数目跟双方所伸手指的总数相符，谁就算赢，输的人喝酒；如果两人说的数相同，则不计胜负，重新再来一次。划拳时口呼指数，从零到十共十一个数，其数皆用典故巧妙呼出，且语带吉祥、祝福。一般酒令词："一心敬，哥俩好，三星照，四鸿喜，五魁首，六六顺，七个巧，八匹马，九长寿，满十（实）在，宝不露。"由于划拳形式简单，简单易学，且因玩时需要喊叫，易让人兴奋，极富竞争性，因此深得广大人民群众的喜爱。我国普通的民间家宴中，用得最多的就是这种酒令方式。

3）石头剪子布，是一种猜拳游戏。它起源于我国，然后传到日本、朝鲜等地，随着亚欧贸易的不断发展传到欧洲，近现代逐渐风靡世界。两人先各自握紧拳头，其中一人或两人一起共同念出口令，在说最后一个音节的同时，两个玩家出示自己心中想好的手势（"石头"、"剪子"或"布"）。每一个手势代表一种"武器"，互相克制的原则：剪子剪不动石头（石头胜利）；布被剪子剪开（剪子胜利）；石头被布包裹（布胜利）。如果双方出示了一样的手势，就是平局。通常这种简短的比赛可能会被重复多次，以三局两胜或五局三胜来决定胜负。这种游戏可用做酒令，但常与掷硬币、掷骰子有相同的功能，就是用来产生随机结果以做决策。但有时它并不随机，因为游戏者可以根据经验，判断对手的手法，开展这个游戏也有一定的技巧。

4）击鼓传花令，令官拿花枝在手，使人于屏后击鼓，客依次传递花枝，鼓声止而花枝在手者饮。

5）虎棒鸡虫令，二人相对，以筷子相声，同时或喊虎、喊棒、喊鸡、喊虫，以棒打虎、虎吃鸡、鸡吃虫、虫咬棒论胜负，负者饮。若棒与鸡或虫与虎同时出现，则不分胜负，继续喊。

6）读数字，玩法也是变化无穷，但最基本的玩法也是由自成数与喝数相符者胜，负者饮酒。"十五二十"：两人玩，两双手，轮流喊数，分别有"收齐，五、十、十五、开晒"五种，喊数者可出手也可不出，看双方一共凑成多少数目。

划拳喊数的来源

划拳时叫喊的酒令词中“宝不露”。唐朝时有“开元通宝”，泛指钱财。猜拳时一般是紧握拳头不出指，口呼“宝不露”即财不外露的意思。

一心敬。此出唐代诗圣杜甫《高都护马行》中“与人一心成大功”，表示祝酒人诚心敬酒，同心共饮之美好心愿。

两相好。今人划拳多以“两相好”开局，乃至哥俩好、爷俩好。

三星照。这是祈盼福星、禄星、南极老寿星高照。

四鸿喜。古人“四喜”是指“久旱逢甘雨，他乡遇故知，洞房花烛夜，金榜题名时”。

五魁首。“五魁首”者，是指古人苦读《诗》、《书》、《易》、《礼》、《春秋》五种经籍著作，以求功名，夺得魁首。

六六顺。《左传》云：“君义、臣行、父慈、子孝、兄爱、弟敬，所谓六顺也。”

七个巧。相传农历七月初七，天上牛郎织女相会，民间妇女比穿针引线，斗巧取胜，祝贺织女喜会牛郎，俗称“乞巧”，“乞”、“七”谐音得之。

八匹马。周穆王常驾八匹骏马四处游玩，相传曾在昆仑山瑶池与西天王母诗酬谢唱。今人划拳常呼“八仙庆寿”以取代“八匹马”。

九长寿。据《史记》载：“建久安之势，成长久之业。”后人取其“久长”二字作为典故，谐音为“酒长”，借喻人们相聚美酒不尽。

满十（实）在。清朝乾隆皇帝自诩文治武功，福禄寿俱全，自称“十全老人”。今人常理解为美满、十全十美。

（2）茶令。在中华茶文化发展史上，出现过许多风韵雅举，茶令就是其中之一。茶令是饮茶助兴作乐的游戏。由一人作令官，令在座者如令行事，失误者受罚。

茶令最早出现在宋代，它是宋代兴盛斗茶的产物。斗茶之初乃是“二三人聚集一起，煮水烹茶，对斗品论长道短，决出品次”（见宋人唐庚《斗茶记》）。随着斗茶之风遍及朝野，尤其是文人更为嗜好，斗茶由论水道茶变异出一种新的形式和内容，即行茶令。它以续诗“接龙”的形式，三五诗友促膝围坐，环绕一个茶的题材续成茶诗，谁续不上诗谁就当场受罚。行茶令联句作诗的结果，更加加强了宾主间的融洽气氛，提高了饮茶的品位。

茶令的首创者——李清照

茶令的首创当推易安居士李清照。李清照在丈夫所著《金石录》的“后序”中，记叙了她与丈夫赵明诚品茶行令以助学问的趣事佳话（见图 4-48）。

图 4-48　李清照与赵明诚

为了撰写《金石录》，李清照与赵明诚回青州（今山东益都县）故第而居。夫妻俩每得一本好书，便共同校勘，重新整理。得到书画、彝鼎等文物，也一起把玩赏析。在治学著文的过程中，李清照对自己的强记博学颇为自负，于是突发奇想，推行一种以考对方经中典故知识为主的茶令，赢者可以先饮茶一杯，输则后饮茶，与酒令之行大相径庭。

两人每次吃完饭，坐于“归来堂”中，烹好茶，然后一人指着成堆的书籍，要对方说出某一典故出自哪本书的第几卷、第几页甚至第几行，以是否说中来决胜负，并确定谁先饮茶。

两人在行茶令中，常常是李清照获胜。有一次，赢后她举杯大笑，结果得意忘形，乐极“翻杯”，一杯满茶倾覆在怀里，非但“头口水”没得喝，还连累了一身衣裙。

饮茶行令，启智助学，使人兴奋，对著书立说大有裨益，赵明诚终于写出了我国第一部考古学专著《金石录》，成为考古史上的著名人物。

靖康元年（1126 年），金军南侵，李清照夫妇背井离乡，逃往江南。建炎三年（1129 年），赵明诚不幸病故，李清照只身漂泊，晚景凄苦。但茶令一事并未因李清照的落魄而绝迹，相反，它却在江南地区广为盛行起来。

茶令之行，极大地丰富了中国茶文化，是一个非常富有文化意义的创举。

（3）唱酒歌。酒歌是喝酒、敬酒时唱的民间歌曲，同各种形式的酒令一样，它也是我国人民酒席宴间用来劝酒进食的助兴手段之一。酒歌流传于我国各民族中，演唱于传统节庆、婚丧、祭祀等礼仪活动的宴饮时刻，故也称酒礼歌、酒曲等。唱酒歌具有较强的娱乐性和实用性，通过互唱酒歌来交流感情和增进友谊。

演唱酒歌一般都结合酒会的礼仪程序进行。例如，广西三江侗族酒会要依次演唱下述酒歌：盘客歌（酒会开始前唱）、摆菜歌（进入宴席时唱）、敬酒歌、抢鸡歌（酒会高潮时唱）、致谢歌（酒会结束时唱）。酒歌的内容连贯、自成系统。酒歌的演唱形式常见的有独唱、对唱、双人齐唱、众人齐唱和一领众和等。

酒歌演唱的内容大致包括四个方面：①猜拳行令、见物唱物（对象以酒具、酒菜为主）；②表示祝贺、颂赞、欢迎、感谢；③歌颂祖先功德、民族历史；④介绍习俗族规、生产知识。其中，前两项内容最具酒歌特色。

布依族酒歌

布依族是一个喜饮酒、喜唱歌的民族，因此产生了劝酒歌、定亲歌、送亲歌、接亲歌、老人歌等酒歌。这些酒歌，朴实大方，讲礼好客，以多姿多彩的艺术形式生动地反映了布依族人民的社会生活，反映了他们特有的生活方式、风俗习惯以及他们勤劳俭朴的高尚品德和美好的心灵。佳节与喜庆，亲友们互相走访，吃饭时用酒歌来表达宾主之间的相互询问与祝福。主人在歌中对宾客的来临表示热烈欢迎（见图 4-49）；客人也以歌相答，对主人的热情款待表示衷心感谢。歌词内容包含着团结互助、友好往来的精神，带有农家淳厚、简朴、恬适的古风。

图 4-49　布依族迎客酒歌

蒙古族酒歌

蒙古族称酒歌、宴歌为“阿拉黑因・道”、“乃林・道”（见图 4-50）。宴会是酒歌的载体，酒歌是宴会的灵魂。蒙古族宴会大致分为三种：日常宴会、庆典宴会（官方庆典宴会、民间庆典宴会）、婚礼宴会。日常宴会歌唱《西泉水》。官方庆典宴会仪式非常严格，首先一定要唱三首礼仪歌曲、颂歌或赞歌歌曲。官方庆典宴会歌曲有《圣祖成吉思汗》等。民间庆典宴会，那达慕上也要唱三首礼仪歌曲，各个盟乃至各个旗，都有自己的三首礼仪歌曲。科尔沁地区礼仪三首歌

图 4-50　蒙古宴会酒歌

是《哈布图·哈萨尔颂》、《至高无上的宗教》、《金色圣山》；鄂尔多斯地区婚礼宴会歌曲为《送亲歌》。

藏族酒歌

在藏区，酒是礼仪的载体，吐蕃时代藏族就有酒歌。迎宾送客时，全家排列门前，向来客献哈达和酒，是最尊贵的礼节（见图 4-51）。客人双手接过酒后，首先要用无名指蘸点酒往空中抛弹三下，以敬天祭神，然后一杯三口喝干，接下来主人会边跳舞边唱酒歌，热情相劝。欢庆节日、亲朋聚会或劳动之余，喝酒喝得起兴，人们随时随地可摆酒场。在场的人围成舞圈，在圈中央放一罐酒和十八只龙纹大碗，人们跳一阵舞就停下轮流劝酒，喝酒就要唱歌。人们认为"如果酒没有歌，那就像清水般没有味道"。酒和歌已结成亲密的孪生姊妹，渗入到西藏世俗民众生活的各个方面。

图 4-51　藏族迎宾酒歌

2．智能游戏

智能游戏也称智力游戏，是通过一定的逻辑或是数学，甚至是自己设定的原理来完成一定任务的小游戏。一般会比较有意思，需要适当的思考。我国古典益智玩具博大精深，因流传中外、喜者众多而博大，因文明高雅、造型优美、数学底蕴深厚而精深。这类玩具以开发智力、启迪思维的功能发挥着独特的作用。

（1）七巧板。七巧板也称七巧图、智慧板，国外称它为"唐图"（tangram），是我国汉族民间流传的智力玩具，也是世界公认的中国优秀智力游戏代表作。古人尚七，用七块板来拼图，恰到好处。

七巧板的历史至少可以追溯到公元前一世纪，明代时基本定型。七巧板由唐代的宴几演变而来，原为文人的一种室内游戏，后在民间演变为拼图板玩具。明、清两代，七巧板在民间广泛流传。七巧板由七块板组成的，完整的图案为一正方形（见图 4-52）：五块等腰直角三角形（两块小型三角形、一块中型三角形和两块大型三角形）、一块正方形和一块平行四边形。它的数目不多，却能拼出 1600 种以上的图案，如从 0 到 9 的十个数字或汉语拼音字母、几何图形、人物、动植物、建筑物、车船桥等，可一人玩，也可多人进行比赛。

图 4-52　七巧板

七巧板的特点是巧、变、复、朴、尖、合，渗透了中华文化的易理。七巧板是我们祖先的一项卓越创造，不但流行于我国，19 世纪初就被传入西方，被人们称为"东方魔板"，成为西方国家儿童智力开发的必选玩具。它与九连环、鲁班锁、四喜人被西方人合称为"中国难题"。

七巧板的故事

玩过七巧板吗？简简单单的七块板竟能拼出千变万化的图形，谁能想到这种玩具是由一种古代家具演变而来的。

宋朝有个叫黄伯思的人，对几何图形很有研究，他热情好客，发明了一种用 6 张小桌子组成的"宴几"（一种请客吃饭的小桌子）。后来有人把它改进为 7 张桌组成的宴几，可以根据吃饭人数的不同，把桌子拼成不同的形状，比如3人拼成三角形，4人拼成四方形，6人拼成六方形……这样用餐时人人方便。后来，有人把宴几缩小改变到只有七块板，用它拼图，演变成一种玩具。因为它十分巧妙好玩，所以人们称它为七巧板。到了明末清初，皇宫中的人经常用它来庆贺节日和娱乐，拼成各种吉祥图案和文字，故宫博物院至今还保存着当时的七巧板。

19世纪，七巧板传到国外，立刻引起极大的兴趣，并称它为“唐图”，意思是“来自中国的拼图”。至今英国剑桥大学的图书馆里还珍藏着一部《七巧新谱》。美国作家埃德加·爱伦坡特竟用象牙精制了一副七巧板。拿破仑在流放生活中也曾用七巧板作为消遣游戏。谁能想象到七巧板居然会跟拿破仑·波拿巴、爱伦坡特这些世界名人发生联系？实际上他们全都是七巧板的狂热爱好者。

（2）九连环。九连环是我国民间玩具，是古老的中国智慧。它用九个圆环相连成串（见图4-53），以解开或合一为胜。九连环流行极广，其分解、合一的程序有助于启发人们的智慧，有较强的趣味性，深受民间儿童和老人的喜爱。

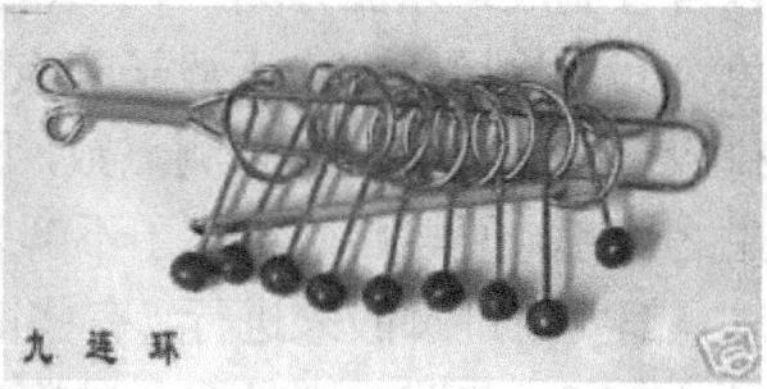

图4-53　九连环

九连环在宋代开始流行，在《西湖老人繁盛录》里罗列了当时临安街头的各类杂耍，其中“解玉板”是解绳类游戏中普通的一种，在当时颇具神秘色彩。九连环在明清两代成为十分盛行的游戏。16世纪，九连环传入欧洲，欧洲人称其为神奇的“中国环”。

九连环形式多样，规格不一。除九连环外，还有类似的蛇环、花篮环、绣球环、宫灯环、十三环等，通常也统称九连环。其用金属丝制成圆形小环九枚，九个圆环都是环环相扣，相互制约着套在条形横板或各式框架上，其框柄有剑形、如意形、蝴蝶形、梅花形等，各环均以铜杆与之相接。玩时，依法使九环全部连贯于铜圈上，或经过穿套全部解下。其解法多样，可分可合，变化多端。得法者需经过81次上下才能将相连的九个环套入一柱，再用256次才能将九个环全部解下。解九连环有一个二十字的口诀：“上俩下一个，再动后一个；上一个下俩，再动后一个。”

（3）鲁班锁。鲁班锁也称孔明锁、八卦锁，相传是三国时期诸葛亮根据鲁班的发明，结合八卦玄学的原理而制成的一种玩具，曾广泛流传于民间。鲁班锁是我国古代传统的土木建筑中的一种固定结合器，起源于我国古代建筑中首创的榫卯结构。这种三维的拼插器具内部的凹凸部分（即榫卯结构）啮合，十分巧妙。民间还有“别闷棍”、“六子联方”、“莫奈何”、“难人木”等叫法。它完全靠自身结构的连接支撑，看似简单，却凝结着不凡的智慧。

鲁班锁原创为木质结构，外观看起来是严丝合缝的十字立方体（见图4-54）。锁的种类各式各样，千奇百怪，形状和内部的构造各不相同，一般都是易拆难装。其中以最常见的六根和九根的鲁班锁最为著名。九根鲁班锁，挑选其中的若干根，可以完成“六合榫”、“七星结”、“八达扣”等形状。九种榫形要同时满足不同数量实现四种咬合结构，实为不易之事。鲁班锁拼装时需要仔细观察，认真思考，分析其内部结构。拼装鲁班锁有利于开发

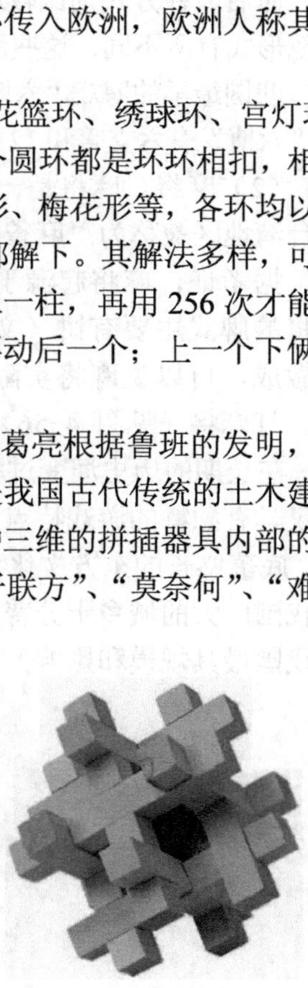
图4-54　鲁班锁

大脑、灵活手指，是一种很好的益智游戏。

3．博戏

博戏是古代的一种赌输赢、角胜负的游戏，是游戏活动中比较特殊的一种游戏形式，其特殊之处在于它不仅通过游戏来满足娱乐的需求，而且游戏的结果要以钱财来兑现。这种游戏方式实质上是一种具有赌博色彩的游戏。

（1）骰子。中国古代最为重要、最有影响的博戏形式是掷骰子。但骰子却并不是中国独有的，它在世界各地很早就开始流行，可以说是世界上最流行的赌博工具。骰子也用以占卜、行酒令或作游戏。掷后，视所见点数或颜色为胜负，故又称投子、色子。

图 4-55　骰子

骰子（见图 4-55）最早产生时形状各异，后来统一为正方体，多以兽骨制成，六面分刻一、二、三、四、五、六点，一、四涂以红色，其余涂黑色。由于骰子的点数可以有许多不同的组合方式，而掷骰子时人们又无法预测点数，因此骰子也被称为博戏之祖，从产生之日起，便与赌博结下了不解之缘。中国古代的绝大多数博戏活动，都要通过掷骰来进行，有些博戏是直接用掷骰的方式来决出胜负，也有一些博戏则是要通过掷骰与行棋、打牌的结合才能决出胜负。前一种方式比较适合于文化层次较低、赌博意图较强的人玩乐，而后一种方式则比较适合于文化层次较高、比较注重精神享受的人玩乐。但是尽管具体的表现形式有所不同，这些游戏活动都有一个共同的特点，那就是“悬于投”。

我国最早的博戏“六博”，与“樗蒲”、“双陆”等游戏形式，都是属于行棋类的骰子博戏。其中“六博”有六支箸和 12 个棋子，箸是一种长形的竹制品，相当于今天打麻将牌时所用的骰子。

（2）麻将。麻将是一种四人的骨牌博戏，流行于华人文化圈中。麻将在我国广东、香港和台湾地区被称为“麻雀”，不同地区的游戏规则稍有不同。

据考证，麻将起源于明代，古称叶子戏，由明末盛行的马吊牌和纸牌发展演变而来。麻将的牌式主要有饼（文钱）、条（索子）、万（万贯）等。在古代，麻将大都是以骨面竹背做成，可以说麻将实际上是一种纸牌与骨牌的结合体。

打麻将（见图 4-56）是我国民间非常普及的一项娱乐活动，原属于皇家和王公贵胄的游戏。在长期的历史演变过程中，麻将从宫廷逐步流传到民间，到清朝中叶基本定型。麻将运动不仅具有独特的游戏特点，而且具有集益智性、趣味性、博弈性于一体的运动魅力以及内涵丰富、底蕴悠长的东方文化特征，因而成为中国传统文化宝库中的一个重要组成部分。麻将运动在我国广大的城乡十分普及，流行范围涉及社会各个阶层、各个领域，已经进入千家万户，成为我国最具规模和影响力的智力体育活动。

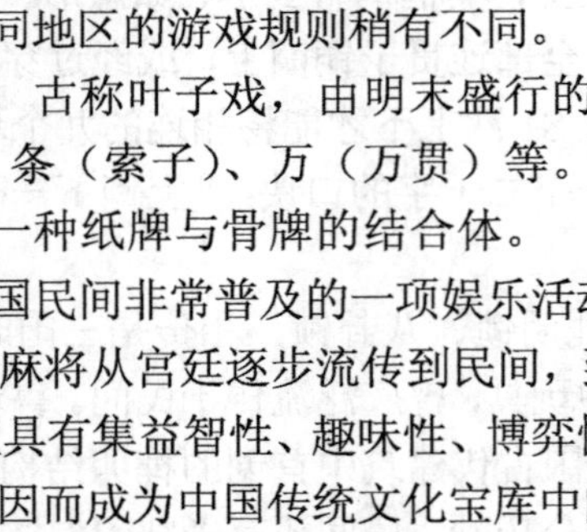

图 4-56　打麻将

资料卡

麻将趣话

相传，元末明初有个名叫万秉迢的人，非常推崇施耐庵笔下的梁山好汉，遂发明麻将，将水浒英雄融入这个游戏中。麻将以108张为基数，隐喻108条好汉。例如，牌中九条喻为“九条龙”史进，二条喻为“双鞭”呼延灼，一饼喻为“黑旋风”李逵。

麻将之所以分为万、饼、条三类，是取其本人姓名的谐音。每类从1到9各有4张牌，刚好108张。108条好汉又是从四面八方汇聚梁山，所以加上东、西、南、北、中5方，各4张牌计20张。这些好汉来自富贵贫穷各阶层，所以再加上“发”、“白”隐喻富有及穷白，整副牌共计136张。

（3）牌九。牌九（见图4-57），是古代中国传统骨牌游戏的一种，玩法是依据两扇骨牌点数的不同组合来比较大小，以决定胜负。

图4-57 牌九

据说，牌九始于宋代，在民间流传较广，属于娱乐消遣用具。旧时主要以牌九来赌博，因此中华人民共和国成立后政府将其取缔。牌九每副32张，用骨头、象牙、竹子或乌木制成，每张呈长方体，正面分别刻着以不同方式排列的由2到12的点子。牌九一般为4个人玩，玩法多样。通常各人下注后，由庄家将所有牌面朝下，开始砌牌，然后以8排每排4张排列。用骰子掷出点数，然后按顺序将牌分配到每个参与者手中。主要是与庄家比大小，特别的是玩家可坐庄与其他玩家对赌，也可轮流坐庄。

4. 儿童游戏

我国民间儿童游戏丰富多彩，如捉迷藏、老鹰抓小鸡、跳房子、过家家、跳皮筋等，这里不作赘述。

思考题：

（1）请讲述一个民间传说或表演一段民间戏曲、歌舞。
（2）怎样将民间传说、民间歌舞等转化为特殊旅游资源？试举例说明。
（3）请设计并组织一次特色民俗游艺旅游活动，并作好总结。

第三节 我国部分少数民族特色游艺民俗

学习目标

1. 熟悉并掌握我国北部、西南部、中南部部分少数民族的特色游艺民俗

2. 把所学少数民族特色游艺民俗灵活地运用到旅游工作中

我国除占人口大多数的汉族外，还有 55 个少数民族。这些不同的少数民族有着独特的游艺娱乐习俗。其大部分的娱乐方式都与歌舞有着紧密的联系，我们在此作一简要介绍。

知识点一　北部部分少数民族游艺民俗

1. **蒙古族**

（1）乌力格尔。乌力格尔蒙语意为“说书”，俗称“蒙古书”、“蒙古说书”、“蒙古琴书”，是集蒙古说唱艺术之大成的一种曲艺形式（见图 4-58），主要流传于内蒙古自治区及我国东北各省蒙古族聚居区。乌力格尔相传起源于宋元时期，清末民初逐渐兴盛。其特点是演唱形式简单，曲调变换灵活，可根据听众情绪随意变换，伴奏乐器主要是马头琴和四弦琴，蒙古语称“胡尔”，其音质浑厚深沉，富有草原韵味。优秀曲目有《格萨尔》、《鲁西》和《嘎达梅林》等，也有根据汉族古典小说《三国演义》、《水浒传》和《西游记》等改编的曲目，这种游艺活动虽至今仍在蒙古各地流传，但却处于濒危境地，只有在祭敖包和那达慕盛会上，才能见到它们的身影。2006 年，乌力格尔被列入第一批国家级非物质文化遗产名录。

（2）安代舞。安代舞被称为蒙古族集体舞蹈的活化石，是一种在肃北草原广为流传的原生态舞蹈，具有悠久的历史。安代舞于明末清初发祥于科尔沁草原南端的库伦旗。最初是一种用来“医病”的舞蹈，含有祈求神灵庇护、祛魔消灾的意思，后来慢慢地演变成表达欢乐情绪的民族民间舞蹈。它的形式以唱为主，一人领唱，众人边舞蹈边随声附和地唱着衬词。衬词源于科尔沁民歌，有较强的叙事性和劝慰性，主要舞蹈动作有：原地摆绸踏步、绕绸移动踢步、挥绸奔越跳步、甩绸吸腿踏跺等，基本动作离不开“踏地甩巾”（见图 4-59）。安代舞具有鲜明的民族风格和浓郁的生活气息。

图 4-58　乌力格尔

图 4-59　安代舞

（3）筷子舞。筷子舞（见图 4-60）是蒙古族人民最具代表性的一种舞蹈，是在喜庆欢宴中即兴表演的一种舞蹈，因舞时以筷子为道具而得名。由于最初是在室内狭小空间舞蹈，舞者多采取坐、跪和立的姿势。表演者两手各握一把筷子，手持筷子的细头，击打筷子的粗头。可在双肩、胸前、腹前和腿部等部位交叉击打筷子，也可直接击打身体的各个部位。舞蹈节奏明快，动感极强，肩部、腰部的抖动和扭动剧烈，头部摆动为舞蹈的高潮。

（4）盅碗舞。盅碗舞流传于鄂尔多斯地区，因舞时用酒盅和碗为道具得名（见图 4-61），也是一种室内舞蹈。舞者头顶一碗或数碗，采取坐、蹲、跪和立的姿势，双手各捏一对酒盅，用碰击声来伴奏。盅碗舞要求舞者头部与颈部保持相对稳定，以腰部为轴心作前俯、后仰、旁倾或环绕动作，配合上手和肩部丰富的动作，舞姿舒展，造型端庄。

图 4-60　筷子舞

图 4-61　盅碗舞

2．维吾尔族

（1）赛乃姆。赛乃姆是新疆维吾尔族的传统民间舞蹈，属于自娱性民间歌舞（见图 4-62），没有固定的程式，一般在喜庆佳节、婚礼和亲朋欢聚时举行。它有“舞者不歌，歌者不舞”的讲究。形式有独舞、二人对舞和三五人间舞等。舞者即兴表演，观众则围坐成环形，在乐队伴奏下拍手唱和。散板乐曲后，先由优秀的舞者起舞，然后有礼貌地邀请别人，被请者还礼后接替起舞，如此礼貌相邀，舞者不断。舞蹈随着音乐节奏由中速逐渐转快，当音乐舞蹈进入高潮时，大家常用热情奔放的声音呼喊助威。人声、鼓乐声欢腾喧闹，将气氛推向高潮，烘托出浓厚的游牧生活气息。

（2）麦西来甫。“麦西来甫”原为阿拉伯语，意为“被开垦的地方”，在维吾尔语里起初是“集会”、“聚会”之意，后来成为能歌善舞的维吾尔族人民集体娱乐活动的名称。它是一种集歌舞、各种民间娱乐和风俗于一体的娱乐形式，不仅丰富人们的精神生活，而且具有传播艺术和道德风尚的社会作用。

麦西来甫分为节日、野游、婚娶、轮流举办等多种。内容一般分为三部分：乐曲舞蹈、娱乐游戏、惩罚行为不端者。乐曲舞蹈是以传统大型套曲《十二木卡姆》为主，开始由一人独唱，接着几个人打起手鼓，参加的人男女成双结对（见图 4-63），翩翩起舞，舞蹈的动作不断变化，节奏越来越快，所有的人单独旋转，直到疲乏或头晕退下，最后只剩下一二人时达到高潮，这些人便成了舞场上的佼佼者。这样，一轮结束一曲又起，反复几次。

图 4-62　赛乃姆

图 4-63　麦西来甫

（3）木卡姆。“木卡姆”一词源于阿拉伯文，是“至高无上”或“最高位置”的意思，这里转意为“大曲”。木卡姆运用音乐、文学、舞蹈、戏剧等各种语言和艺术形式表现了维吾尔族人民绚丽的生活和高尚的情操，反映了他们的理想和追求以及当时历史条件下所产生的喜怒哀乐，有“维吾尔音乐之母”的誉称。

木卡姆是多种体裁内容的大型套曲集。因流行地区和音乐风格的不同，主要有《十二木卡姆》、《刀兰木卡姆》、《哈密木卡姆》和《吐鲁番木卡姆》四类。《十二木卡姆》在南疆流行，是木卡姆的代表（见图 4-64），共 12 套，有 170 多首曲牌和 72 首乐曲，全部演唱需要 24 小时。每套木卡姆由“大拉克曼”、“达斯坦”、“麦西来甫”和“穹乃额曼”四部分组合而成，每部分音乐既独立又相互联贯。《十二木卡姆》长期以来是师徒相传，口传心授。

图 4-64　十二木卡姆

木卡姆音乐现象分布在中亚、南亚、西亚、北非 19 个国家和地区，我国新疆处于横贯欧亚的古代大陆交通大动脉，即“丝绸之路”的东端，维吾尔族的木卡姆是东、西方乐舞文化交流的结晶，记录和印证了不同人群乐舞文化之间相互传播、交融的历史。因此，“中国新疆维吾尔木卡姆艺术”被人们赞誉为“华夏瑰宝”、“丝路明珠”，并于 2007 年 11 月 25 日被联合国教科文组织宣布为第三批“人类口头和非物质遗产代表作”。

（4）游艺会。游艺会是维吾尔族一种传统的娱乐活动。它有一定的季节性，多在春暖花开、果瓜成熟、小麦抽穗的时节举行，通常邀集亲朋好友到风景优美的果园去游玩。例如，玫瑰游艺会是在 5 月份举行，即春耕之后，作为劳动间隙的一种休息而举行的活动；甜瓜游艺会（见图 4-65）是在夏季作物收割完毕，冬播之前甜瓜成熟时举行。游艺会期间，人们穿上漂亮的衣服，带上美味食品尽情地游玩。游艺会在新疆南部维吾尔族人中广泛流传，时至今日，有时还作为劳动人民憩息和联欢一种形式。

图 4-65　甜瓜游艺会

（5）达瓦孜。“达瓦孜”是维吾尔语“高空走绳”的意思，是维吾尔族人民喜爱的一种传统体育活动，古时称为走索、高原祭、踏软索。

这种活动形式来自一个传说。古时候，维吾尔族人民居住的一个地方出现了一个妖魔，它在空中来去，呼风唤雨，残害百姓，黎民叫苦不迭。这时，一位英武少年见义勇为，他在平地竖起一根 30 米高的木杆，用一根长约 60 米的绳索从木杆顶端连接地面，然后踩升而上，与妖魔搏斗，为百姓除了大害。从此，高空走绳就流传并发展起来，成为维吾尔族人民的娱乐形式。

达瓦孜表演多在喜庆节日期间举行，表演场地独特有趣。它需占地面积 100 米×60 米，中间耸立主杆高 30 米，最高处扎有牌楼，彩旗迎风招展，似空中楼阁，特别引人注目。牌楼横杆两端拴有吊杠（秋千）和吊环，供表演者使用。80 米长的主绳像一条长蛇头尾相连将地面和牌楼接为一体，显得格外壮观。达瓦孜表演者横握一长杆在高空走绳，不但要保持身体平衡，还要在乐曲声中进行各种表演，惊险动人。

另外，维吾尔族游戏活动还有萨哈尔地、摔跤、较量、滑冰、斗鸡等。有些地区还盛行刁羊、赛马等运动。

高空王——阿迪力

阿迪力（见图 4-66）是新疆达瓦孜艺术的第六代传人，1971 年 7 月 1 日出生于新疆喀什英吉沙县。1997 年至 2003 年期间，曾五次成功打破高空行走世界纪录，成功跨越长达 1399.6 米的钢丝，创造了“无保险高空走钢丝世界最长”的吉尼斯世界纪录，创下“高空生存 25 天”纪录。

阿迪力在维吾尔语中的意思为“平衡”，也可解释为“公正”。身为新疆达瓦孜艺术第六代传人的阿迪力仅凭一条长长的钢丝绳就能五次成功打破高空行走的世界纪录，创造出令人惊奇的“平衡”。所以，人们都亲切地称他为“高空王”。“高空王”的世界纪录如下。

① 1997 年 7 月 4 日，阿迪力没带任何保险绳，仅用 13 分 48 秒就徒步走完 600 米跨越长江三峡的高空钢绳，首次打破吉尼斯世界纪录。

② 2000 年 10 月 6 日，阿迪力没带任何保险绳，成功跨越架设在南岳衡山芙蓉峰和祝融峰之间长达 1399.6 米的钢丝，创造了“无保险高空走钢丝世界最长”的世界吉尼斯纪录。

③ 2002 年 4 月 16 日至 5 月 11 日，阿迪力在北京平谷县金海湖上创下了“高空生存 25 天”的纪录，引起了全世界的关注，被誉为中国的“高空王”。

图 4-66 阿迪力

④ 2010 年 4 月 25 日至 2010 年 7 月 2 日，阿迪力在鸟巢进行高空生存挑战，创造了“高空走钢丝表演 198 小时 23 分钟”、“高空生存 60 天”的世界吉尼斯纪录。

3. 回族

（1）宴席曲。宴席曲（见图 4-67）广泛流传于青海、甘肃、宁夏等地区，是纯粹的回族音乐。回族把结婚办喜事称为吃宴席，专门在婚宴或其他喜庆场合演唱的曲子称为宴席曲，也称为菜曲儿。演唱宴席曲运用的声腔委婉、细腻、活泼、优美，有时竟至哀婉凄切。演唱时一般不要乐器伴奏，有独唱、对唱和合唱，全凭丰富的声音、表情，载歌载舞，伴有舞蹈动作取得感人的效果。宴席曲既长于抒情，又善于叙事，优美朴素，人们参加回族的婚礼，喜庆伊斯兰节日，或在回族同胞家中作客，常常会听到优美的回族宴席曲。

图 4-67 宴席曲

从宴席曲的演唱风格和内容可分为五类，包括表礼、叙事曲、五更曲、打莲花和散曲。这些宴席曲涵盖了回族群众数百年来生产、生活、爱情、婚姻等方方面面的历史，可以说是全景式表现回族历史的音乐史诗，是研究回族的历史、风俗习惯、语言文学以及文化等的重要资料，是一份非常珍贵的口头民间非物质文化遗产。

宴席曲代表作有《十里亭》、《纺四娘》、《尕老汉》、《五更月》、《四季青》、《白娘子》、《红黄凤凰》、《一只螃蟹》、《八大光棍宴席曲》等。著名的《纺四娘》就是在回族当中流传最广的一部叙事宴席曲，全曲长 302 句。

（2）回族花儿。回族人民喜爱的一种民歌称做花儿（见图 4-68），习惯称做回族花儿。花儿发源于回族聚集的甘肃临夏回族自治州，这里素有花儿的“故乡”和“圣地”之美称。经过数百年的发展演变，现在已形成河州花儿、莲花山花儿和宁夏花儿等不同的流派和风格。

回族花儿的节奏丰富，旋律很强，音乐形象及艺术个性生动鲜明，绚丽多姿。形式有三句花儿、四句花儿和六句花儿。每一种形式的花儿都有一定的格律，非常讲究节奏。内容极其丰富，包括天文、地理、山川、草木、人物和民俗等，主要表达爱情、农事、时事、仪式和生活等内容，以反映普通男女之间的爱情为主。

目前回族各地已逐步形成了一些歌唱花儿的大聚会，即花儿会，是花儿歌手竞赛与交流的舞台，也是回族等劳动人民的狂欢节日。

图 4-68 花儿

4．朝鲜族

（1）跳跳板。跳跳板（见图 4–69）是朝鲜族妇女喜爱的体育活动，流传于吉林、黑龙江、辽宁等省朝鲜族聚居的地区，多在元宵、端午和中秋等节日举行。跳跳板的历史悠久，很受重视与喜爱。

关于朝鲜族跳板的由来，有一段浪漫的传说：古代朝鲜妇女受封建礼教束缚，只能整天关在自己家的院子里，不准出大门。为了看看院外的世界，她们只好在院内墙根处支起跳板腾空跃身，偷看院外的风光。

跳跳板类似于跷跷板，用木架支住一块长木板的中心，两位姑娘手持扇子、花环、彩带等物分别站在木板两端，彼此轮番跳起，借一方跳起后下落的重力，将另一方弹起腾跃空中。在身体腾空时，可以不断做出劈腿、弓身、钻环、跳绳等动作，表演出剪式、旋转、空翻、跳藤圈、舞花环和挥彩带等优美、惊险的各种动作造型。

（2）顶瓮竞走。顶瓮竞走（见图 4–70）是朝鲜族传统的体育娱乐活动，主要流行于吉林延边朝鲜族自治州。顶瓮竞走原为人们劳动之余的娱乐活动，参加者均为女子。比赛开始前，参加者头顶一盛有 5 千克水的水瓮，站在出发线上。裁判员发令后，即快步疾走，一次赛程为 100 米或 200 米，先到者为胜。行走时不但要注意速度，同时还要注意不能让水溅出来。

图 4–69　跳跳板

图 4–70　顶瓮竞走

（3）掷柶戏。掷柶戏（见图 4–71）是朝鲜族群众喜闻乐见的一项将文化、体育、游戏融于一体的民俗活动，距今已有两千多年的历史。掷柶戏活动在每年元宵节举行，因为朝鲜族视元宵节为一年劳作的开始，做这个游戏预测一下当年的收成，第二天就开始干活了。

掷柶戏这个游戏玩法简单，趣味性高，竞技性强，无论男女老少都可参加。游戏时，由甲乙双方轮流向棋盘投掷 4 根约 20 厘米长、涂成红白两色的刻有标记的短木棒（即尤茨），决定行走步数，然后通过路径的选择，以最短时间到达目的地的一方获胜。这个游戏独特的规则在于，地上的 4 根木棒有两面是红色，两面是白色。

图 4–71　掷柶戏

朝鲜族最喜爱的体育娱乐活动之一还有荡秋千，前文已作介绍，不再赘述。

5．满族

（1）莽式舞。莽式舞（见图 4–72）是流传时间较长的满族民间筵席歌舞，原名“莽势”。据记载，每逢有筵席，男女主人依次起舞，动作大致是举一袖于额，反一袖于背，因动作飞腾盘旋，所以称做莽势舞，后改称莽式舞。自努尔哈赤时期至清朝建立后，莽式舞一向由诸王大臣在庆典筵宴中表演，甚至皇帝亲舞莽式舞敬酒，可见这种传统舞蹈的地位。莽式舞男女两人相对而舞，旁边一人歌唱，众人拍手以“空齐”二字相合。“莽式”为舞，“空齐”为歌，气氛极其热烈。

（2）秧歌舞。秧歌舞（见图 4-73）是由满族的传统舞蹈莽式舞和汉族秧歌互相吸收、融合而成。多在正月十五元宵夜表演，表演时由一名官员负责指挥，表演者扮演成各式角色，其中女子身上还披着表示八旗身份的各色彩绸。它的表演火爆、矫健、粗犷和豪放，被誉为“辽东山区的烂漫之花”。

图 4-72　莽式舞

图 4-73　秧歌舞

（3）八角鼓。八角鼓是满族最为盛行的曲艺。八角鼓鼓身呈八角形，框用木制，宽约 17 厘米，单面蒙以蟒皮，周围七面开七个梅花孔，每孔一个铜柱穿三个小钹，另一面下拴一个流苏穗。

八角鼓曲艺是满族民间的，有说白有演唱的艺术（见图 4-74）。八角鼓的演唱形式分为拆唱（由 2～4 人分别扮演故事角色演唱）和群唱（由多人齐唱夹独唱）两种形式。伴奏乐器除八角鼓外，还有三弦、洋琴、二胡等。演唱中还有丑角“逗哏”，为整个演出增添无限情趣。这种擅长打趣和逗哏的曲艺艺术后来逐渐引起王公大臣的兴趣，进入宫廷。清朝中后期，八角鼓逐步没落。但是，由八角鼓派生出来的单弦、评书和相声等曲艺却在市井民间不断地发扬光大。

图 4-74　八角鼓

知识点二　西南部部分少数民族游艺民俗

1．藏族

（1）堆谐。堆谐（见图 4-75）就是西藏“堆”这个地方的一种民族歌舞。它最初是丰收后敬神时跳的欢庆舞蹈，粗犷而奔放。后来经过艺人的加工提炼，变成了规范化的踢踏舞。舞步以三步一变，为基本组合，脚下发出各种连点踢踏声。目前，堆谐以拉萨、日喀则最为盛行。常见于旷地、街头、庭院中，大多与体育项目同时进行。人们将踢踏舞寓于体育活动中，使堆谐不但具有娱乐价值，而且有健身价值。舞蹈之处，人们远远地就可以听到悦耳的歌声和跳舞的踢踏声。

图 4-75　堆谐

（2）锅庄。锅庄是因最早围着火塘举行而得名的。锅庄是流行在西藏三大地区的一种圆圈舞（见图 4-76）。锅庄在藏语中称为“果卓”（吉祥的歌舞）。跳锅庄的人数不限，不要伴奏，也不要化妆。地点在院子里、大门口或广场上，甚至火塘边。跳时，男一排，女一排，手拉着手，臂连着臂，跟着领舞，围成圆圈，且歌且舞，步伐是顿地而起，踏足为节，由左而右，分班唱和，舞者发出“休休休”和“曲曲曲”的叫声。从日落跳到夜晚，从午夜跳到天明。人们用歌舞来消除劳动的疲劳，抒发自己热爱生活、热爱大自然的感情。男女青年则用歌舞来倾诉彼此之间的爱慕之情。

（3）藏戏。藏戏在藏语中称为“阿吉拉姆”，意为“仙女”。据传最早由七姊妹演出，剧目内容多是佛经中的神话故事，故而得名。它是西藏及四川、青海和云南广大藏族地区普遍流行的剧种。它起源于 8 世纪藏族的宗教艺术，是一个非常庞大的剧种系统。藏戏为广场戏，演出只有一鼓一钹，没有其他乐器伴奏。服装从头到尾只有一套，演员不化妆，主要是戴面具表演（见图 4-77）。内容一般分为三个部分：第一部分为“顿”，主要是开场表演祭神歌舞；第二部分为“雄”，主要表演正戏传奇；第三部分称为“扎西”，意为祝福迎祥。主要的剧目有“八大藏戏”：《文成公主》、《诺桑法王》、《朗萨雯蚌》、《卓娃桑姆》、《苏吉尼玛》、《白玛文巴》、《顿月顿珠》、《智美更登》。

（4）格吞。格吞是藏语译音，即“颈脖拔河”，是流行于甘孜藏族自治州的藏族游艺习俗。比赛时，先在场地上划两条平行线为河界，用两根彩色宽腰带，首尾打结连成一根圈带，套于双方颈部或肩部，在布带中间系一红布标志，悬于河界上方（见图 4-78）。比赛开始后，双方用颈部或肩膀力量向相反方向猛曳，凡将红布标志拉过河界一方为胜。比赛方式有面对面或背对背的站式和跪式等多种。一般采用三局两胜制。

图 4-76　锅庄

图 4-77　藏戏

图 4-78　格吞

甘孜藏族自治州的格吞比赛有以下三种方式：

1）也吞，即仰身拔河，两人相对而立，圈带套在后颈脖，发令后两人双手叉腰，奋力仰脖后退，以将标记拉到自己一侧者为胜。

2）抵脚格吞，即双方面对面席地而坐，双脚伸直相抵，圈带套于后颈脖。发令后，双方奋力后拉，将对方身体拉离地面者为胜。

3）背向格吞，即将圈带套在后颈脖，二人背向四肢着地，带子穿过腋、胯下，将对方拉过标记线为胜。

除上述形式的比赛外，还有夫妻格吞、家庭格吞等饶有趣味的新内容，深受群众喜爱。

2．苗族

（1）上刀梯。上刀梯是贵州苗族独特的传统体育技艺（见图 4-79），也是他们每逢喜庆节日和举行重要祭祀时必不可少的项目，一般在正月和七月举行。有苗歌唱道：“正月来，牛角响，级级刀梯亮晃晃，花鼓冬冬木叶脆，后生上梯妹心慌。”

图 4-79　上刀梯

表演上刀梯时，需先立一根高 10 米以上的木杆，杆上凿眼安插钢刀。钢刀长 45 厘米，刀背厚 0.5～1 厘米，刀锋朝上，安装钢刀时加闩固紧，以防摇动，一尺一梯，共 36 梯，分左右安插。木杆四周拉线固定，即可攀登，攀登者身着民族服装，赤脚并露出小腿，高挽衣袖，双手抓住刀刃，双脚踩着刀刃一梯一梯往上爬。爬上第 36 梯时，吹响牛角，再一梯一梯地下来，情景惊险。上刀梯者须有深厚的武功基础，上刀梯前运气至涌泉和劳宫穴。1986 年 5 月，首届湖南省少数民族传统体育运动会上，上刀梯被列为表演项目。

资料卡

上刀梯的传说

相传很久以前，苗岭出现了一个妖怪，到处害人。一位叫石巴贵的青年自告奋勇带着 36 把钢刀来到一座高山上，将刀一把一把地由下而上插在一株大树上，插一把上升一步。插到最后一把，登上树梢后，舞动手中降妖鞭，吹响牛角，高呼要与妖怪决一死战，跟随他上山的百姓则在树下点燃鞭炮和铁铳，敲起锣鼓。妖怪见此情景只好逃之夭夭。为纪念石巴贵为民除害的勇敢精神，上刀梯便成了一项民族传统体育活动流传至今。

（2）接龙舞。接龙舞是苗族一项文娱性较强的传统体育项目，流行于湘西凤凰、吉首、保靖、古文等县。据宋大文《苗家接龙》一文说，清代湘黔苗民起义后，清廷深恐苗家会出“真龙天子”，于是派人到湘、黔、川边境“劈山斩龙”，如挖掘土槽、钉上铜钉、淋以滚开的麻油等。苗家为了永保“龙脉不断”，便针锋相对地举行接龙仪式，逐渐形成接龙舞。

接龙舞多在苗族节日进行，尤以“四月八”最为隆重。龙身由 200 名苗族男女青年组成，100 名穿花戴银的女青年一手持花伞，一手执黄绸款款而前（见图 4-80）；100 名小伙子一手持青伞，一手执蓝绸尾随于后。长龙在曲折的山道上蜿蜒行进，直到水塘边时，花伞、青伞突然张开，黄绸、蓝绸迎风而舞，似吞云吐雾，雨随龙来。在长龙的身旁，鱼灯、虾灯和蟹灯等竞相簇拥。这时，200 名男女青年配合默契地表演黄龙翻身、二龙抢宝、黄龙进门、关龙门和丢耙把等动作。以苗族长号和包锣为主的乐队，吹吹打打，甚为热闹。

接龙之后，还有闹龙、安龙的活动，祈求幸福与安乐永驻苗乡。在接龙、闹龙、安龙的整个活动中，还要表演棍棒、拳术、刀叉、流星等武术项目。

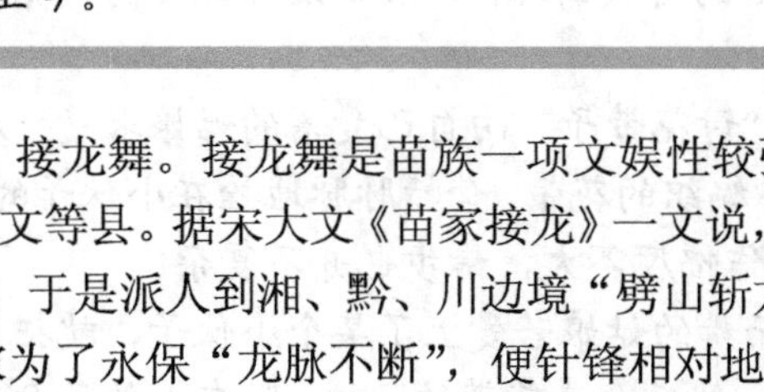
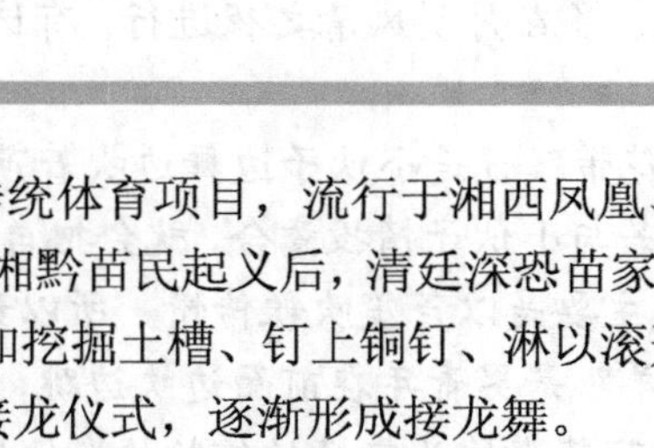
图 4-80　接龙舞

(3) 芦笙舞。芦笙舞（见图 4-81）苗语称“究给”，是一种以男子边吹芦笙，同时以下肢（包括胯、膝、踝）的灵活舞动为主要特征的传统民间舞蹈。它历史悠久，北宋时已进入朝廷表演，并广泛流传、普及于各苗族地区。其中以贵州东南部、西北部和广西西部山区最为活跃。

图 4-81　芦笙舞

芦笙舞的队形主要有两排一字形和圆形两种。由数十名青年男子在前吹笙引导，数十名至百余青年妇女踏着芦笙拍节，跟随于后，进三步退一步，围绕场地循序而进。有的地方以个人竞技的方式进行芦笙舞表演。这种竞技一般不设规定动作，每个芦笙手都有施展个人技艺的机会。这类芦笙舞的动作以矮步、蹲踢、旋转、腾跃等为多，以能完成较多的高难度动作取胜。其中，有盛行于黔西地区的“巧喝酒”、“蚯蚓滚沙”、“滚山珠”和“芦笙拳”；盛行于桂西山区的“过门坎”、“猴子上树”和“滚地龙”；盛行于黔东南地区的“牛打架”、“斗鸡”等多种。

“讨花带”与“牵羊”

在苗族，很多人从儿童时代起就开始学吹芦笙和跳芦笙舞。凡是在演奏和舞技上出众的芦笙手和芦笙队，都深受群众的尊敬和爱戴。过去，青年小伙子会不会吹芦笙，能不能跳芦笙舞甚至都成为姑娘们择偶的重要条件之一。

每年的花山节是苗族男女青年联欢和选择配偶的佳期，这天所跳的芦笙舞，古时称为跳花或跳月，多在月明风清之夜进行。有这类习俗的苗族山寨，一般都设有跳月的月亮场或跳花的花场。

“讨花带”就是小伙子边舞边吹着芦笙曲“讨花带子”向自己爱慕的姑娘求爱。在这种场合，姑娘若与小伙子情投意合，就会把自己精心编织的花带，含情脉脉地拴在小伙子的芦笙上。这种形式主要是以芦笙吹歌传情，所以舞蹈动作幅度不大，舞步也并不复杂。

“牵羊”是男青年在前面边吹边跳，尾随而舞的姑娘若爱上了某个小伙子，就把自己亲手编织的美丽花带作为定情的信物拴在他的腰上，然后牵着花带的一端，跟在小伙子身后踏节而舞。技艺出众的芦笙舞好手，有时竟会同时牵着几个姑娘舞着走。当然，在这种情况下，最终能与谁成眷属，那就不尽是月亮场或花场上能见分晓的事了。

3．傣族

(1) 孔雀舞。居住在我国云南省的傣族是一个能歌善舞的民族。孔雀舞（见图 4-82）是傣族具有代表性的一种民间舞蹈。傣乡也是孔雀的故乡，人们把孔雀视为幸福、吉祥、美好和爱情的象征。傣族人民珍视孔雀、爱护孔雀，经常模仿孔雀的漫步、追逐嬉戏、抖翅、拖翅、登枝、开屏、飞翔等动作，久而久之就形成了孔雀舞，成为傣族各类活动不可缺少的表演性舞蹈。

图 4-82　孔雀舞

傣族人，尤其是瑞丽县和耿马县的人们几乎人人都会跳孔雀舞，可以跳出多种多样的舞姿。他们的舞蹈有着严格的程式和要求，有固定的步法，甚至有固定的鼓语伴奏，柔美、轻盈、平稳，加之将绘有孔雀图案的长裙抖开，活灵活现的孔雀造型美在其中，使人看了流连忘返。孔雀舞经过专业文艺工作者的提炼、加工，搬上文艺舞台，有了较大的发展和提高，多次在国内、国际的演出中获奖。著名舞蹈家刀美兰、杨丽萍表演的孔雀舞在国内外享有盛誉。

孔雀舞的传说

传说在很久很久以前，孔雀的羽毛并非像现在这样五光十色，也没有美丽的“圆眼”羽翎，但它驯良、温顺而被人喜爱。在一次，举行“摆帕拉”宗教节日庆典时，佛祖释迦牟尼下凡光临。为得到佛光普照，虔诚的信徒们纷纷赶到寺院，把佛祖围得水泄不通。

一只栖息在遥远天柱山上的雄孔雀得知佛祖下凡的音信后，急忙赶往寺庙。可惜已经无法靠近佛祖，它急得在人群外团团转。佛祖察觉到孔雀的虔诚，便向它投去一束佛光。不巧这束神力无比的佛光，只落在了来回奔跑的孔雀尾部，使雄孔雀尾部的根根羽翎霎时缀上了镶有金圈的“圆眼”图案，成为现在人们所见到的样子。佛祖离去时叮嘱孔雀，明年的“摆帕拉”节再见。从此以后，每当“摆帕拉”节，佛祖便会高坐于莲花宝座上，接受人们朝拜，并观看从天柱山赶来的孔雀向佛祖献演的孔雀舞。同时，孔雀也向人们展现佛祖赐予它羽毛的异彩。

（2）象脚鼓舞。象脚鼓舞是傣族民间流传最广，也是最具民族特色的一种男性跳的舞蹈，跳舞时肩上挎着象脚鼓边击边跳（见图 4-83）。象脚鼓分长象脚鼓、中象脚鼓和短象脚鼓三种。鼓身用攀枝花树或芒果树等圆木镂空做成，蒙以牛皮、羊皮、麂皮等做鼓面，再用牛筋条拉紧以控制音响，其形似一只象足，故名象脚鼓。象脚鼓发音深沉宏重、粗犷厚实，具有很强的穿透力，在打击乐器中独具特色。

图 4-83　象脚鼓舞

云南的傣族、景颇族、阿昌族、拉祜族、布朗族和德昂族等民族都喜欢身挎象脚鼓，边敲边舞，其中以傣族的象脚鼓舞尤为有名。

象脚鼓的来历

很久以前，傣族地区年年洪水为患，人们不得安居乐业，后来得知是一条蛟龙作怪。有一位勇敢的傣族青年，立志为民除害。他在乡亲们的帮助下，终于杀死了蛟龙。在庆祝胜利的时候，人们为了表示对孽龙的憎恨，对幸福生活的憧憬，就剥下蛟龙皮，仿照象征吉祥如意的白象的脚制成了象脚鼓。从此，象脚鼓的咚咚声，响彻傣家村寨，表达出傣族人民的欢乐心情。在傣族人民的心目中，百兽中的大象和百鸟中的孔雀都是吉祥的象征。因此，每当象脚鼓敲响之时，男女老幼都欢快地跳起舞来。

（3）戛伴光舞。“戛伴光”就是大家围着鼓转圈跳舞的意思，它是傣族人民中最普及最盛行的集体舞（见图 4-84），它不限地点时间，几十人几百人均可围成圆圈按顺时针方向起舞，节日时通宵达旦欢舞不息。

图 4-84　戛伴光舞

戛伴光舞朴实热情，特点突出，妇女膝部的颤动较均匀，多顺手顺脚的舞动。一般以“蹉步”、“起伏步”、“点步”、“弓箭步”等步伐为主。手的动作较简单，一般以自然手势在胸前交替向下绕腕或从腋下向上掏手。妇女们与老年人在里圈起舞，老人的动作缓慢，膝部起伏明显，常以大幅度的前俯后仰来表达自己激动的心情，他们的动作可自由发挥，而在圈外的年轻人，则要求动作统一整齐。

4．彝族

（1）磨秋。磨秋又称磨磝秋、磨担秋，彝族游艺习俗，因像推磨般旋转而得名（见图 4-85）。彝族打磨秋多半在春节和火把节期间。先取一根高一米左右、直径十五厘米的硬木或铁柱竖于场地中央，顶端稍尖，作为轴心；另以一根长约 6 米的木杆，中部凿一圆洞，横置于立柱顶上。转动时状似推磨，又如秋千上下升降，故名磨秋。打磨秋的方法是横杆两端各坐或扑一至二人，男女均可。落地一方用脚掌蹬地，并向上弹起使横杆向前旋转于空中，此起彼落一上一下，互相交替蹬地，使横杆旋转不止。直至一方要求停止，才缓缓而停，另换他人。

打磨秋技术高者可手不扶杆，在蹬地弹地的瞬间做很多优美惊险的动作，如卷身上、翻滚、骑杆回环等。小伙子们玩得起劲时，忽而像雄鹰展翅，忽而像蜻蜓点水；姑娘们的表演则像嫦娥奔月，可与杂剧团的“空中飞人”相媲美。

彝族多居山区，社交活动少，打磨秋既是节日活动，又是一种寻找对象择偶的方式。打磨秋时男女各在一头，不断地换上换下，不断地旋转。若是小伙子看上秋上的姑娘，就会忙着爬上秋的另一头一同转磨。若是几个小伙子同时看上这个姑娘，就会出现“争秋”现象，彼此相争，互不相让。若姑娘不喜欢另一端的小伙子，便在秋杆上移动重心，使小伙子的脚落不了地，或使磨不转，表示不中意。若相互喜欢，磨秋打得顺利，则不愿换别人。

（2）跳火绳。跳火绳是凉山彝族古老的、独具特色的传统体育游戏之一。它体现了彝族人民尚火的习俗，多在喜庆佳节和丰收之后的夜间举行。

跳火绳有单人跳和集体跳两种。比赛的距离没有严格的规定，一般在 30～50 米之间。火绳用 1 根长约 3 米的藤条拧成，在藤条的中段绑上浇有菜油、松油、煤油或香油的布条和棉纱后点燃。在场内两端画上起跑线与终点线，比赛者站在起跑线后，手执燃烧的火绳，待号令一发，便双手紧握火绳的两头，像单人跳绳一样，摇荡火绳，直线跳跃着前进，最先到达终点者为胜（见图 4-86）。若是五六十人的集体比赛或表演，场面极为壮观，比赛场内宛若火的海洋，闪动的火花犹如一丛丛盛开的映山红，整个场面的气氛非常热烈。

图 4-85　磨秋

图 4-86　跳火绳

（3）摔跤。摔跤，彝语称为“杏格”，是彝族最为喜欢的传统体育竞技活动，被誉为“彝族体育之花”，具有悠久的历史。据史料记载，该活动起源于唐朝天宝年间，后代代相传至今。

图 4-87　摔跤

云南彝族摔跤接近国际自由式摔跤（见图 4-87），先抱腰抓好，然后用下绊、抱挑、缠腿、过胸摔等办法把对方摔倒在地。彝族摔跤比赛一般采用三局两胜制。败者退下，换另一人上场。胜者直至无人与其较量，将被誉为“大力士”，并奖红布数丈。

摔跤是彝族生活中不可缺少的重要部分。彝族传说中的支格阿龙、惹丁毫星等英雄和传奇人物都是摔跤高手。彝家有句谚语道：“请客没有酒不行，快乐离不开摔跤。”婚礼、葬礼、逢年过节以及闲暇之时，邻近村寨的人们都要联合进行摔跤比赛，场面十分热闹。按习俗，获胜的摔跤手将成为姑娘们的偶像，优先赢得姑娘的爱情。

（4）达体舞。达体舞（见图 4-88）是凉山彝族一种群众性的民间集体舞。彝语“达”指地，“体”指踏，达体舞意为“踏地舞”。舞蹈离不开跳、踏这两个基本动作。彝族的达体舞起源很早，据考证西晋时已有文字记载。清乾隆年间绘于云南大理巍宝山文昌宫文龙亭西面桥墩壁上的“松下踏歌图”壁画，再现了明清彝族举行踏歌活动的欢乐情景。“踏歌”是彝族达体舞最早的汉译名称。达体舞的种类繁多，不同地区有着不同的特点和名称，如“锅庄舞”、“蹢脚舞”和“对脚舞”等。

图 4-88 达体舞

达体舞是一种广场自娱性集体舞，男女老少皆宜，不受环境、时间、人数、道具以及音乐伴奏等条件的限制。传统的达体舞以圆圈为舞蹈的基本表演形式，参加跳舞的人数可以是数十人至数千人不等。以火为圈心，圈内有一人吹芦笙，称为“歌头”，有数人吹笛子，一人舞春秋刀，一人弹三弦，边唱边跳。进入场地的人们逐渐形成圆圈，尽情展现健美的舞姿和甜润响亮的歌喉，歌曲内容可以表现生产生活，可以歌颂爱情。规范后的达体舞由八节组成，分别是引子（音乐）、踏步、摇步、撩脚、拍手、踏舂、勾脚和跳跃。

新中国成立后，达体舞传遍了大小凉山、云贵高原以及祖国的大江南北，甚至传到了亚洲和欧美的许多国家，影响深远，赢得了广泛的称誉，被誉为“中国的交谊舞”。

5．羌族

羌族是具有优秀文化传统的古老民族。推杆在羌语中称“吾勒泽泽”，是两人或多人之间进行的竞力运动（见图 4-89）。推杆源于羌族尚武传统和武士间的比武较量，现在已发展为羌族全民的一项体育活动，青年妇女也可参加比赛，增添了推杆的娱乐性。

图 4-89 推杆

推杆的方法多种多样，有用腰腹部、肩窝、双手互推的，还有用前额、膝盖推抵的，有两人之间的推杆，有几个人互推的，也有几个人推一人的。器械有木杠、竹竿或扁担。比赛时以一根长约 3 米、手臂粗细的木杆为器，一人紧握一端，将木杆挟骑于两腿间，作为防守，进攻者握着另一端用力前推。攻守双方面面相向，木杆保持水平线，不能上下摆动或突然猛推。进攻方将防守方推出两尺开外的界限就算获胜。裁判由村寨的长者或威望较高者担任，以击掌五次为一个攻守回合的时间。攻守双方要交换位置，实行五局三胜制。

知识点三

中南部部分少数民族游艺民俗

1．壮族

（1）壮族山歌。壮族山歌简称为“壮歌”，又称“壮族民歌”，一般指壮族人民用壮话演唱的民间歌谣（见图 4-90）。壮族素以“善歌”著称，壮乡素有“歌海”盛誉。壮族山歌历史悠久。壮族人无论男女，从四五岁的童年时代就开始学唱山歌，父教子，母教女，形成幼年学歌、青年唱歌、老年教歌的传帮带习俗。壮民善

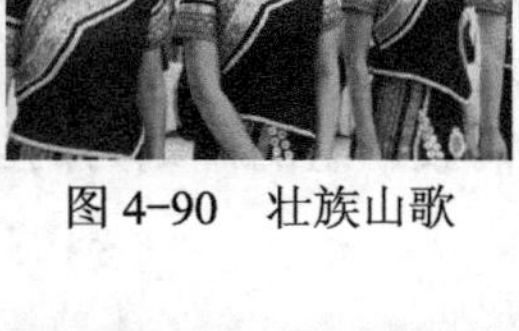
图 4-90 壮族山歌

以山歌来表现生活，抒发自己的思想感情，几乎达到“以歌代言”的地步。不仅平时在家里唱，而且还有定期举行的唱山歌会，称为“歌圩”或“歌节”。

壮歌很有趣，属于对歌，一问一答，对歌的同时斗智斗勇，男子唱完女子对，一来一去难止息。山歌是男子必备的才华，从前，不会唱山歌的男子难以娶到妻子。壮族山歌开唱时，必须遵守约定俗成的礼仪规范，不能乱唱，在什么场合唱是有传统规矩的。例如，情歌在野外、歌圩可以尽情地唱，而在家里、在父母面前不能唱。风俗歌中，祭祀唱什么，婚嫁唱什么，丧礼唱什么，皆不能颠倒乱唱。而且，迎接不同的客人也有不同的迎客歌。

历史上，壮族涌现出不少像刘三姐、黄三弟这样被称为“歌仙”、“歌王”的著名歌手。

歌仙刘三姐

刘三姐又称“刘三妹”，是我国壮族民间传说中的歌仙。关于其身世，不同地区流传着不同的版本，而流传最广泛的当属广西宜山壮族的传说。

刘三姐生于唐中宗神龙元年（703 年），从小聪慧过人，能歌善唱。12 岁即出口成章，妙语连珠，以歌代言，名扬壮乡，被誉为“歌仙”。后曾到附近各地传歌。慕名前来与她对歌的人络绎不绝，但短则一日，长则三五天，个个罄腹结舌，无歌相对，无言以答，羞赧而退。然而她的才华却遭到流氓恶霸的嫉恨，后被害死于柳州。传说她死后骑鲤鱼上天成了仙。也有的说她在贵县的西山与白鹤少年对歌七日化而为石。还有的说财主莫怀仁欲娶她为妾，三姐坚决反抗，莫怀仁买通官府迫害三姐，三姐乘船飘然而去。

“三月三”是壮族地区最大的歌圩日，又称“歌仙节”，相传就是为纪念刘三姐而形成的民间纪念性节日。1984 年，广西壮族自治区人民政府正式将这一天定为壮族的全民性节日——“三月三”歌节。届时，岭南壮乡四海宾朋云集，歌如海，人如潮。那不绝于耳的嘹亮歌声，寄托着人们对歌仙刘三姐的思念和对丰收、爱情、幸福美好生活的憧憬和向往。

（2）铜鼓舞。壮族铜鼓舞（见图 4-91）有着悠久的历史，是壮族古代文化的一个重要组成部分，是壮族农业生产活动过程的再现，春耕、夏种、秋收、冬藏，明白如话地用身段、手势表现出来，给人以鼓舞向往，充满生机。

图 4-91　铜鼓舞

壮族铜鼓舞有两种表现形式，一种是自娱性的，是集体舞蹈，比较原始素朴粗犷；一种是表演性的，接近于舞台艺术，有一定的表演程式。

自娱性的壮族铜鼓舞流行于红水河畔，主要是广西壮族自治区东兰、凤山、巴马一带的壮族村寨。每当新春佳节，人们将寨里的铜鼓集中到比较平旷的场地上，按铜鼓的大小次序，排列出一定的“音阶”。由一位熟知铜鼓音阶和声律的老鼓手敲锣指挥，鼓手们一人一鼓，按照指挥，敲出各自的鼓点，与其他的铜鼓配合，形成特有的节奏和旋律。跳舞者身着节日盛装，应声起舞，再现各种农事场景，一般有“开场”、“春耕”、“夏种”、“秋收”、“冬藏”、“迎春”六个部分。赛铜鼓从正月初一开始，至十五结束。结束那天晚上进入高潮，灯火通明，全鼓齐鸣，舞场上人声鼎沸，极为壮观。

表演性壮族铜鼓舞原是祭神的舞蹈。舞队一般由七人以上组成，其中四人敲铜鼓，一人打皮鼓，一人舞竹筛或雨帽，一人舞竹筒，其他的人按舞蹈安排的情节，分别持不同的道具于中途出场。铜鼓两面或四面成套，如只有两面铜鼓的，就是一公一母，各由两人共敲一鼓；四面铜鼓一组的，则为两公两母；四人每人各敲一鼓。

（3）板鞋舞。板鞋舞（见图 4-92）是广西南丹壮族地区的一种娱乐活动，它借助道具敲打和音乐伴奏，跳出协调一致的优美舞姿。一般由九位壮族男女青年三人一组，穿着六只近两米长的板鞋，踏着优美的旋律走动，险象环生，饶有风趣，随着乐曲转换，姑娘小伙们还能穿着长板鞋欢快地跳起现代三步舞。

图 4-92　板鞋舞

“板鞋舞”起源于明朝广西那地土司的木枷练兵法。明朝嘉靖年间，倭寇侵犯江浙沿海，朝廷要广西那地土司出三百兵士灭倭寇。土司罗武杰立即征招三百人进行训练，新兵初次操练，步伐很难一致，土司下令用木枷将新兵的双脚夹住，三人连成一伍，九人排成方队，统一步伐，只能向前，不准后退。经过严格训练后，这支队伍战法独特，勇猛顽强，为平倭寇立下大功。从此，三人木枷练兵法流行民间，演变成“三人穿板鞋”比赛。三人穿板鞋这项体育比赛项目经过艺术加工，发展成了板鞋舞，表现了团结一致才能获胜的集体精神。

2．土族

（1）轮子秋。轮子秋（见图 4-93）又称转轮秋、车轮秋，土族语称“卜日热”，意为“旋转”、“转轮轮”，是土族传统体育娱乐项目中颇具特点的一种。过去，每逢农闲季节，特别是春节期间，人们常常将马拉大车的车棚卸下来，而将轮和轴整体竖起。在抵地的轮上压上石头等重物，保持重心的稳定和平衡。现在，一般使用钢管做轮盘，装上滚珠轴承，饰以彩旗飘带，精致美观。一架三四米长的梯子横绑在上面的轮盘上，梯子的两端各绑一“U”字形（秋千形）坐套。比赛时，每两人各坐于秋千套上，然后用力旋转轮子，以旋转时间长而头不晕、眼不花者为胜。它是男女老少喜闻乐见的体育、娱乐活动，青少年尤为喜爱。近年来，土族轮子秋多次参加全国民运会表演项目并连获金奖，并在 2008 年北京奥运会开幕式前“欢天喜地迎奥运”文艺表演中完美演出。

（2）拔腰。土族牧民喜欢较量力气，拔腰就是一种角力型的民间活动。两个青年人对面而站，将对方的腰从右侧抱住，各自将右腿插入对方的两腿中间，呈半蹲式，挺直腰，抬起头，裁判一发令，双方同时憋气用力，欲将对方抱起。谁先使对方双脚离地即为胜者。

图 4-93　轮子秋

3．黎族

黎族人在庆祝新春时，喜欢开展一种古老独特的活动，即跳竹竿（见图 4-94），它是一项令人陶醉的跳跃竞技体育活动。它不但姿态优美，富于节奏，而且气氛非常欢快热烈，吸引众人。

跳竹竿是黎族最富有浓郁乡土气息的民间舞蹈之一，也称“打竹舞”。黎语称“卡咯”，“跳竹竿”过去是“女打男跳”，如今已形成了“男女混合打跳”。每逢过年过节，黎族青年男女便身着艳丽的服装，欢聚在广场上，跳起“打竹舞”。

图 4-94　竹竿舞

8 根长竹竿平行排放成 4 行，打竹竿的人分成两排，距离约 3.5 米，面对面盘腿坐下或双膝跪地，每人双手各执一根竹竿的顶端，成若干组平行状。在音乐伴奏下，竹竿一开一合，随着音乐鼓点的节奏敲打，不断地变换节奏、图形和方位。

跳竿者则随着或快或慢的节奏，巧妙地跳跃于竹竿的分合之间，既不能踩着竹竿，也不能被不断开合的竹竿夹着，同时不断地变换舞步做出各种优美的旋转及舞蹈动作。参加舞蹈的青年男女，一边跳舞一边由小声到大声地喊着："哎—喂、哎—喂"。跳竹竿现有"穿山过海"、"情人上路"、"邀游八卦阵"、"骏马跳桩"、"飞跃龙门阵"、"勇闯斩头台"等多种套路。

思考题：

（1）谈谈你对某一少数民族特色游艺的感受。

（2）随着社会的发展和进步，以及民族的大融合，我国少数民族地区某些特色的游艺活动正濒临消亡，请思考我们将如何对其进行保护。

本章小结

林语堂先生曾说："倘不知道人民日常的娱乐方法，便不能认识一个民族。"游艺民俗是最生动、最具感染力和吸引力的民俗之一。它内容丰富，范围广大，展现一个民族的精神风貌和价值取向。我国游艺民俗的表现形式有民间口承文学、民间歌舞、民间曲艺、民间小戏、民间竞技、民间杂艺、民间游戏等各种民间文化娱乐活动。这些丰富多彩的游艺民俗，表现了我国人民对社会的认识以及不同的审美情趣。我国各地、各民族异彩纷呈的游艺民俗对于游客无疑是一种别有情趣的体验，能调动人们参与的积极性。因此，具有良好的旅游开发价值，是最富观赏性、最有参与性、最具娱乐性的一种民俗旅游资源。

第五章

姓、名、字、号的习俗

第一节 “姓”的由来

学习目标

1. 了解姓氏发展的历史过程
2. 掌握姓氏的起源与区别
3. 了解古人取姓的主要来源

知识点一 姓氏的演变历史

陆羽姓名的来历

大唐开元年间，今湖北天门某寺庙一位和尚，在河边捡得一个弃婴，便收养在寺内，起名叫“疾”。但因不知道他的身世，所以没有姓氏。又因为寺院即空门，有名无氏并无麻烦。后来这孩子不服管教逃出山门，流落社会，便感到没有姓氏的不便。使用《易经》自己占卜，得卦“之渐”，系辞曰“鸿渐于陆。其羽可用为仪”，于是以“陆”为氏，以“羽”为名，表字“鸿渐”。这就是迄今被中国人奉为“茶圣”的陆羽姓名的来历。

在漫漫的历史长河中，姓氏经历了形成、发展和演变的进程。至今，它仍作为一个人的符号特征，在我们的生活中起着重要的作用。研究我国姓氏发展的历史，正确认识姓氏在人类社会发展中所起的作用，对进一步了解我国几千年的传统文化有着十分重要的意义。

我们每个人都有一个姓，在通常情况下，人可以随意起名或改名，甚至可以同时使用几个名字，但姓却只有一个，不能改变。姓在人的名字中起着至关重要的作用，那么，姓是怎么产生的呢？我们通常说到姓就会联想到氏，姓与氏是否是一个概念呢？

其实在古代，姓与氏并不是一个概念，它的发展经历了姓氏有别到姓氏合一两大阶段。在我国的上古时期，姓与氏是有区别的。

1．姓氏有别阶段

“姓”产生于母系氏族社会，它是作为一个生活群体——氏族的标志而产生的，即氏族成员共同使用的名号，是用于区别其他氏族成员而使用的“符号”。它标志着所出生的氏族，所以在当时又被称为“生”。又由于母系氏族社会，妇女在生产活动、经济生活及政治生活中居于主导地位和支配地位，人们成年以后，妇女留在本氏族内，男子则要离开本氏族，到其他氏族去寻找配偶。所以当时的人们都只知其母而不知其父，世系就只能从母亲方面来确定。所以人们在“生”字旁加上“女”字，写做“姓”。中国远古的姓，很多带有“女”旁，就证明了这一渊源。例如，炎帝姓“姜”，黄帝姓“姬”，虞舜姓“姚”，夏禹姓“姒”等。由此可以说，姓在当时的功能是用来表示母系血统关系的。同一个姓就代表了是源于同一女性始祖的族属，这是他们共同所有的符号标志。

氏古读为“支”，是由姓衍生的分支，它源于父系氏族社会，发展于奴隶社会阶段，是源于同一男性始祖的族属所共同拥有的符号标志。在父系氏族社会，男子在生产活动中的作用得到加强，在家庭中的地位日渐提高，成年后男子留在本氏族内生产和生活，妇女则离开到其他氏族寻找配偶。由于社会生产力的发展，子孙后代的繁衍，很多大家族开始分离开来，散居各地。同一祖先的子孙，逐渐分成若干分支，有的分支还会再分，各支都有自己的称号，称号命名的原因很多，有地域、职官、特殊技艺和祖先名号等，这种标志性的称号就称做“氏”。

由此看来，姓是旧有的氏族名号，是出于同一母系的标志，主要起了“别血缘”的作用；氏是后来分支的称号，主要起到“别贵贱”的作用，是表明一个人的父、祖或较近的祖先的身份、地位及职业的。姓的范围大，氏的范围小。从血缘关系来看，姓是母系氏族社会的产物，具有很大的稳定性；氏是父系氏族社会的产物，具有相当不稳定性。所以，在汉代以前，一个人一生只有一个姓，但却可以有几个氏。但姓氏并不是每个人同时都有的，在奴隶社会的夏、商、周时期，最高统治者——王有姓无氏。占有土地和人民的贵族，包括奴隶主、各级领主和百官，他们有姓也有氏。管理工奴的低级贵族以技艺为氏。而那些广大的“庶民”，包括上层的自由民、中层的农奴以及下层的奴隶，都是被统治阶级，都没有姓氏。

2．姓氏合一阶段

到了春秋战国时期，由于诸侯国之间的连年征战，许多人的社会地位发生了变化，有的贵族沦为庶民，甚至沦为奴隶，而大部分奴隶得到了解放，他们也开始有了姓氏，人们政治地位和经济地位的改变，使原有的姓氏制度发生了改变。到了西汉，先秦时代曾代表门第、出身的姓氏完全失去了昔日的光彩，人人都以氏为姓。从此，姓即是氏，氏即是姓，姓氏从此不再有意义上的区别，就此完全融合为一体，统称为“姓”。人人都有了姓，姓也就多起来了。

知识点二　姓氏的来源

根据清代学者顾炎武的考证，中国最古老的姓共有 22 个。随着社会的不断进步，姓逐渐普及并增多，后人根据姓的来源对其进行了分类。在诸多的研究中，东汉时期应劭在《风俗通》中把姓的起源分为号、居、事、谥、爵、国、官、字和职 9 大类型；南宋郑樵在《通志略》中又把姓分为 32 类。如今，按照较为常见的分类方法，姓的起源大致有如下类型。

（1）以图腾为姓。在原始社会，人们有“图腾”崇拜的思想，每个氏族都有自己特定的崇拜物体。例如，黄帝族以云为图腾，炎帝族以火为图腾，蚩尤族以蛇为图腾，姜姓以羊为图腾等。而这些图腾后来就成了某些部落的姓。

（2）以祖先封地采邑为姓。以祖先封地采邑为姓就是以祖先的封地、封国或采邑为姓氏的继承方式。采邑是帝王及各诸侯国国君分予同姓或异姓卿大夫的封地。例如，周武王时封司寇岔生采邑于苏（今河北省临漳县西），岔生后代便姓苏。在我国的汉姓中，几乎所有带右“阝”的姓，都是以封国、封地或采邑名来命名的。这类姓氏在汉姓中占有很大比例。

（3）以居住地为姓。以居住地为姓就是以居住的地方为姓氏。例如，姜子牙建立齐国，建都于营丘，后代一部分人就以“丘”为姓氏。这类姓氏中，复姓较多。例如，齐国的贵族居住在都城城郭四边，他们的子孙就以居住地的方位为氏，有“东郭”、“西郭”、“南郭”和“北郭”等。其他的“东方”、“东野”、“北海”和“西门”等姓氏也都表示不同的居住环境。

（4）以职业或技艺为氏。以职业或技艺为氏就是以家中祖先或世代相传的职业或技艺为氏。例如，师（乐师）、巫、祝（祭祀时司告鬼神）、卜、陶、匠和屠（屠宰牲畜）等。

（5）以谥号为氏。谥号即古代对死去的帝王、大臣、贵族按其生平事迹评定后，给予褒贬或同情的称号。例如，周文王的后代部分人以“文”为姓氏，周武王的后代部分人以“武”为姓氏，楚庄王的后代部分人以“庄”为姓氏，宋穆公的后代部分人以“穆”为姓氏等。

（6）以官爵为姓氏。以官爵为姓氏就是以祖先的爵位为姓氏，如“王”、“侯”、“王孙”和“公孙”等。

（7）以官职为姓。以官职为姓与以官爵为姓相近，是以世袭的官职来称呼某一家族的，如“司马”、“司徒”和“太史”等。

（8）以先人的字或名为氏。以先人的字或名为氏就是为表示对先人的尊敬，后人取其字或名作为本族的姓。出自此条的姓氏很多，据统计有五六百个，其中复姓两百个。例如，周平王的庶子字林开，其后代以林姓传世；宋戴公之子公子充石字皇父，其孙以皇父为氏，汉代时改皇父为皇甫。

（9）以排序为氏。在一个家族中，按兄弟顺序排行取姓。例如，老大称“伯”、“孟”或“孟孙”，老二称“仲”或“仲孙”，老三称“叔”或“叔孙”，老四称“季”或“季孙”等。后代相沿为氏，表示在宗族中的顺序。但也有例外，鲁庄公之弟庄父，排行老二，本应该称“仲”、“仲孙”，但因他有弑君之罪，后代便改姓“孟”或姓“孟孙”。

（10）古代少数民族融合到汉族中带来的姓。在我国众多的少数民族中，有些以民族名称作为姓氏的。例如，战国以前的苗、黎、羌、翟和代等，秦汉以来从西北一带迁来的单、党、雕、论和源等；双音节的有单于、宇文、尉迟、呼延、长孙、慕容、独孤、贺兰、耶律和完颜等；还有三字姓和四字姓和五字姓等。另有一些来自西域及外邦国名的姓，如来自米国的姓“米”，来自安国的“安”。还有一些少数民族创造的一些汉字姓，如朝鲜族的“朴”姓，傣族的“召”姓。

资料卡

多姿多彩的百家姓

（1）我国收集到的姓有5730个，其中单姓3470个，双字姓2085个，三字姓163个，四字五字姓12个。直到今天还在使用的姓有3000多个，其中最常用的有约400个。

（2）我国人数居前100位的姓为。

①李王张刘陈杨赵黄周吴；②徐孙胡朱高林何郭马罗；③梁宋郑谢韩唐冯于董萧；④程曹袁邓许傅沈曾彭吕；⑤苏卢蒋蔡贾丁魏薛叶阎；⑥余潘杜戴夏钟汪田任姜；⑦范方石姚谭廖莫熊金陆；⑧郝孙白崔康葛丘秦江史；⑨顾候郎孟龙万段雷钱汤；⑩尹黎易常武乔贺赖龚文。

这100个姓占全国总人口姓氏的87%以上，其中李王张刘陈五个姓就有3亿多人口。

（3）最大的姓为李，有8700万；其次是王姓，有8000万；张姓有8000万；刘姓有6000万；陈姓有5000万；人口最少的姓为“橙”。

（4）中国姓氏若按类别分，则五花八门：①数字一、二、三、四、五、六、七、八、九、十、百、千、万、亿、兆都是姓；②颜色朱、赤、橙、黄、绿、蓝、紫、黑、白、灰、褐、乌均入姓；③朝代夏、商、周、秦、汉、魏、蜀、吴、晋、隋、唐、宋、金、元、明、清十大朝名皆是姓；④生活用品柴、米、油、盐、酱、醋、茶也是姓；⑤动物马、牛、羊、龙、熊、鹿、蛇、鱼都入了姓；⑥植物柳、梅、李、杨、桃、栗、粟、叶、花、麦、桑、麻更是姓；⑦方位、天干地支、人的五官、时间等都有人为姓。

思考题：

（1）我国姓氏的发展主要经历了哪几个阶段？

（2）请说明姓、氏的区别。

第二节 “名”的学问

学习目标

1. 掌握古人命名的礼法和称呼上的礼法
2. 掌握古人命名的讲究及避讳
3. 了解古人的取名之道

知识点一 关于名的礼仪

屈原的本名

距今2300多年以前，时值寅年寅月寅日。和风煦煦，天气晴暖，坐落在今鄂西秭归临江水边的一处宅院内，传出了一声清亮的婴啼。旋即，一个女孩跑进书房，向闻啼惊喜的主人屈伯庸禀报："爸爸，妈妈生了个小弟弟！"

遵照古时上流社会的礼法，三个月以后，屈伯庸才第一次见到新生儿。孩子的头上，已绾起两个发角，愈显得天真可爱。当父亲拉过儿子的小手，仔细端详，又掐指推算，笑眯眯地道："好。生日合于吉度，貌端气正可则，就取名叫'平'吧。"

中国文学史上第一个伟大的诗人屈原，就这样获得了他的本名。

姓氏代表着家族系统，名代表个人的符号。每个人的姓氏就像出身一样，是不能选择的，但名字却可以根据客观或主观需要进行选择。我国古人在命名时，也因时代的变迁、政治不同而呈现出不同的时代特征。

1. 取名礼仪

作为社会个人特称的"名"，其出现不晚于夏商。例如，甲骨文和金文中所记录的太丁、阳甲、盘庚和帝乙等都是人名。至周礼实行，人们制定了命名的形式，包括日期的选择、参酌条件、遵循仪式及宣示申报等，开始形成了一整套制度，并作为人生礼仪的重要环节之一，首先在贵族阶层普遍实行，进而扩展到普通百姓中。

根据《礼记》中的记载，人的命名礼仪是一个复杂但颇有条理的过程。孩子出生后三个月内，父亲不入产房；三个月后，命名礼择日举行，家族中有头面的妇女（如祖母、伯母、叔母）以及父亲已为孩子请好的老师都来参加。当日，母亲先行沐浴更衣，孩子剪去胎发，并留一部分挽一对角儿。起名时，父亲要根据孩子出生时日、体形相貌等各种条件进行综合参酌后，当场宣布孩子的命名。之后，由父亲将孩子的名字告祖先、告宰闾。这就是周代的命名之礼。

资料卡

告宰闾即在族谱中存档。

周代的命名之礼，大致奠定了汉民族约两千年间给下一代命名礼仪的基本模式，同时也给其他民族以不同程度的影响。当然，它在漫长的历史岁月中又有嬗变，一些具体的细节发生了变化。例如，命名的时间在后期便有了"三朝命名"、"满月命名"、"周岁命名"和"发蒙命名"等许多形式。

2. 称呼礼仪

名对于古代中国人来讲，其意义远远不只是一个标志的作用。它不仅仅属于个体的称呼，也属于家族。夏商周时代诸多贵族人名的一个重要来源，便是前辈之名，因而取名便有了前对祖先后对子孙、旁对宗亲等多方面负责的属性。这种名为个人及家族的双重符号的观念，到两周时更引入了治国平天下的政治意义。

从名的意义以及古人纷繁的命名礼仪，足可以看出古人对"名"的重视，所谓"尊姓大名"之"大"便是这一含义。在古代汉文化圈里，名是极其珍贵的，只有自称时才能使用，显示一种自谦的态度；反过来，称呼别人时只能称字或号，以体现对别人的尊重。长辈师长可以直呼晚辈、门生和属下的名，同辈之间则不能，否则会有轻视对方的意思。与此相对应的，身份、辈分高的人在晚辈和下属面前也不自称名。

知识点二 古代取名之道

周代，我国古人已经在取名上总结出一些规律性的东西。《左传》上记载，鲁国大夫申繻归纳了西周及春秋时期取名的“五法六忌”。“五法”：一信法，即按婴儿出生时的特殊情况取名；二义法，即以祥瑞取名；三象法，以所生婴儿身体某部位像自然界中某物，即以该物取名；四假法，即借万物之名以为名；五类法，即以婴儿与父亲相关相类的事命名。“六忌”：一忌本国国名；二忌本国官职名；三忌本国山川名；四忌疾病名；五忌牲畜名；六忌礼器和货币名。

随着历史的发展、民族的融合，加上人们生活习惯、文化教养和宗教信仰的不同，以及语言词汇的增多，申缟所说的取名原则远远不能适应人们取名的需要，取名的方法不断增加。目前，最常见的取名方法概括起来大致有 20 多种。

1. **取名方法**

（1）纪时法。纪时法即以出生时的年份、季节、月份、日期和时辰等取名。从夏代起，人们就有以天干命名的传统，许多帝王就以一出生的天干来命名。商代出现了臣子以地支来命名的。周代以天干命名的已几乎没有，但却出现了以六十甲子命名的风气，使用时取天干地支单数的居多，这也符合了中国阴阳学说中单数为阳的说法。除了以上的命名方法，还有人以出生的时间、四季、早晚、节气和节庆等来命名的。例如，唐伯虎出生于寅年，故名“寅”。著名作家老舍原名“庆春”，是因为他出生时为春季。

（2）纪地法。纪地法即以出生地命名。例如，郭沫若出生在四川乐山，乐山的大渡河古名沫水，雅砻江古名若水，所以合两河来命名。

（3）纪事法。纪事法即以生时所发生的事情和遇上的情况命名。例如，孔子的儿子出生时，有人送鲤鱼来祝贺，就取名“鲤”。

> **资料卡**
>
> 踩生泛指婴儿出生后第一个进其家门的人。

（4）纪德法。纪德法即根据出生时曾给本人或父母恩德之人的姓名取名。例如，后汉时贾彪任官期间，人民贫困，多溺婴不养，贾彪严令禁止，数千婴儿得以存活，后皆名“贾”。

（5）纪人法。纪人法即根据出生时有意无意之踩生者姓氏取名。

（6）应梦法。应梦法即根据婴儿出生时父母所做的梦取名。例如，南宋大诗人陆游，其母在分娩前梦见北宋词家秦少游，于是给其取名为“游”。

（7）应筮法。应筮法即根据婴儿出生前的占卜结果取名。

（8）应兆法。应兆法即根据婴儿出生前后的某些兆象取名。《红楼梦》一书中说贾宝玉因“一落胎嘴里便衔下一块五彩晶莹的玉来”而得名，这一描述便是这一取名方法的例证。

（9）应念法。应念法即根据婴儿出生时长辈的感想意念取名。例如，春秋时晋穆侯伐条无功而返，恰逢妻子生子，于是给婴儿取名“仇”。

（10）应象法。应象法即根据婴儿出生时的生理特征取名。例如，孔子因“生而头上圩顶”，所以取名为“丘”；老子名聃，是因为“聃，耳漫无轮也”；还有晋文公名“重耳”、鲁成公名“黑臀”等。

（11）表德法。表德法即通过取名表达对某种道德情操的向往和实践意愿。

（12）仰贤法。仰贤法即通过取名显示对先哲圣贤的仰慕。例如，南朝何尚的三个儿子，一名“偃”，一名“求”，一名“点”，皆是取自孔门圣贤之名（子游名偃，冉有名求，曾皙名点）。另有思孟、希白和学岳等名。

（13）言志法。言志法即通过取名表明志向。例如，报国、安国、志强和安邦等名。

（14）托寄法。托寄法即通过取名寄托对孩子的期望或表达消灾去祸、长命百岁的意愿。例如，继业、耀祖、家辉、承嗣、崇文和志文等名。古代名人有霍去病和辛弃疾等。

（15）用典法。用典法即从古文经典中摘字取意的方法。例如，元人熊朋来，名字就取自孔子“有朋自远方来”的语句。

（16）连姓法。连姓法即将姓氏与名连在一起成一个现成的词汇。例如，孟浩然、安如山、马（到）成功和（不）成方圆等。

（17）命理法。命理法即依所谓生克理论等取名。

（18）顺序法。顺序法即以长幼顺序命名。古代一般以“伯”、“孟”、“仲”、“叔”、“季”来表示长幼排序，于是就出现了以排序来命名的现象。发展到现代，许多劳动人民用“大”、“二”等来给孩子起名，包括有的用排行数字的谐音给孩子起名，例如“张山（三）”和“李实（四）”等。

（19）体重法。体重法即以出生时婴儿重量命名。例如，鲁迅笔下的九斤老太。所谓重量，这里一种是指真实重量，一种是指婴儿与吉祥物放在一起同时用秤称的重量。所谓“吉祥物”，就是带有一定象征意义的对象。例如，书籍、长命锁和头发等。

（20）物名法。物名法即假法，假借万物之称为名。例如，名中带有天地山川、动植物和金银珠宝等字眼。

（21）数字法。数字法即以数字命名。例如，朱元璋的父亲名“重五”，大哥名“重六”，二哥名“重七”。

（22）信仰法。信仰法即以所信仰的佛、道教中的名词取名。例如，谢玄、祖冲之和郦道元等。

取一个好名字有如下几条可参照的标准：①取名用的字易读易写好记，字音上读起来好听、响亮，字形好看，协调恭整，便于书写。为了尽量避免重名现象，国家限制用单名报户口，建立了标准汉字库，规定取名用字共有 6763 个，我们取名可以在这些字中精心挑选。②取名要清新、高雅，含义丰富，有寓意。例如，姓白，这个“白”字本没有什么特殊含义，但其取名为“如冰”，姓与名联起来“白如冰”就很清新高雅。又如，姓“苗”，取名“得雨”，寓意雨露滋润禾苗壮。③新奇独特，与众不同，意味深长。例如，“霍去病”一名，“霍”字有立即、迅速、突然之意，用作姓，与名“去病”联起来，新奇独特。又如，“马识途”一名，即扣“老马识途”成语，又寓意人生之路不会迷失方向，意味深长。类似的好名字如牛得草、石成金、常香玉、关山月、梅兰芳、黄河清、常心宽、叶知秋、于得水、白云飞、柳成行、江映山、江南春、宋元明、秦汉唐等，称呼起来，响亮上口、好读好记，妙趣天成，意味深长。

2. 取名禁忌

战国时，我国古人就在《周礼》中对取名提出了六点禁忌，即“六不”：①不以国（不用国号取名）；②不以官（不以官位取名）；③不以山川（不以名山大川取名）；④不以隐疾（不以隐私、疾病、凶恶等不好的事物取名）；⑤不以畜生（不以动物取名）；⑥不以器币（不以祭器、金银钱币取名）。这“六不”对后世人们取名时起到了很大影响。今天，我们在取名时，也应该注意到一些事项：①少取单名。中国人口众多，取单名重复的概率太大。人口普查时，发现在同名同姓的现象中，取单名的占了大多数。例如，在一个中等城市，叫“王军”一名的重复者就有 70 多人。单名为“军”、“勇”、“刚”、“强”、“丽”、“莉”、“娟”、“媛”等的人全国到处可以见到。②忌用冷僻字。取名不要用笔划繁复、不常用、不常见的生冷字。名字虽然是自己的，但是在日常生活和社会交际中，常因名字用字冷僻，别人读不出或读不准确，甚至连计算机打字都打不出来，造成别人的尴尬和自己的不便，甚至耽误事情。要知道，取名用字生僻并不代表有文化内涵。③忌与坏人、坏事、贬义词、恶意语言同音、谐音或者近音，注意名与姓的意义关联、协调。例如，“华韵”一名，单看其名字形、字义、字音都很不错，但与“陶”姓连起来读，就成了“桃花运”的谐音，引人发笑。类似的名字如蒋幼平（酱油瓶）、胡作为（胡作非为）、包敏华（爆米花）等，都是取名时没有注意到名与姓的协调和关联，以致造成了遗憾。“吴”、“贾”、“蓝”、“苟”、“刁”、“梅”、“莫”、“赖”等姓，在取名时尤其要顾及到名与姓的协调和意义关联，因这些姓所用的字极易谐音到“无”、“假”、“难”、“狗”、“没”等字而产生歧义或反义。④忌用与长辈的名、字、号等同字、同音、谐音的字作名。中国的传统文化和民俗习惯，对尊长的名、字、号都是有所避讳的，平时连长辈的名字都尽量避免直呼，就别说自己的名字用到这些字眼了。⑤尽量不用外国人的名字。例如，玛利、黛丝、斯坦、保罗、迈克、亨利、约翰等，中国人有中国的文化、中国的传统和中国的习俗。⑥取名用字尽量避免声母、韵母相同。如果姓名、名字的声母相同，读起来就不响亮，而且很咬嘴。例如，“李黎”这个名字的声母都是“L”，读起来就顶舌。起名时，如果名字的韵母相同，读起来拗口不顺畅。例如，“张广旺”这个名字的韵母都是“ang”，读起来就像绕口令，不顺嘴。类似这样的名字，如张昌商、魏瑞慧、金镜清、朱书土和沈既济等，都是很难朗读得顺畅响亮的名字。

知识点三　名的字数演变

夏商时代统治者崇拜太阳神，人多以天干中的甲乙丙丁等命名，名多用两个字，如孔甲、祖乙、武丙等。到了周朝，命名一般只用一个字，甚至认为“二名，非礼也”。虽然也有两个字的形式出现，但只有一个字具有实际意义，另一个字只是一个语气助词，如吕不韦、任不齐、宫之奇等。

到西汉，这种习俗一直被沿袭下来，尽管后来由于人口增多，曾经出现过双字名，但是到王莽建立新朝，恢复周礼“令国中不得有二名”，所以，从东汉、三国以至西晋，双名制几乎没有出现。

东晋以后随着人口的增加，单字名带来了很多重名现象，给社会交往带来很多的麻烦，加上当时是大分裂大动荡时期，北方少数民族的入侵，使单名制解体，双字名应运而生，并成为当时的一种社会风尚。

到了唐宋两朝，人口的猛增以及经济文化的发展、语音词汇的丰富，双字名逐渐成为取名的主要风气。据统计，双字名在总人口中，宋朝占了 50%，明朝占了 60%，清朝占了 70%，在新中国成立前期，单字名只占总人口的 6.5%。

新中国成立以后，单字名急速增长，从新中国成立前的 6.5%上升到 1966 年左右的 27.8%，到 20 世纪 80 年代又上升到 32.5%。20 世纪 90 年代以后，随着人口的增多和人们意识的改变，命名不再单纯于单字和双字名，四字名开始出现并有增多的趋势。

思考题：

（1）简要说明我国古代取名礼仪有哪些。
（2）请列举我国古代的取名之道。

第三节　“字”的意义

学习目标

1. 了解名与字的区别与联系
2. 掌握古代取字、写字和称字上的礼法

现代人习惯把“名”和“字”连在一起，称“名字”，其实在中国传统姓名文化里，名与字是完全不同的两个概念。

知识点一　名与字的区别

名与字的区别，首先表现在取名与取字的时间上，《礼记》上说：“幼名冠字”，其中“幼”是指出生后三个月，“始生三月而加名，故云幼名”。而“冠”是指“行冠礼”，“男子二十冠而字”，“女子十五笄而字”。也就是说不管男女，出生后三个月可以命名，但到了成年后才可取字，取字的目的是为了让人尊重他，供他人称呼。

其次，名与字的意义也是不一样的，它们是人的称谓的两个部分。“名以正体，字以表德”㊀，名是一个人或家族的符号。而字，又称表字，即人们在本名外另取一个字，以表示取名的意义，或表示德行，或表示特征。人除本名之外还有表字的规矩，这也是传统中国姓名文化的一大特色。

知识点二　名与字的联系

字和名的含义是紧密联系的，即字可以是名的补充，又可以表名的意义。所以古人命字方字，多是拟意选字，其主要的方式有以下几种。

（1）同义式。名与字的意思同义。例如，屈原名平，字原（广平为原）；孔子学生宰予，字子我（予与我同义），颜回字子渊（《说文解字》：“渊，回水也”）；诸葛亮字孔明；陶渊明字符亮；周瑜字公瑾；诸葛瑾字子瑜（瑾与瑜都是美玉）；曹植字子建（植与建均有树立的意思）；唐寅字伯虎（寅虎）；文天祥字景瑞（祥瑞）；毛泽东字润之（润与泽意思相近），都属于此类。

㊀《颜氏家训·风操》。

（2）反义式。反义式取字方法可能与儒家的中庸哲学有关。例如，晋大夫赵衰（减少意）字子馀（增多）；曾点（小黑）字子皙（色白）；唐王绩字无功；朱熹（火亮）字符晦（暗淡）；元赵孟頫（俯）字子昂；晏殊字同叔；韩愈（超过）字退之。

（3）连义式。连义式即字与名相辅相成，使所讲的意义、道理更透彻。例如，张飞字翼德，关羽字云长（展翅可以入云），晁补之字无咎（咎是过错，因能补过，才能无过），郑樵字渔仲（渔樵常相与为伴），岳飞字鹏举（大鹏一举高飞九万里），李渔字笠翁（渔翁钓鱼时头上常戴斗笠），辛弃疾字幼安等。

（4）用典式。用典式字出于古代典籍。例如，曹操字孟德，出于《荀子劝学》：“夫是之谓德操”；赵云字子龙，出于《周易》：“云从龙”；茶圣陆羽字鸿渐，出于《周易》：“鸿渐于陆，其羽可用以仪”；高明字则诚，出于《礼记》：“诚则明矣”；于谦字廷益，钱谦益字受之，都出于《尚书》：“谦受益”。

上述介绍的是四种主要的取字方式。另外还有以拆姓、名为字的，以干支五行、排行命字的，或名后加“甫”、“父”作字的。随着时代的发展，人们取字的方式越来越多了。

历史上，以表字闻名于世而本名鲜为人知的现象极为普遍。例如，大家都熟知的屈原，原就是他的字，他的名“平”却很少有人知道；大诗人陶潜，其本名远不及陶渊明广为人知。

知识点三　关于字的礼仪

1. 取字的礼仪

古人取字也是沿袭了周礼的规定，所谓“加冠称字”，就是字要在成人之后才能取，要在成人礼上宣布后才能使用。因此，成人礼也是人生中的第二次命名礼，意义重大。

按照周礼的规定，成人礼因男女区别而有不同的称谓，男曰“冠礼”，女曰“笄礼”。在先秦时代，男子到 20 岁时，要在宗庙举行隆重的仪式，戴上礼帽（即“冠”），然后由父亲或其他长者、宾客给取一个表字。女子则是在 15 岁时施“笄礼”时取字。“笄礼”又称“加笄”，即把头发盘起来用笄簪固定。女性在古代有字，多出现在上流社会或诗书礼仪之家。即便是男性，也不是人人都有字的，取字的仪式到秦汉以后就逐渐取消了。

2. 写法和称法的礼仪

字在写法上的讲究，有一个先字后名到先名后字的过程。在先秦以前是字在名前，汉以后改为名在字前。到了近代又有改动，民国时期多为字在名前。

称法上的讲究，最先是称字就表示尊敬了，到后来，平辈同侪间称字表示尊敬，但晚辈、下属、臣子不能用字称呼长者、尊者、上级和君主。但相反，长辈、上级称呼晚辈、下属的字，则表示很重视对方。但是也有例外，就是父亲绝对不能称呼儿子的表字。

思考题：

（1）请说明名与字的区别与联系。

（2）古人称呼名与字时有哪些讲究？

第四节　“号”的演变

学习目标

1. 了解号的起源
2. 掌握古人取号的主要分类

知识点一　号的起源

南宋末年的民族英雄文天祥，参加科考时取号为“履善”，用来表达自己景仰先贤，学做好人好事的志向。到殿试时，被当朝皇帝理宗夸奖“此天之祥，乃宋之瑞也”，于是号改为“宋瑞”。到后来做官后被人诽谤，差点丢官。一怒之下有辞官隐居之意，便自建“野人庐”，改号“野人”。再到后来，应召出山，为国效力，直到抗元失败被俘，他又有了“浮休道人”、“三了道人”等别号，以表明视死如归的人生态度。

号也称为别称、别字、别号，是名字以外的自称。《周礼·春官·大祝》：“号为尊其名更美称焉”。名、字是由尊长代取，通常都有一定的对应关系和内在联系。而号则不同，它与名字关联性不大，一般为自取或他取。名和字一般人都只有一个，且多为一个或两个字组成，但一个人可以有多个号，且字数上也无限制，少则两个字，多则几十个字。

号起源很早，在先秦时代就已出现，但直至六朝时期还不流行，多数人都只有名与字，而没有号。唐宋间由于伦理道德的加强和文学艺术的发达，号才开始流行起来。到明清时代，由于文人范围扩大，加上帝王提倡，号更加盛行起来。

知识点二　号的种类

“号”是一种固定的别名，又称别号。号不是每个人都有的，一般是文人雅士才有号，且一般是在成年以后，为了表达自己的思想、志趣、抱负、心境或对人生的态度而起的，是有寓意在其中的。

古人命号的特点可以概括为以下几方面。

（1）以居住地环境或籍贯为号。陶潜（陶渊明）自号“五柳先生”，是因家门前有五株柳树。李白自幼生活在四川绵州青莲乡，故自号“青莲居士”。苏轼被贬后，居住在黄州的东坡，自号“东坡居士”。杜甫曾居住于成都浣花溪畔的草堂，自号“浣花佬”，又号“草堂先生”，又因曾居住长安的少陵，所以又自号“少陵野佬”。白居易晚年居住洛阳龙门的香山，自号“香山居士”。蒲松龄的居所旁有一口名“柳泉”的水井，自号“柳泉居士”。顾炎武，江苏昆山亭林镇人，号称顾亭林。

（2）以旨趣抱负自号。欧阳修晚年，因家有“一万卷书，一千卷古金石文，一张琴，一局棋，一壶酒”，加上自己“一老翁”而自号“六一居士”。贺知章自号“四明狂客”。金农自号“心出家庵粥饭僧”。陆龟蒙自号“江湖散人”。丁敬身自号“玩茶叟”。辛亥革命的先驱邹容自号“革命军中马前卒”。陈天华自号“思黄”。章士钊自号“黄帝子孙之嫡派”及“黄中黄”。以上都体现了个人的旨趣和抱负。

（3）以心情为号。南宋女词人李清照，为表达自己在战乱生活下寻求安定生活的心情，自号“易安居士”。陆游胸怀大志，但苦于报国无门，常以酒消愁，狂放不羁，因自号“放翁”。元朝初年，郑思肖自号“木穴国人”，因“木”、“穴”两字拆开再合成就是“大宋”二字，以此表达自己念念不忘大宋王朝。清初著名画家朱耷，自号“八大山人”，因“八”和“大”二字连写在一起，似“哭”非“哭”，似“笑”非“笑”，暗示了自己在清朝统治下哭笑不得的心情。

（4）以年龄生辰为号。辛弃疾自号六十一上人；赵孟頫甲寅年生，自号甲寅人；吴衡照生于辛卯年，自号“辛卯生”；黄丕烈生于辛未年，自号“辛未人”。

（5）以形貌特征为号。唐寅六个手指，自号“六如”、“枝指生”；邓散木晚年因病截去左腿，自号“一足”；郑之佑用左手作画，自号“尚左生”。

（6）以官职、封爵、谥号为号。诸葛亮封武乡侯，人称武侯；杜甫，人称杜工部；王羲之人称王右军；孔融，曾任北海太守，人称孔北海。以上这些多为他人赠号。

宋代以后，文人之间大多以号相称，以致造成众号行世，他们的字、名反被冷疏的情况。由于号可自取和赠送，因此具有自由性和可变性，以致许多文人有很多别号，多的可达几十个、上百个，苏轼一生就有 14 类 38 个名号。“别号太多，反成搅乱”，所以近代以后，尤其新中国成立以来，文人用号之风大减。现当代作家多用本名或笔名发表作品，少数人还存有别号，有自号，也有赠号。鲁迅原名周樟寿，字豫才，曾自号书斋、绿林书室、且介亭，笔名有戛剑生、树人、鲁迅等，一生共享过 140 多个名号（主要是笔名）。姚雪垠，号“无止境斋”。叶圣陶号“未厌居”。俞平伯号“古槐书屋“。艺名也可算入号的范畴，艺名一般多为赠号。例如，张英杰艺名为盖叫天，章宗义艺名为六龄童，王玉山艺名为水上漂，牛俊国艺名为牛得草，荀慧生艺名为白牡丹，李慧敏艺名为白玉霜，毛稚黄艺名为毛三瘦等。

知识链接

古代姓氏读音

我国历史悠久，地域辽阔，语音庞杂，部分汉字有一字多音、古今异读的现象。有一部分字在姓、氏、名中有其特定的读法，不能读一般字音。在下列表格中将部分姓、氏、名中汉字作了标注。

姓氏特定读音见表 5-1。

表 5-1　姓氏特定读音一览表

姓　氏	应　读　音	复　姓	应　读　音
秘	读做 bì	乘马、乘丘	读做 shèng
褚	读做 chǔ	长孙	读做 zhǎng
费	读做 fèi	辟闾	读做 pì
籍	读做 jí	谷蠡	读做 lù
适	读做 kuò	谷浑	读做 yù
句	读做 gōu	可汗	读做 kèhán
阚	读做 kàn	会稽	读做 huì
查	读做 zhà	铅陵	读做 yán
繁	读做 pó	茄众	读做 jiā
乜	读做 niè	取虑	读做 zōu
仇	读做 qiú	单于	读做 chán
朴	读做 piáo	食其	读做 yìjī
单	读做 shàn	万俟	读做 mòqí
任	读做 rén	尉迟	读做 yù
旋	读做 xuán	吾丘	读做 yù
眭	读做 suí	中行	读做 háng
冼	读做 xiǎn		
燕	读做 yān		
员	读做 yùn		
祭	读做 zhài		
宿	读做 sù		
缪	读做 miǎo		

姓名的特定读音见表 5-2。

表 5-2　姓名的特定读音一览表

姓　名	应　读　音	说　明
颛顼	读做“专需”	传说中的古代帝王
皋陶	“陶”读做“瑶”	传说中的东夷首领
帝喾	“喾”读做“库”	传说中的古代帝王
姮娥	“姮”读做“横”	传说中的美貌仙女
妺喜	“妺”读做“莫”	夏王桀的妻子
契	读做“谢”	传说中商王的始祖
傅说	“说”读做“月”	商王武丁的大臣
妲己	“妲”读做“达”	商王纣的妃子
南宫适	“适”读做“括”	周武王时的名臣

（续）

姓　名	应读音	说　明
共叔段	“共”读做“恭”	春秋时郑国的公子
斗穀于菟	读做“斗耨乌图”	春秋时楚令尹子文的乳名
赵衰	“衰”读做“崔”	春秋时晋文公的大臣
蹇叔	“蹇”读做“剪”	春秋时秦穆公的大臣
伍员	“员”读做“云”	春秋时吴国大将
扁鹊	“扁”读做“变”	战国时齐国名医
公输盘	“盘”读做“班”	战国时的巧匠
墨翟	“翟”读做“笛”	墨家学派创始人
仲尼父	“父”读做“府”	儒家学派创始人孔丘
禽滑釐	“滑”读做“骨”	墨翟的弟子
干将	“干”读做“甘”	春秋时的著名铸剑家
莫邪	“邪”读做“业”	春秋时的著名铸剑家
句践	“句”读做“勾”	春秋末年越国君主
李悝	“悝”读做“亏”	战国时法家著名学者
乐毅	“乐”读做“月”	战国时燕国名将
要离	“要”读做“腰”	春秋末年吴国著名刺客
樊于期	“于期”读做“乌基”	为荆轲刺秦王而献身的燕国义士
高渐离	“渐”读做“尖”	曾刺秦王的燕国刺客
景差	“差”读做“磋”	战国时楚国著名诗人
嫪毐	读做“烙矮”	秦始皇母亲的面首
冒顿	读做“墨毒”	西汉初年匈奴的君主
休屠	读做“朽楚”	西汉时匈奴的王
金日磾	“日磾”读做“觅低”	匈奴休屠王的太子
陆贾	“贾”读做“骨”	西汉初年政论家
郦食其	“食其”读做“毅基”	秦汉之际刘邦的谋士
曹大家	“大家”读做“太姑”	即班昭，东汉著名史学家
华佗	“华”读做“化”	东汉末年著名外科医生
毋丘俭	“毋”读做“惯”	三国时魏国名将
范晔	“晔”读做“夜”	《后汉书》的作者
尉迟恭	“尉”读做“育”	唐朝开国名将
玄奘	“奘”读做“葬”	唐朝著名佛学家
武曌	“曌”读做“赵”	武则天
岑参	“参”读做“深”	唐朝著名诗人
李阳冰	“冰”读做“凝”	唐朝著名书法家
李适	“适”读做“括”	唐朝皇帝谥号德宗
钱镠	“镠”读做“流”	五代时吴越国王

（续）

姓　　名	应　读　音	说　　明
刘䶮	“䶮”读做“眼”	五代时南汉国王
臬捩鸡	读做“聂烈鸡”	后晋皇帝石敬瑭之父
赵炅	“炅”读做“炯”	宋太宗
米芾	“芾”读做“服”	北宋名画家书法家
金兀术	“术”读做“朱”	金国侵宋的统帅
杨么	“么”读做“腰”	南宋初农民起义领袖
秦桧	“桧”读做“会”	南宋陷害岳飞的奸相
万俟卨	读做“墨其谢”	陷害岳飞的奸臣
赵孟頫	“頫”读做“俯”	元代著名书法家
能延寿	“能”读做“耐”	唐人
神荼	读做“申舒”	传说中专制恶鬼的神人
郁垒	读做“玉津”	传说中专制恶鬼的神人

思考题：

（1）古人取号的缘由主要有哪些？

（2）一个人的姓、名、字、号有什么区别？

本章小结

“姓”、“氏”象征着家族系统，“名”、“号”代表着个人，中华民族自古而有，源远流长。“姓”、“名”、“字”、“号”的形成、发展和演变进程，实际上也可以理解为是我们中华民族在人类社会发展史上的一个演变过程。我们每个人都想，也都可以通过自己的“姓氏”去追溯自己的祖先，寻觅祖先的变迁，知晓先辈的踪迹，进而了解自己民族的历史。通过学习和了解我们民族、我们国家所特有的有关“姓”、“名”、“字”、“号”的知识，可以更深入地了解到我们中华民族上下几千年的传统文化。

第六章 民间工艺习俗

民间艺术是千百年来由民众创造并享受的文化，是民众智慧的创造，许多民间艺术杰作被传承和保留下来。本章将简单介绍我国主要民间工艺，包括筷子、陶瓷、剪纸、年画、屏风、扇子、文房四宝和其他旅游工艺品等。

第一节 筷　子

学习目标

1. 了解筷子的起源
2. 了解“筷子”说法的由来
3. 了解筷子的种类
4. 了解筷子的用法

知识点一 筷子的起源

说到筷子，中国人都不会陌生，那是家家户户每天吃饭必备的就餐用具。我国是筷子的发源地，中国人用筷子就餐至少有三千年的历史。因为历史悠久，所以筷子在人们心目中不仅仅是一种使用工具，更是代表了一种文化，让中国人感到骄傲。筷子有其独特的文化品位，耿直而不弯曲，奉献而不求回报，平等而不独大，同苦而不愿逃避，合作而不会争功，双赢而不可缺一。

在民间，关于筷子起源的传说故事有很多，比较有代表性的是“神鸟救姜子牙”、“妲己玉簪喂纣王”和“大禹细竹捞食”等。

知识点二 “筷子”说法的由来

筷子的名称有很多，各个时代的名称都有所不同。先秦时期，人们称筷子为“挟”，也称

“荚”；秦汉时期称之为“箸”；隋唐时期称做“著”或“筯”；宋代以后，才开始有了“筷”的称呼。古代人为什么称筷为箸呢？根据东汉许慎的《说文解字》所说：“箸者，饭也。”“饭”有倾侧之意。吃饭持箸，自然倾侧，“箸”因此得名。

古人十分讲究，因“箸”与“住”字谐音，“住”有停止之意，乃不吉利之语，所以就反其意而称之为“筷”，这就是筷子名称的由来。

知识点三　筷子的种类

筷子看起来简简单单，灵活小巧，却质料各异，种类繁多。我国历史上的筷子至少有一百多种。将我国的筷子进行分类的话，大致可以分为竹木筷、金属筷、牙骨筷、玉石筷和化学筷等五类。

1. 竹木筷

竹木筷（见图 6-1）是我国最原始、最普及的一种筷子，甚至到现在仍然是主流筷种。竹木筷根据竹木不同又分为毛竹筷、天竺筷、南竹筷和湘妃竹筷等，这些都是竹子做的。其中，最普通的是毛竹筷。以木头为制作材料的筷子有很多，比较有名的有楠木筷、冬青木筷，还有红木筷。到了清代，最热门的当属乌木筷。

图 6-1　竹木筷

2. 金属筷

金属筷（见图 6-2）从青铜筷算起，还有金筷、银筷、铜筷和铁筷，现在发展到不锈钢筷。古代富豪人家流行过金属筷，如今已很少有人用金属筷进餐。1961 年，云南祥云大波那铜棺木出土 3 根圆铜筷，经碳 14 测定为公元前 495 年左右春秋中晚期文物。铜筷不利于操作，以后逐渐被银筷取代。制作精美的银筷至今仍受欢迎，但人们已把它当做工艺品看待。价格昂贵的金筷是皇宫贵族的奢侈品，史载唐玄宗曾赏赐宰相金箸一双。

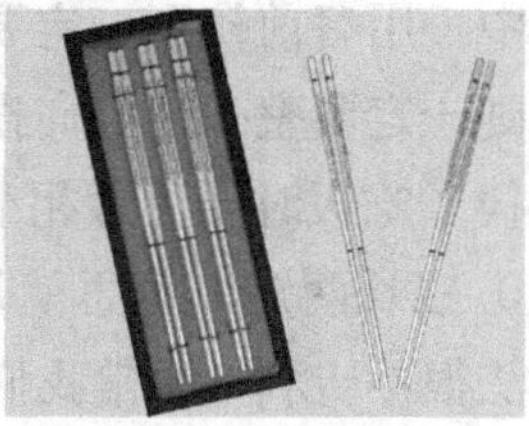
图 6-2　金属筷

3. 牙骨筷

牙骨是指象牙以及野兽的骨头，野兽的骨头有牛骨头和骆驼骨头。北方人大部分用骆驼骨头做筷子，还有大象的骨头（见图 6-3）等。

4. 玉石筷

玉石筷（见图 6-4）有汉白玉筷、羊脂玉筷和翡翠筷等。故宫珍宝馆就陈列着不少慈禧太后用过的金筷、玉石筷、翡翠筷、翡翠镶金筷等。

5．化学筷

化学筷是近代科学发展的产物，如用密胺（见图 6-5）、塑料等材料做成的筷子。

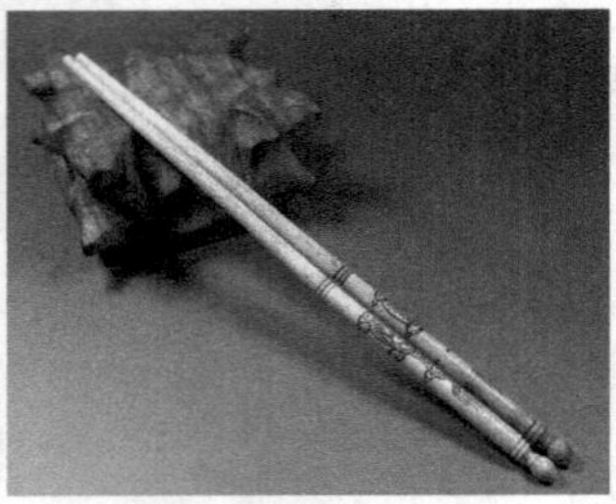

图 6-3　象牙骨筷

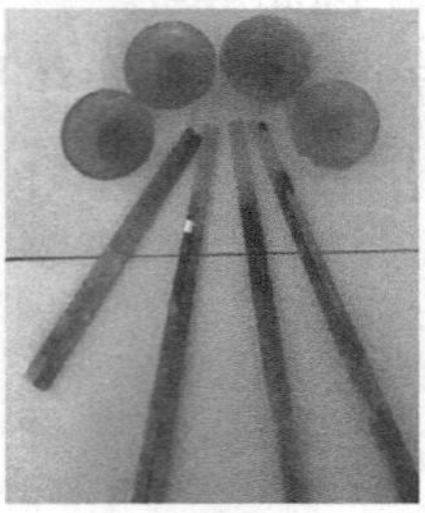

图 6-4　玉石筷

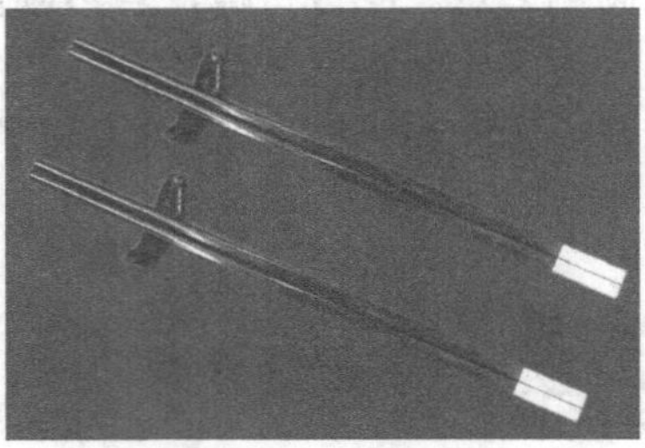

图 6-5　密胺银筷

还有许多古代使用的而今天不常见的棕竹牙帽箸、乳帽镶银象牙箸、乌木镶银箸和虬角镶金箸等也都可以归纳到这五大类中。

知识点四　筷子的用法

虽然筷子只是两根小细棒，但是却有夹、拨、挑、扒、撮、剥、戳和撕等使用方式。除了不能舀汤，几乎代替了勺子的所有功能。筷子虽然用起来简单、方便，但是也有很多规矩。一般在使用筷子时，正确的使用方法是用右手执筷，大拇指和食指捏住筷子的上端，另外三个手指自然弯曲扶住筷子，筷子的两端一定要对齐（见图 6-6）。在使用过程中，用餐前筷子一定要整齐地摆放在饭碗的右侧，用餐后则一定要整齐地竖向摆放在饭碗的正中。

图 6-6　筷子的正确拿法

用筷子吃饭时要注意礼节，要绝对禁忌以下十二种筷子的使用方法。

（1）三长两短。意思就是说在用餐前或用餐过程当中，将筷子长短不齐地放在桌子上。这种做法很不吉利，通常我们称为“三长两短”，其意思代表“死亡”。中国人过去认为人死后是要装进棺材的，在人装进去以后，还没有盖棺材盖的时候，棺材的组成部分是前后两块短木板，两旁加底部共三块长木板，五块木板合在一起做成的棺材正好是三长两短，所以说这是极为不吉利的事情。

（2）仙人指路。这种拿筷子的方法指的是用大拇指和中指、无名指、小指捏住筷子，而食指伸出。一般伸出食指去指对方时，大都带有指责的意思。所以说，如果吃饭用筷子时伸手指指人，无异于指责别人，这同骂人是一样的，通常这种行为是不允许的。还有一种情况也是这种意思，那就是吃饭时同别人交谈并用筷子指人。

（3）品箸留声。这种用法指的是把筷子的一端含在嘴里，用嘴来回去嘬，并不时发出咝咝声响。这种行为被视为是一种没有教养的做法。因为在吃饭时用嘴嘬筷子本身就是一种无礼的行为，再加上配以声音，更是令人生厌。

（4）击盏敲盅。这种行为被看做乞丐要饭，其做法是在用餐时用筷子敲击盘碗。因为过去只有要饭的人才用筷子击打要饭盆，其发出的声响配上嘴里的哀告，使行人注意并给予施舍。

（5）执箸巡城。这种做法是手里拿着筷子，做旁若无人状，用筷子来回在桌子上的菜盘里翻拨食物，不知从哪里下筷为好。此种行为是典型的缺乏修养的表现，且目中无人，极其令人反感。

（6）迷箸刨坟。这是指手里拿着筷子在菜盘里不住地扒拉，翻找食物，就像盗墓刨坟的一般。这种做法同“执箸巡城”相近，都属于缺乏教养的行为，令人生厌。

（7）泪箸遗珠。实际上这是用筷子往自己盘子里夹菜时，手里不利落，将菜汤流落到其他菜里或桌子上。这种做法被视为严重失礼，同样是不可取的。

（8）颠倒乾坤。这就是说用餐时将筷子颠倒使用，这种做法是非常被人所不齿的，正所谓饥不择食，以至于都不顾脸面了，将筷子颠倒使用。这种行为是绝对不可以的。

（9）定海神针。用餐时用一根筷子去插盘子里的菜品，这也是不允许的。这被认为是对同桌用餐人员的一种羞辱。

（10）当众上香。为了方便省事把一副筷子插在饭中递给对方，这会被人视为大不敬，因为传统观念认为只有在为死人上香时才这样做。如果把一副筷子插入饭中，就像给死人上香一样，所以说，把筷子插在碗里是绝对不被接受的。

（11）交叉十字。这一点往往不被人们所注意，在用餐时将筷子随便交叉放在桌上，这也是不对的，因为传统观念认为在饭桌上打叉子，是对同桌其他人的全部否定，就如同学生写错作业，被老师在作业本上打叉子的性质一样，不能被他人所接受。除此以外，这种做法也是对自己的不尊敬，因为过去吃官司画供时才打叉子，这也就无疑是在否定自己。因此，这种行为也是不可取的。

（12）落地惊神。所谓落地惊神，意思就是失手将筷子掉落在地上，这是严重失礼的一种表现。因为传统观念认为，祖先们全部长眠于地下，不应当受到打搅，筷子落地就等于惊动了地下的祖先，这是大不孝，所以这种行为也是不被允许的。但这有补救办法，一旦筷子落地，就应当赶紧用落地的筷子根据自己所坐的方向，在地上画出十字。其方向为先东西后南北，意思是我不是东西，不该惊动祖先，然后再捡起筷子，嘴里同时说自己该死。

以上所说的十二种筷子的禁忌，在日常的生活中应当注意的。虽然有的说法与我们现在的生活已无多大关系、不科学，但是在我国民间已经成为一种习俗。对于这样的习俗我们应该了解，也应该尊重。通过对一双小小筷子的了解，也能够让人们看到我国民族传统习俗深厚的文化积淀。

思考题：

（1）你听过哪些关于筷子的传说故事？

（2）你在使用筷子的时候有哪些是与民间传统使用筷子的方法不一样的？在生活中我们在使用筷子时还应该注意哪些地方？

第二节　陶　瓷

学习目标

1. 了解陶瓷的起源
2. 熟悉陶瓷的种类
3. 掌握瓷器的辨别方法
4. 了解瓷器的种类

陶瓷是陶器和瓷器的总称。陶瓷原料是地球原有的大量黏土资源经过萃取而成，而黏土的性质具有韧性，常温遇水可塑，微干可雕，全干可磨；烧至 700 摄氏度可成陶器，能装水；烧至 1230 摄氏度则瓷化，可完全不吸水且耐高温耐腐蚀。这些黏土经过配料、成型、干燥和焙烧等工艺流程制成的器物都可以称为陶瓷。据考证我国陶器的烧制已有近万年的历史，而瓷器的出现也有一千八百余年的历史。

知识点一　陶器

陶器指的是用陶土烧制的器皿。不同的陶器，其时代、特点各有不同。例如，彩陶中的陶塑作品记录着先民生存的愿望。陶塑的猪、牛、狗，模仿打猎而来或者豢养而食的动物形象，演示着与大自然搏斗的酷烈，既反映了当时人们的生活状况，又记录了当时社会文化的演变与发展的状况。秦始皇兵马俑中的将军刚毅肃然、牵缰提弓，骑士凝神待命、整装待发，步兵横眉怒目、披坚执锐，射手正视前方、持弓待发，它尽管是一个军阵，但却反映了那个时代的主旋律，形象地记录着那个时期的历史。“唐三彩”色彩瑰丽，形态多姿、格调恢宏，反映的正是胸襟开张、元气淋漓、高歌狂饮、八面来风的唐朝。宋代俊丽清新、小巧玲珑的陶瓷也正是那个时代审美观念的集中反映。

1. 陶器的起源

我们的祖先大多依山傍水而居，贮水、汲水、贮存和蒸煮食物都需要器具装盛。人们通过实践懂得土壤加水就具有可塑性，加上用火的丰富经验，给制作陶器准备了必要的条件。黄河流域是我国新石器时代文化分布较密集的地区，已发现的有仰韶文化、马家窑文化、大汶口文化和龙山文化等。

2. 陶器的种类

陶器的种类，按照质地分类可分为红陶、灰陶、黑陶、白陶和印纹硬陶等；按照装饰分类可分为彩陶、彩绘陶、绳纹、印纹和镂孔等。其工艺流程主要分为原料加工、泥坯塑制、赋釉及煅烧等四个方面。以下就陶瓷的特点作简单介绍。

（1）红陶。红陶（见图 6-7）出现于距今 8000 年的裴李岗文化和距今 5000 年的仰韶文化和大汶口文化时期。

其特点为烧成温度 900 摄氏度左右，以泥质红陶和夹砂红褚陶为主。

图 6-7 红陶

（2）彩陶。彩陶（见图 6-8）出现于仰韶文化时期。

其特点为彩陶以赭、红、黑等色绘饰，具有浓厚的生活气息和独特的艺术风格。在未烧以前就画上图案及花纹，烧成后彩纹固定在器物表面不易脱落。在彩绘之前，先涂上一层白色陶衣，使彩绘花纹更为鲜明。彩陶花纹主要是花卉图案和几何形图案，也有少数动物纹，人物纹样和植物纹样较少见。

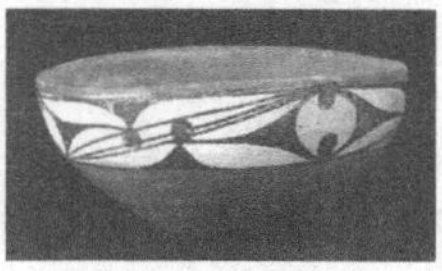
图 6-8 彩陶

（3）黑陶。黑陶（见图 6-9）出现于龙山文化时期。

其特点为烧成温度达 1000 摄氏度左右。黑陶有细泥、泥质和夹砂三种，其中以细泥薄壁黑陶制作水平最高。黑陶的陶土经过淘洗、轮制，胎壁厚仅 0.5～1 毫米，再经打磨，陶土表面烧成漆黑光亮，有“蛋壳陶”之称。龙山文化时期的黑陶以素面磨光的最多，带纹饰的较少，有弦纹、划纹和镂孔等几种。

图 6-9 黑陶

（4）白陶。白陶（见图 6-10）出现于龙山文化晚期，商代为鼎盛时期。白陶是指表里和胎质都呈白色的一种陶器。

其特点为用瓷土或高岭土烧制而成，烧成温度在 1000 摄氏度左右。白陶一开始基本上都是手制，后来也逐步采用泥条盘制和轮制。

图 6-10 白陶

（5）灰陶。灰陶（见图 6-11）出现于新石器时代早期裴李岗文化遗址、仰韶文化和龙山文化时期。

其特点为它是用于蒸煮的器皿，多为夹砂灰陶。到夏代（二里头文化早期），灰陶和夹砂陶则占据主要位置。

图 6-11 灰陶

（6）硬陶。硬陶（见图 6-12）主要出现于西周至战国时期的黄河中下游地区和长江中下游地区。

其特点为胎质比一般泥质或夹砂陶器细腻坚硬，烧成温度比一般陶器高，而且在器表又拍印以几何形图案为主的纹饰，所以统称为“印纹硬陶”。胎质原料根据化学组成分析，基本接近于原始青瓷。因印纹硬陶所用原料含铁量较高，胎色较深，多呈紫褐、红褐、黄褐和灰褐色。印纹硬陶坚固耐用，绝大多数是贮盛器。

图 6-12 硬陶

（7）釉陶。釉陶（见图 6-13）出现于汉代。釉陶指在釉料中加入助熔剂——铅的釉陶，又称“铅釉陶”。

其特点为釉料中加入铅，可以降低釉的熔点，还可使釉面增加亮度，平正光滑，使铁、铜着色后呈现美丽的绿、黄、褐等色，但以绿釉为最多，绿如翡翠，光彩照人。墓葬中出土的铅釉陶器表面，有时出现一层银白色光泽，有人误称为“银釉”。“银釉”形成的原因是由于釉面长期受潮，釉层表面析出多层次的沉积物，在光线的折射下产生的银白光泽。

图 6-13 釉陶

知识点二　瓷器

瓷器指的是用瓷土烧制的器皿。多姿多彩的瓷器是我国古代的伟大发明之一，“瓷器”与“中国”在英文中同为一词，充分说明我国瓷器的精美绝伦，完全可以作为中国的代表作品。

司徒雷登与五彩瓷瓶

20 世纪 40 年代，正是民国后期，因为两个全球闻名的大人物，让一只中国五彩瓷瓶见证了中美两国人民的一段友好情谊。这两位人物一位是中国的周恩来，一位是美国的司徒雷登。

故事发生在 1946 年 7 月中旬，美国的司徒雷登任美国驻中国大使。当时以周恩来为首的中共代表团正在南京与国民党政府进行和平谈判。谈判期间，闻知司徒雷登赴任，并作为调停一方参与谈判。周恩来、董必武和李维汉当即前往祝贺，并在签名簿上签名留念。

1946 年 11 月 15 日，国民党政府不顾中国共产党和全国人民的反对，悍然召开一党包办的“国民大会”，美国的调停也趋于失败。在这种情况下，和谈只得关闭。1946 年 11 月 19 日，周恩来率领代表团部分成员离开南京返回延安。

和谈期间，司徒雷登对周恩来出众的人品十分赞赏。他们在谈判桌上是对手，谈判桌下是朋友。正是因为周恩来和司徒雷登有着不一般的情谊，因此周恩来临回延安前委托王炳南将一只中国经典的五彩人物敞口瓶（见图 6-14）赠送给了司徒雷登。五彩人物敞口瓶上面画着“八仙过海”图，寄托着中美两国人民“早日到达和平彼岸”的美好寓意。

司徒雷登收到周恩来的礼物后十分高兴，此后他将礼品带回美国精心珍藏四十载。在他晚年去世之前，对他的秘书傅泾波说：“我过世后，此物当归还原主。”

1988 年 5 月 26 日，傅泾波之女傅海澜来到中国，将当年司徒雷登去世之前托付给她父亲的五彩人物敞口瓶带回南京，捐献给周恩来当年率领中共代表团驻地的梅园新村纪念馆，作为永久的纪念。

图 6-14　五彩人物敞口瓶

1．瓷器的辨别

一般人认为，瓷器必须具备以下几个特点。

（1）瓷器的胎料必须是瓷土的。瓷土的成分主要是高岭土，并含有长石、石英石和莫来石成分，含铁量低。经过高温烧成之后，胎色白，具有透明或半透明性，胎体吸水率不足 1%，或不吸水。

（2）瓷器的胎体必须经过 1200～1300 摄氏度的高温焙烧，才具备瓷器的物理性能。各地瓷土不同，烧成温度也有差异，要以烧结为准。

（3）瓷器表面所施的釉，必须是在高温之下和瓷器一道烧成的玻璃质釉。

（4）瓷器烧成之后，胎体必须坚硬结实，组织细密，叩之能发出清脆悦耳的金属声。

在商代和西周遗址中发现的“青釉器”已具有明显的瓷器基本特征，被人称为“原始瓷”或“原始青瓷”。原始瓷从商代出现后，经过西周、春秋战国到东汉，历经了 1600～1700 年的变化发展，由不成熟逐步发展到成熟。

2．瓷器的种类

瓷器的分类中，以烧制时间作为依据是最常用的一种分类和命名方法。它包含两个方面：①划出“朝”，如唐瓷、宋瓷、元瓷、明瓷和清瓷等。②划出“年代”，一般用于明、清瓷器，如明洪武窑和明宣德窑等。

下文介绍宋代五大名窑和景德镇瓷器。

（1）宋代五大名窑。至宋代时，名瓷名窑已遍及大半个中国，是瓷业最为繁荣的时期。当时的钧窑、哥窑、官窑、汝窑和定窑并称为五大名窑。

1）钧窑。钧窑瓷器（见图 6-15）。钧窑地点位于今河南省禹州市城内的八卦洞。

图 6-15　钧窑瓷器

其特点包括以下几方面：①钧窑瓷器独特之处在于它是一种乳浊釉，釉内还含有少量的铜，烧出的釉色带红，犹如蓝天中的晚霞。青色也不同于一般的青瓷，虽然色泽深浅不一，但多近于蓝色，是一种蓝色乳光釉。②钧窑器皿的釉色比较丰富，有玫瑰紫、海棠红、茄皮紫和葱翠青以及天蓝、米色、月白和窑变等。其中，以红、紫最为名贵，称为“钧红”和“钧紫”。③钧窑创用铜的氧化物作为着色剂，在还原气氛下烧制成铜红釉，为我国陶瓷工艺、陶瓷美学开辟了一个新的境界。

2）哥窑。南宋时有兄弟二人，各主一窑，兄所烧者曰“哥窑”，弟者曰“弟窑”。这里所说的哥窑指传世的哥窑瓷器（见图 6-16）。其窑址不可考证。

图 6-16　哥窑瓷器

其特点包括以下几方面：①釉面有许多浅白的细小裂纹，称为“百圾碎”，纹路交错，许多釉色以青为主，浓淡不一，但也有淡紫色、黄色的产品。②黑胎厚釉，紫口铁足。

3）官窑。官窑瓷器（见图 6-17）。官窑有南北之分。北宋末期徽宗政和至宣和年间（1111—1125），在汴京（今河南开封），官府设窑烧造青瓷，称北宋官窑。宋室南迁杭州后，在浙江杭州凤凰山下设窑，名为修内司窑，也称“内窑”。后又在今杭州市南郊的乌龟山设立新窑，即郊坛下官窑，称为南宋官窑。

图 6-17　官窑瓷器

其特点包括以下几方面：①以烧制青釉瓷器著称于世。②器物造型往往带有雍容典雅的宫廷风格，胎骨颜色泛黑紫。③瓷器的口沿部位因釉垂流，在薄层釉下露出紫黑色，俗称“紫口”；又因底足露胎，故称“铁足”。④以釉色为装饰，常见天青、粉青、米黄、油灰等多种色泽。⑤官窑釉厚者开大块冰裂纹，釉较薄者开小片。

4）汝窑。汝窑三足樽（见图 6-18）。汝窑位于今河南省宝丰县清凉寺，宋朝时属汝州，因此得名。

图 6-18　汝窑三足樽

其特点包括以下几方面：①器物多仿青铜器及玉器造型，主要有出戟尊、玉壶春瓶、胆式瓶、樽、洗。②胎体细洁如香灰色，多为裹足支烧，器物底部留有细小的支钉痕迹。③釉色主要有天青、天蓝、淡粉、粉青、月白等色，釉层薄而莹润，釉泡大而稀疏，有"寥若晨星"之称。④釉面有细小的纹片，称为"蟹爪纹"。

汝窑烧宫廷用瓷的时间仅 20 年左右，约在北宋哲宗元祐元年（1086 年）到徽宗崇宁五年（1106 年），故传世品极少，被人们视为稀世之珍。

图 6-19　定窑白釉刻花折腰碗

5）定窑。定窑白釉刻花折腰碗（见图 6-19）。定窑位于河北曲阳涧磁村

其特点包括以下几方面：①以烧制白釉瓷器为主，兼烧黑釉、绿釉和酱釉。②装饰方法有划花、刻花、印花和捏塑等。③纹饰以莲花、牡丹和萱草为常见，画面简洁生动。④造型以盘、碗最多，其次是梅瓶、枕和盒等。⑤器底刻"奉华"、"聚秀"、"慈福"和"官"等字。盘、碗因覆烧，有芒口及因釉下垂而形成泪痕。

（2）景德镇瓷器。

1）地点。景德镇瓷器位于今江西省景德镇。

2）名字的由来。在宋代之前，景德镇曾有过好几个名称，如新平镇、昌南镇和陶阳镇。到宋代，南北名窑林立，突出的有汝、官、哥、钧和定五大名窑，而当时的景德镇瓷业生产也进入一个崭新的时期。唐末、五代就有相当规模的青白瓷，成为全国的瓷器代表产地。这里烧制的瓷器"土白壤而填，质薄腻，色滋润"。真宗景德年间（1004—1007），皇帝赵恒派人到景德镇，要这里为皇家制造御用瓷器，底书"景德年制"四字。由于"其器光致茂美，当时则效著行海内，于是天下咸称景德镇瓷器，而昌南之名遂微"。从此以后，这里就称"景德镇"，名称沿用至今，到现在已有近千年的历史。

3）特点。景德镇瓷器有四大特点，即白如玉、明如镜、薄如纸、声如磬。

4）种类。

① 青花瓷（见图 6-20）。青花瓷创烧于元代，是以色料在坯胎上描绘纹样，施釉后经高温烧成，釉色晶莹、透彻、素静、雅致。青料溶于胎釉之间，发色青翠，虽色相单一，但感觉丰富。青花瓷经久耐用，瓷不碎色不褪。

图 6-20　青花瓷

② 粉彩瓷（见图 6-21）。粉彩也称软彩，是瓷器的釉上装饰，自清康熙晚期开始，到雍正、乾隆年代，益臻完善。粉彩瓷制法：先在白胎瓷器上勾出图案轮廓，再堆填色料，在摄氏七百多度的温度下烘烧而成，颜色柔和，画工细腻工整，有国画风味、又有浮雕感，画面充满着浓郁的民族特色，有以我国历史故事和神话为主的人物，有秀丽多彩的山水，有栩栩如生的花鸟翎毛，有工整对称的几何图案等。

图 6-21　粉彩瓷

③ 彩色釉瓷（见图 6-22）。在釉料里加上某种氧化金属，经过焙烧以后，就会显现出某种固有的色泽，这就是彩色釉。影响色釉呈色的物质主要是起着色剂作用的金属氧化物，此外，釉料的组成、粒度大小、烧制温度以及烧制气氛等都与色釉呈色有着密切的关系。自然

界有什么颜色，就可以烧制出什么颜色的瓷器。如果参观一下景德镇的彩色釉瓷，就会相信这是真的。当然，有许多彩色釉的配料和烧制是十分困难的，如“祭红釉”就有“千窑一宝”之说。

图 6-22 彩色釉瓷

④ 玲珑瓷（见图 6-23）。玲珑瓷被称为“米通”、“镶玻璃的瓷器”的玲珑瓷，以玲珑剔透、晶莹雅致而蜚声中外。如今，青花玲珑瓷不仅普遍运用于西餐茶具、酒具上，而且已扩展到各种花瓶、花插花钵以及吊灯、壁灯和皮灯等各式灯具上。“玲珑眼”的形状也已从传统的米粒状发展到月牙状、流线状、圆珠状、菱角状和多角状等多种规则、不规则的形状。有时还与“半刀泥”相结合，组成各种图案。“玲珑眼”的釉色也由原来的单一碧绿色发展为红、黄、绿、蓝交相辉映的“五彩玲珑”，更丰富和增强了玲珑瓷的表现力和艺术魅力。

图 6-23 玲珑瓷

3．瓷器的工艺流程及鉴别方法

（1）瓷器的工艺流程。瓷器的工艺流程主要包括淘泥、摞泥、拉坯、印坯、修坯、捺水、画坯、上釉、烧窑、成瓷及成瓷缺陷的修补等十一个步骤。

（2）瓷器的鉴别。鉴别瓷器有个“四字诀”，即“看”、“听”、“比”和“试”。

1）“看”，将瓷器上下内外细细观察一遍。①看瓷器釉面是否光洁润滑，有无擦伤、小孔、黑点和气泡；②看形状是否规整，有无变形；③看画面有无损缺；④看底部是否平整，须放置平稳，有无毛刺。

2）“听”，听轻轻弹叩瓷器时发出的声音。如果声音清脆、悦耳，则说明瓷胎细致密实，无裂损，在高温烧成时，瓷化完全。如果声音喑哑，就可断定瓷胎有裂损，或者瓷化不完全，这类瓷器经冷热变化容易开裂。

3）“比”，即比较。对配套瓷器，要比较各配件，看其造型及画面装饰是否协调一致。尤其是成套的青花或青花玲珑瓷，因为青花呈色随烧成温度不同而发生变化，所以同是青花瓷，颜色有深有浅，一套几件乃至数十件的成套冷瓷器，如果各件青花呈色有明显差异，这套瓷器就大为逊色了。

4）“试”，试盖、试装和试验。有的瓷器带盖子，有的瓷器由几个元件组合而成，在挑选瓷器时，别忘了将盖子试盖一下，将元件试组装一下，看看是否合适。另外，有的瓷器具有特殊功能。例如，滴水观音，能自动滴水；九龙公道杯，酒斟满到某一位置，会全部漏光。所以要试验一下，看其功能是否正常。

知识点三 陶瓷的纹饰

一件精美的陶瓷往往除了具有高超的烧制工艺外，陶瓷上精美的纹饰也是人们喜爱它的主要原因。陶瓷上的纹饰往往都蕴含着耐人寻味的深刻寓意，这些寓意表达着人们内心对幸福的向往和对生活的祝福。下面重点介绍我国一些古代传统装饰图案。

（1）二龙戏珠图案。青花双龙戏珠纹盆（见图 6-24），纹饰上为两条云龙和一个火球。龙在中国是“四灵”之长。“四灵”指的是龙、凤、龟、麟。《广雅》载“有鳞曰蛟龙，有翼曰应龙，有角曰虬龙，无角曰螭龙，未升天曰蟠龙”。在传说中龙珠被认为是一种宝珠，可避水火。纹饰图案是多条龙戏珠的，称为“群龙戏珠”。纹饰图案为两条云龙盘旋、中间有一寿字的，则称为“云龙捧寿”，表示吉祥安泰相祝颂的意思。

图 6-24　青花双龙戏珠纹盆

（2）龙凤呈祥图案。清矾红龙凤呈祥纹盘（见图 6-25），为一龙一凤。传说龙是鳞虫之长，凤为羽虫之尊。哪里有龙出现，哪里就有凤来仪，哪里就会天下太平，五谷丰登。龙凤是人们心目中的祥兽瑞鸟，为祥瑞和吉祥的象征。

图 6-25　清矾红龙凤呈祥纹盘

（3）岁寒三友图案。岁寒三友为松、竹、梅或竹、梅、石松。竹，清高而有节，宁折不屈，开怀大度，人们常以竹之节寓气节之节。周灭商后，伯夷、叔齐入首阳山，不食周粟而死，为有气节的人物。宋代名家苏东坡为清高之士，曾云：“宁可食无肉，不可居无竹”，可见其爱竹成癖。梅，不惧风雪严寒，明代杨维真曾有诗赞梅云“万花敢向雪中出，一树独览天下青”。梅花的品格为历代人们所称颂。松，四季常青，姿态挺拔，象征着青春常在和坚强不屈，松树的品格是中国人最为崇拜的。

苏东坡也曾题诗云“梅寒而秀，竹瘦而寿，石丑而文，是三益之友。”

（4）三星高照图案。“三星”为三个老神仙，即福星、禄星、寿星。传说“三星”是管人间祸福的，福星管祸福，禄星管富贵，寿星管生死。“三星高照”（见图 6-26）象征着幸福、富有和长寿。

（5）太师少师图案。太师少师图案（见图 6-27）为一大狮子一小狮子。古代宫名中有太师，以“狮”与“师”同音，而借音借意以狮为师，而寓以“太师（大）少师（小）”表达出教子成龙、辈辈高官的愿望。也有图案为一大龙一小龙，称为“教子成龙”。

（6）八仙过海图案。八仙过海图案（见图 6-28）为八仙人各持宝器，身下面是波涛汹涌的大海。俗话说，“八仙过海，各显神通”。八仙人为张果老、吕洞宾、韩湘子、曹国舅、铁拐李、汉钟离、何仙姑、蓝采和。传说八仙人在庆贺王母娘娘寿辰归途中路过东洋大海，各自用法宝护身为舟，竞相过海，以示神通。

图 6-26　三星高照

图 6-27　太师少师

图 6-28　八仙过海

总的来看，我国陶瓷发展到明、清两代，揭开了崭新的一页，进入到以多种彩瓷，特别是以青花瓷器为主流的新的历史时期。在这个时期，无论在青花瓷器或彩瓷的器物上，均可见到绘有一幅幅完美的山水、人物、花卉、鱼虫、飞禽、走兽等花纹装饰的图案。取材生动，画法各异，富有浓郁的民间生活气息，使人观之精神陡健。这也是我国珍贵的民间文化遗产。

思考题：

（1）简述陶器的种类及其特点。你知道你家使用的陶瓷餐具属于哪一种吗？
（2）运用所学内容尝试到陶瓷市场上挑选一件自己喜欢的陶瓷。

第三节　剪　纸

学习目标

1. 了解剪纸的起源
2. 了解剪纸的种类
3. 熟悉剪纸的流派
4. 掌握剪纸的步骤及制作方法

民间剪纸又称“刻纸”，是我国古老的传统民间艺术。它历史悠久，风格独特，深受国内外人士所喜爱。剪纸使用的材料非常简单，只要有纸、剪刀或者刻刀，就可以制作剪纸。做成的剪纸既可作实物用，又可以美化生活，因此一直在民间广为流传、长盛不衰。

知识点一　剪纸的起源

剪纸艺术一般都是具有象征意义的。我国早期的民间习俗剪纸跟道家祀神招魂祭灵有关，杜甫诗中就有“暖汤濯我足，剪纸招我魂”的明确记载。许多地方逢年过节仍然有剪鬼神之形贴于牛栏或门上的巫术习俗。每到清明或七月十五的“鬼节”，我国部分地区的人们都会用纸剪成形态各异的物像和人像祭祀祖先，或在丧葬时与死者一起下葬或在葬礼上燃烧。此外，剪纸还被用做祭祀祖先和神仙所用供品的装饰物。现在，剪纸可用于点缀墙壁、门窗、房柱、镜子、灯和灯笼等，也可为礼品作点缀之用，甚至剪纸本身也可作为礼物赠送他人。人们以前还常把剪纸用做绣花和喷漆艺术的模型。

知识点二　剪纸的种类

分类标准不同，剪纸的划分种类也有所不同。

有人认为用刀刻出来的纸不属于剪纸，而应该称为刻纸。但是追本溯源，古代的剪纸也是剪镂刀刻的，而剪也是“绞刀”的别称，刀刻归为剪纸是不为过的。事实上，剪镂刀刻的痕迹确有差异，其应用的技法也有难易之分。因此，人们认为刀剪并用的作品可通称为剪纸，而纯刀刻的作品仍可称为刻纸，于是就有剪纸和刻纸之分了。

按照纹样分类，剪纸大致可以分为人物、鸟兽、文字、器用、鳞介、花木、果菜、昆虫和山水等。

按照题材的寓意来分类，剪纸又可分为纳吉祝福、祛邪、除恶、劝勉、警戒和趣味等6类。

按照剪纸的用途划分，剪纸可分为以下几种：

1）装饰类。这类是贴于窗、门和橱等器物之上以供欣赏或增加其美观的剪纸，如窗花。

2）俗信类。这类是用于祭祀、祈福、祛灾、祛邪和驱毒的剪纸，如门神。

3）稿模类。这类是用于版模和印染的剪纸，如绣稿。

4）设计类。这类是能增加他物之美，或能宣扬他物的剪纸，如电影或电视的片头。

还有以用纸及制作分类的，多用于教学，可将剪纸分为两类共七种。

第一类是单色剪纸，即用一种色纸来剪制的，又可细分为以下几种：

1）折剪类，即将纸折叠后剪，放开后可得一种图案或字形。

2）迭剪类，即将数张纸重叠在一起，钉牢后再依稿剪之，一次可得数张作品。

第二类是复色剪纸，又称为彩色剪纸。它是以数张彩纸分剪后拼贴成图，或以白纸依稿剪成，再染填上各种颜色；或先剪成主版，衬以白纸后再染填上各种颜色。复色剪纸又可细分为以下几种：

1）衬色类，先用单色剪纸的方法剪制成图，再以彩纸为衬。

2）套色类，以单色剪纸的方法剪成主版和次版的形象，再另剪色纸贴裱在主版需要的部位上；或将画稿所需的各色色纸，重叠在一起钉牢，再沿稿线依次剪成，择取一张为主版，贴裱在衬底上，再将其余的部分添贴在主版上。

3）拼色类，分别用色纸剪成各部分形象，再依图样贴裱在衬纸上；或见各色纸重叠在一起钉牢，再依稿剪成，拼于衬纸上。

4）染色类，用易于浸渍的白纸或浅色纸剪成各种形象，再逐次染成所需的颜色；或先将纸染色，再剪成形象。

5）填色类，先用黑色纸或深色纸剪出主版，裱贴在白纸上，再依稿填涂各种颜色；或用白纸剪成主题形象，裱贴后再填染所需颜色；也有先填色而后剪制的。

知识点三 剪纸的流派

我国民间剪纸艺术因地域不同而风格各异，其中影响较大的主要有三大流派，即山东民间剪纸、安徽民间剪纸和扬州民间剪纸。

1. 山东民间剪纸

山东民间剪纸（见图6-29）从造型风格上大致可分两类：一类是渤海湾区域粗犷豪放的风格；一类是线面结合的精巧型剪纸，以其花样密集的装饰手段，使单纯爽快的外形更饱满丰富。

图6-29 山东民间剪纸

山东的胶东地区将手巧的女子称为“伎俩人”。“伎俩人”的样图常常用烟火熏在土纸上，作为远近乡村剪花的样本。剪纸用途最多的是打扮窗户。胶东的窗户多是细长条形的格子，一般只能贴一些小花。妇女们常把大的构图分割成条形剪出，再贴到窗上组合成一个完整的画面。“窗角花”、“窗旁花”以及悬挂在窗前会活动的“斗鸡花”等，构成了系列性的“棂间文化”。每到节庆日，剪纸还用于墙围、天顶仰棚的装饰以及器皿的贴画。

2．安徽民间剪纸

安徽民间剪纸（见图 6-30）较早地形成了行业性的艺人队伍。安徽阜阳的“花匠”程建礼是其中最有代表性的一位。程建礼从小喜欢剪花，并跟祖母学习剪纸，很勤奋，灵性极好，起初为村人义务剪花，后来把技艺作为谋生手段，挑起花担游走江湖，练出一身好手艺。他一边唱着花歌，一边剪着妇女们点的花样。

图 6-30　安徽民间剪纸

3．扬州民间剪纸

扬州是剪纸最早流行的地区之一。隋唐时期，人们就把剪纸作为一种乐趣，点缀和美化生活。这和隋炀帝杨广有一定关系。杨广当皇帝后，在扬州城西的上林苑每夜都与宫女们游园，不张灯火，而是命人捕捉许多萤火虫送来，让荧光漫山遍谷。到了冬天，园苑中花树凋零，池水结冰，隋炀帝游兴不减，又令宫女们仿照民间剪纸，用彩锦剪成花、叶点缀枝条，挂于树上，同时剪成荷花、菱芰和藕芡等物，除去池中冰块，逐一布置于水上，如同春夏之交艳丽景色一般赏心悦目。

在唐代，立春之日，民间剪纸为花，剪成春蝶、春钱和春胜，以此为乐。古时的剪纸大多具有迷信色彩。扬州民间剪纸（见图 6-31）中的人、纸马和纸钱等，就是用于祭奠鬼神的。大诗人杜甫在《彭衙行》诗中写有“暖汤濯我足，剪纸招吾魂”之句，就是这种民情风俗的反映。

图 6-31　扬州民间剪纸

唐代造纸业兴盛，扬州有较大的造纸作坊，促进了剪纸艺术的发展。又因扬州自古多奇花异卉，以花卉为主的扬州剪纸，成为我国民间剪纸流派中独具特色的一个重要流派。

知识点四　剪纸的步骤和制作技巧

(1) 起稿。剪纸一般先用铅笔在纸上勾画好要剪的图样。可以先画出大样，在制作过程中再加工。也可事先画出精稿，再依稿剪制。

(2) 剪、刻。将画面和纸用订书机订好，将四角固定。为了保证形象的准确，人物先刻五官部分，花鸟先刻细部或紧要处，再由中心慢慢向四周刻，刻的顺序如同写字一样由上到下、由左到右、由小到大、由细到粗、由局部到整体。尽量避免重复刻的操作，不要的部位必须刻断，不能用手来撕，否则，剪纸会带毛边而影响美观。

(3) 揭离。剪刻完毕后把剪纸一张张揭开。电光纸、绒面纸，因纸面光滑，比较容易揭开。单宣纸和粉连纸，因纸质轻薄，又经闷潮和上色，容易互相粘连，较难揭开，所以在揭离之前，必须先将刻好的纸板轻轻揉动，使纸张互相脱离，然后再将第一张纸角轻轻揭起，一边揭一边用嘴吹，帮助揭开。

(4) 粘贴。揭离完毕后还需把成品粘贴起来，便于保存，方法有两种。第一种是把剪纸平放在托纸上，用毛笔或细木条蘸糨糊由里向外一点点粘住，这种方法不能使剪纸全部粘平，速度也比较慢，优点是比较简便。第二种是把剪纸反过来平放在纸上，然后用刷子蘸调稀了的糨糊轻轻地平刷在纸上，注意不要把纸刷得皱起来，刷子上的糨糊一定要少，然后很快地把刷好糨糊的这一面扣合在剪纸的背面，用手轻轻压平，使剪纸全部平粘在托纸上。轻轻揭起晾干并夹平保存。黏剂除糨糊外，白乳胶也可以。

(5) 成品修改。在剪刻时有时会走刀剪坏，特别是刻纸。如果属于大面积刻坏，就不易修好；如果是小面积刻坏，可把局部刻去，补上一块重新刻。彩色剪纸染错了是不能覆盖的，所以只好将染坏部位刻去，重新补上一块再染。修改时一定要做到心中有数后再下刀。

(6) 复制——薰样——晒样。将剪纸样放在白纸上，一起平放在水中，待水浸透纸面，而又不含水珠时，将刻纸和白纸同时拉出水面贴在木版上，然后将纸朝下放在油灯上薰，但不要离灯头太近以免烧焦。如果需要批量制作，可采取晒蓝图的方法，即把原稿和刷好一层药液（赤血盐和水的溶液）的白纸黏合在一起，用两块玻璃夹紧，放在阳光下晒3～4小时，待显影后用清水洗净纸上的药液，即可复制。

思考题：

(1) 请简单叙述我国民间剪纸的主要流派。除了本节介绍的这三大流派外，你还知道哪些地方有特色的民间剪纸吗？

(2) 你喜欢剪纸吗？请试用本节介绍的方法制作一件剪纸作品。

第四节　年　画

学习目标

1. 了解年画的起源

2. 了解我国主要的年画人物及传说故事

3. 熟悉年画的流派及其风格特点

年画俗称“喜画”，古称“门神画”，其最早的名称为“门画”。旧时人们盛行在室内贴年画，户上贴门神，以祝愿新年吉庆，驱凶迎祥，是我国的一种古老民间艺术。年画因一年更换一次，张贴后可供一年欣赏之用，故称“年画”。每逢春节，家家户户都会把房院打扫得干干净净，在堂房、卧室的窗旁、门上以及灶前、院内的神龛上都贴上象征一年的吉祥富贵、平安康健的新年画，既可以用来创造喜气洋洋的新年气氛，又可以祈求上天赐给幸福，消除灾祸与不幸。

知识点一 年画人物及传说故事

在我国农村，过春节的时候，家家户户的院门贴武门神。例如，神荼、郁垒，张飞、关羽，秦叔宝、尉迟恭，赵匡胤、李克用等武将。有影壁的要在影壁冲街门的一面贴钟馗。堂屋的门上则贴上文门神，如加冠进禄、五子登科等文官。室内，老人的屋门上要贴寿星；新婚夫妻的屋门上要贴和合二仙或者麒麟送子；儿童的门上要贴刘海戏蟾、连中三元等儿童题材画，也有的地方在儿童门上贴赵云在长坂坡单骑救主的画，希冀保护儿童。年画的人物种类很多，以下介绍我国主要的年画人物及其传说故事。

1．捉鬼门神

捉鬼门神主要有神荼和郁垒、金鸡和老虎、钟馗等。

神荼、郁垒（见图 6-32）是我国最早的门神，是用桃木雕刻成的两个“桃人”。据说，他们是远古时期黄帝派来统领游荡人间群鬼的两位神将神荼、郁垒是两兄弟，住在度朔山上，山上有个万鬼聚居的鬼洞。神荼、郁垒就住在洞口的大桃树下，两人每天都会坐在树下监察鬼怪，发现有祸害人间的恶鬼就捆起来给老虎吃。因此，汉代老百姓就用桃木削成神荼、郁垒两神像，置于门边作为门神，以保全家不受恶鬼侵扰。

唐代，还出现了一位捉鬼门神钟馗（见图 6-33）。他不但捉鬼，而且吃鬼，所以人们常在除夕之夜或端午节将钟馗图像贴在门上，用来驱邪辟鬼。钟馗豹头虬髯，目如环，鼻如钩，耳如钟，头戴乌纱帽，脚着黑朝鞋，身穿大红袍，右手执剑，左手捉鬼，怒目而视，一副威风凛凛、正气凛然的模样。钟馗原来是陕西终南山人，少时才华出众，赴长安参加武举考试，仅因为相貌丑陋没有中举，于是恼羞成怒撞死在殿阶上。唐高祖听说后特别赐给红官袍予以安葬。后来唐玄宗偶患脾病，请了许多医生救治，效果不佳，宫廷上上下下都很着急。一天晚上唐玄宗睡着后，忽然梦见一小鬼偷窃宫中财物沿着殿墙边逃跑，唐玄宗急忙喊叫捉拿，只见一位相貌魁伟的大丈夫跑上殿来，捉住小鬼，刳目而吃之。玄宗问他是什么人时，他回答说是“武举不中进士钟馗”。唐玄宗醒来后，第二天病就好了。玄宗请来画匠吴道子将钟馗的像画了下来，所画之像与玄宗梦中所见一模一样，玄宗大悦，将之挂于宫门之上作为门神。后来道教吸收了这种做法，常将钟馗视做祛恶逐鬼的判官，于是钟馗便成了道教驱鬼捉鬼的神将。此外，钟馗在民间也广为流传，民间流传有钟馗嫁妹、钟馗捉鬼、钟馗夜猎的故事。

图 6-32　神荼、郁垒

图 6-33　钟馗

2．武将门神

图 6-34　秦叔宝、尉迟恭

武将门神（见图 6-34）通常贴在临街大门上，为镇住恶魔或灾星从大门外进入，故武将门神多手持兵器。武将门神主要有秦叔宝和尉迟恭、温桥和岳飞等。武将门神贴的最多的是秦叔宝和尉迟恭。相传唐太宗时，龙王因故将降雨的时间及雨量弄错了，因担心被魏征惩戒斩杀，于是向李世民求情。李世民答应救龙王，设计让魏征陪自己下棋，让魏征无法按时监斩龙王。不料午时三刻，魏征却在下棋时睡着，在梦中斩杀了龙王。龙王死后怀着怨气夜夜骚扰李世民。只要一闭上眼睛，李世民就会听到宫中鬼魅呼号，难以成眠。大将秦叔宝、尉迟恭得知此事，主动披上战衣站在宫门给李世民守夜，整个宫廷便得安稳。李世民体恤二将辛劳，于是命人依秦叔宝、尉迟恭形貌画图贴于城门代替二将守门，阻挡妖魔鬼怪的侵扰。民间得知二人画像能镇邪驱鬼，遂也将其画像作为门神，故相沿为习至今。

3．祈福门神

祈福门神并非门户的保护者，用于祈福，主要人物为赐福天官、刘海、招财童子等，如“天官赐福”（喻迎福进财）、“和合二仙”（喻和谐美满）、“刘海戏金蟾”（喻钓钱招财）、“连年有余”（喻连年丰收，生活富裕）、“五子夺魁”和“五子登科”（喻多子多福）。

“刘海戏金蟾”的典故出自道教，由传说的辟谷轻身的人物附会而成。相传常德城内丝瓜井里有金蟾，经常在夜里从井口吐出一道白光，直冲云霄，有道之人乘此白光可升天。住在井旁的青年刘海，家贫如洗，为人厚道，侍母至孝。他经常到附近的山里砍柴，卖柴买米，与母亲相依为命。一天，山林中有只狐狸修炼成精，幻化成美丽俊俏的姑娘胡秀英，拦住刘海的归路，要求与之成亲。婚后，胡秀英欲济刘海登天，口吐一粒白珠，让刘海做饵子，垂钓于丝瓜井中。那金蟾咬钩而起，刘海乘势骑上蟾背，纵身一跃，羽化登仙而去。后人为纪念刘海行孝得道，在丝瓜井旁修建蟾泉寺，供有刘海神像。金蟾是一只三足青蛙，古时认为得之可致富，寓意财源广进，幸福美好。

知识点二　年画的流派

民间年画从早期的自然崇拜和神祇信仰逐渐发展为驱邪纳祥、祈福禳灾的门神崇拜，最后发展为今天的欢乐喜庆、美化环境、过年贴年画的节日风俗活动，表达了民众的思想情感和向往美好生活的愿望。民间年画历史源远流长，有着较多的产地，广为流传。无论是题材内容、刻印技术，还是艺术风格，都有各自鲜明的特色。其中，苏州桃花坞、天津杨柳青、山东潍坊杨家埠和四川绵竹是我国著名的四大民间木版年画产地。这四个地区的木版年画在历史上久负盛名，被誉为中国“年画四大家”。

1．苏州桃花坞年画

苏州桃花坞年画（见图6-35）始于明代，鼎盛于清朝雍正、乾隆年间。桃花坞年画源于宋代的雕版印刷工艺，由绣像图演变而来，到明代发展成为民间艺术流派，主要有门画、中画和屏条等形式。其中，门画可谓集历代门神之大全。桃花坞年画是用一版一色的木版套印方法印刷出来的，工艺精美。桃花坞年画构图丰富，色调艳丽，装饰性强，富有浓郁的生活气息。在人物塑造、刀法及设色上，具有朴实、稚拙、简练、丰富的民间美术特色，故数百年来一直畅销于海内外，欧洲许多国家的博物馆及艺术馆都有收藏。

图6-35　苏州桃花坞年画

2．天津杨柳青年画

天津杨柳青年画（见图6-36）始于明代崇祯年间，风行于清代雍正、乾隆、光绪年间。它继承了宋、元时期绘画的传统，吸收了明代木刻版画、工艺美术、戏剧舞台的形式，采用木版套印和手工彩绘相结合的方法，创立了鲜明活泼、喜气吉祥、富有感人题材的独特风格。杨柳青年画多取材于戏曲、美女、胖娃娃，构图丰满，笔法匀整，色彩鲜艳；人物的头、脸和衣饰等重要部位，以粉金浑染，别具风格。题材多样，内容丰富，尤以反映现实生活、时事风俗和历史故事等题材为特长，为广大群众喜闻乐见，被公推为中国民间木版年画之首。杨柳青画社现存古版6508块，完整保留了天津杨柳青木版年画勾、刻、印、绘、裱的传统工艺。以潘忠义、张兴泽、霍庆有为代表的大批技艺精湛的艺人在杨柳青年画的传承与研究方面发挥了重要作用。代表作品有《连年有余》，画面上的娃娃“童颜佛身，戏姿武架”，怀抱鲤鱼，手拿莲花，取其谐音，寓意生活富足，已成为年画中的经典，广为流传。其他题材包括诸如历史故事、神话传奇、戏曲人物、世俗风情以及山水花鸟等，特别是与人民生活密切关联的题材，如《庄稼忙》、《庆赏元宵》、《秋江晚渡》、《携壹南村访旧识》、《渔妇》等，不仅富有艺术欣赏性，而且具有珍贵的史料研究价值。在中国年画史上，杨柳青年画与南方著名的苏州桃花坞年画并称“南桃北柳”。

图6-36　天津杨柳青年画

3．山东潍坊杨家埠年画

山东潍坊杨家埠年画（见图6-37）已有500多年的历史，盛于清代，流行于黄河下游地区。其风格重用原色，想象丰富，线条粗犷而对比有力。杨家埠木版年画按照农民的思想要求、风俗信仰、审美观点和生活需要逐步发展完善，形成了自己古朴雅拙、简明鲜艳的风格。形式有大贡笺、方贡笺、小横匹和福字灯等。

图6-37　山东潍坊杨家埠年画

4. 四川绵竹年画

图 6-38　四川绵竹年画

四川绵竹年画（见图 6-38）以雕版艺术精湛、艺术情调高昂著称，以彩绘见长，具有浓厚的民族特点和鲜明的地方特色。其形式多样，有门画、斗方和画条等种类。造型质朴简练，填色鲜艳悦目。绵竹年画分红货和黑货两大类。红货指彩绘年画，包括门画、斗方和画条。黑货是指以烟墨或朱砂拓印的木版拓片，多为山水、花鸟、神像及名人字画，此类以中堂和条屏居多。2004 年年初，绵竹年画老艺人陈兴财之孙陈强还展示了其创作的创新年画“挤金门神”。

年画大部分是以吉祥、喜庆、欢乐和美好等事物为题材，或以典故、成语作为主题，有情节，易于理解。年画的取材内容极为广泛，如历史故事、神话传说、英雄人物、世界风情以及山水花鸟等都可制成年画。

另外，河南开封朱仙镇木版年画、陕西凤翔南肖村胶印年画、河北武强年画、天津东丰台木版年画、广东佛山年画等在题材内容、刻印技术，以及艺术风格方面都具有自己鲜明的特色，在我国民间年画制作上都有举足轻重的地位。

年画的制作过程包括画稿、构线、木刻、制版、印刷、人工彩绘和装裱。

年画作为我国独特的艺术门类，源远流长，影响深广。许多年画艺人大都是生活在乡镇的农民，他们把美好的理想愿望、丰富多彩的生活面貌以及艺术的欣赏趣味，反映到年画作品之中。

思考题：

（1）我国民间习俗中的门神有哪些？请简述与这些传说的门神相关的民间故事。
（2）我国民间传统的年画流派都有哪些？他们各自反映出怎样的民俗特点？

第五节　屏风和扇子

学习目标

1. 了解屏风、扇子的起源
2. 熟悉屏风、扇子的种类及作用
3. 了解扇子的文化

知识点一　屏风

屏风（见图 6-39）是我国古代家居中常见的具有装饰性，用来隔断空间的家具。起初，我国祖先的家居陈设是非常简洁的，随着社会的发展，人们的生活需求、审美需求也不断提高，屏风在社会发展的进程中也在不断地改进，成为我国独具特色的民俗文化之一。

图 6-39　屏风

1．屏风的起源

屏风最早出现在西周，是专指御座后所设的屏风，在当时称为“邸”或“座”，它以木为框，上裱绛帛，画了斧钺，成为帝王权力的象征。屏风主要作用是屏蔽挡风，随着时代的发展，逐渐成为古人室内装饰的重要组成部分。

汉代，屏风的种类和形式都有所增改。屏风多以木板上漆，加以彩绘。纸张发明之后，则多用纸糊，上面画各种仙人异兽等图像，已经具有很高的观赏价值。除了独扇屏，汉代开始出现多扇拼合的曲屏，也称连屏或叠扇屏。这种屏每扇之间用钮连接，可以折叠，比较轻便，用则设，不用时可收起来。汉代的屏风已经开始有室内屏风和室外屏风之分。室内屏风大多用木制成。较小的屏风往往与床榻结合使用。室外的屏风一般较大，专为挡门起遮蔽作用，位置相对固定，这样的屏风也称为“树”、“塞门”或“萧墙”。为了经得住风雨侵蚀，这种屏风大多是用土石砌成。室外屏风大多当门而设，一是为了挡风避光，二是可以增加室内的陈设，三是为来客划出一个特殊地段，给人们一个思考准备的场所，因此室外屏风也有“复思”的意思。

魏晋至隋唐五代时期，屏风使用更为普遍和广泛。在室内往往在因席、床榻等边侧都附设小型屏风。这类小型屏风一般为三扇，既可遮蔽挡风，又可作居家陈设。

明清时期以后，人们越来越注重屏风的装饰性，屏风已成为居家不可或缺的陈设品。明代屏风分为座屏风和曲屏风。座屏风又分为多扇组合屏（见图 6-40）和独扇插屏（见图 6-41）。

图 6-40　多扇组合屏

图 6-41　独扇插屏

2．屏风的种类

屏风主要陈设在室内的显著位置，起到分隔、挡风、协调和美化等作用。它与古典家具相互辉映，相得益彰，浑然一体，成为家居装饰不可分割的整体，使室内呈现和谐、雅致和宁谧的氛围。

屏风种类繁多，按照形式划分主要有立式屏风、折叠式屏风及纯为摆设的插屏等；按照用途划分主要有地屏风、床上屏风、梳头屏风和灯屏风等；按照质地划分主要有玉屏风、雕镂屏风、琉璃屏风、云母屏风、绨素屏风和书画屏风等。能工巧匠在屏风上刻画各种各样的图案，如花鸟虫鱼、人物等，有的屏风上诗画并貌，往往可以使屏风更具特色。

知识点二　扇子

1．扇子的起源

扇子最早称“翣”，别称“摇风”或“凉友”，在我国已有三千多年的历史。扇子最早出现在殷代，以五光十色的野鸡毛制成，称为“障扇”。扇子的“扇”字有个“羽”，不难看出扇子的材料最早取自于禽鸟之羽。早期的扇子不是用来扇风取凉的，而是作为帝王外出巡视时遮阳挡风避沙之用，并显示其威仪。西汉以后，扇子才开始用于取凉。

2．扇子的种类

扇子的主要材料有竹、木、纸、绢、象牙、玳瑁、翡翠和飞禽翎毛，其他如棕榈叶、槟榔叶、麦秆和蒲草等也能编制成千姿百态的日用工艺扇，造型优美、构造精制，经能工巧匠精心镂、雕、烫、钻或名人挥毫题诗作画，更可使扇子艺术身价百倍。

扇子，自古以来为引风纳凉之物。千百年来除使用价值之外，小小的扇中还孕育着中华民族传统民俗文化艺术的智慧，凝聚了古今工艺美术的精华，是民族民俗传统文化艺术的瑰宝。以下介绍我国历史上影响较大的几种。

（1）户扇。战国秦汉时期，一种半规形“便面”扇子出现，形状类似单扇门，称“户扇”。这种扇子以细竹篾编形制成，可以遮面窥视，流行于当世。

（2）合欢扇。西汉时期出现了合欢扇（见图 6-42），也称宫扇、纨扇和团扇。合欢扇以扇柄为中轴，左右对称似圆月，纨扇以竹木为架，面成圆形或椭圆形，用薄丝绢糊成。在扇面绘画花鸟虫鱼、人物故事，拿于手中更显气质。这种对称式团扇出现后，历代沿用不衰，成为我国传统风格的扇形。

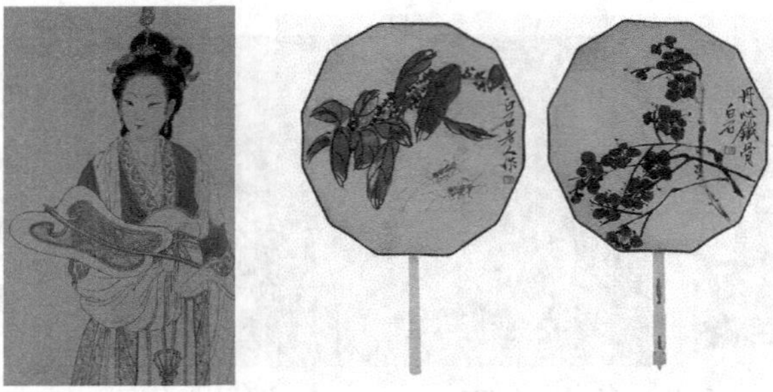

图 6-42　合欢扇

（3）七轮扇。相传西汉时期，长安有个技术很高的工匠名叫丁缓，他制出一种扇子，只需由一个人操纵运转，就能使满厅堂的人感到凉爽，称为七轮扇（见图 6-43）。这种扇子可能就是现在生活中的吊扇、台扇的鼻祖。

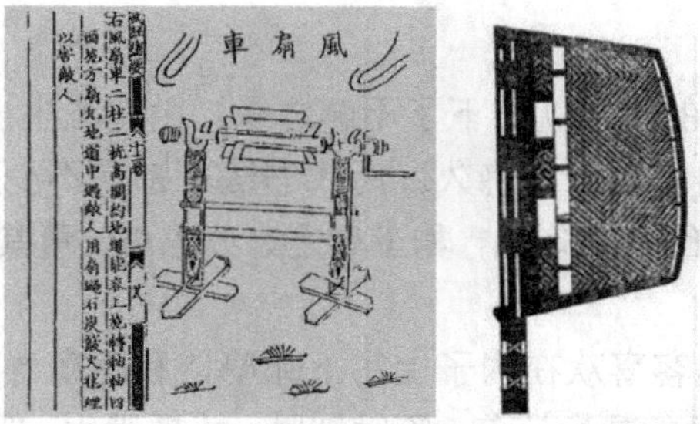

图 6-43 七轮扇

（4）折扇。折扇（见图 6-44）古称“聚头扇”，也称撒扇或折叠扇。折扇因为可以收拢，使二头合并为一，因而得名。折扇最早出现在北宋，主要分成扇骨和扇面两部分。扇骨由牛角、玳瑁、象牙、翡翠、湘妃竹和檀香木等珍贵材料制成；扇面主要是以绢、纸之类为原料，常绣以山水花卉，款式争奇斗艳。到了南宋，画扇、卖扇和藏扇之风盛行，并出现了扇铺和画商。明清文人墨客题扇、画扇成为一种时尚。题扇、画扇的出现，赋予了扇子更为厚重的文化内涵，深受世人所喜爱。

图 6-44 折扇

（5）藤编扇。顾名思义，藤编扇（见图 6-45）就是用藤编制而成的扇子。制作藤编扇的材料有很多，如白藤、红藤和紫藤等，质地柔韧。清代制扇艺人一般用很细的枯藤纶制扇面，经久耐用。

（6）麦秆扇。麦秆扇（见图 6-46）盛产于浙江绍兴、诸暨、宁波和金华等地。在诸暨农村，如果姑娘与小伙子相爱了，在夏季来临时，小伙子就会收到一把精致漂亮的麦秆扇。姑娘把希冀和爱心编织进扇里，向心上人表露真挚的情意。姑娘出嫁以后，第一年的端午节，娘家会带着礼物去看望女儿，礼物中必须有麦秆扇，少则二三十把，多则一百来把，分送公爷叔伯、婆婶妯娌和街坊亲友，表示尊敬、友好的情意。

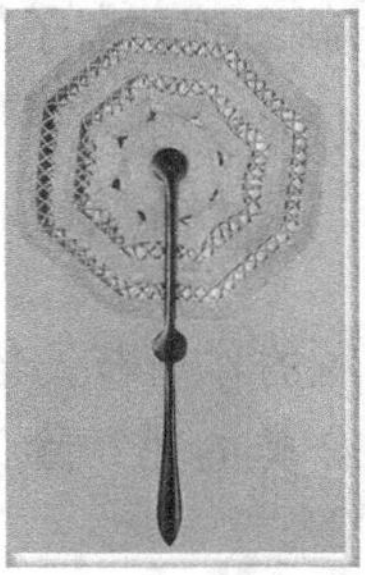

图 6-45 藤编扇

图 6-46 麦秆扇

3．扇子文化

自古以来，扇子与人们的生活就结下了不解之缘，由此派生出许多与扇子有关的文化。

（1）扇书、扇画。扇面书法历史悠久。历代书法家都有不少扇面佳作。许多著名的书画家大都在扇上留下了很珍贵的书画作品，如王羲之、苏东坡、董其昌（见图 6-47）和唐寅（见图 6-48）等。

（2）扇诗。历代文人墨客喜欢在扇子上写下咏扇诗和题扇诗，唐朝诗人杜牧有“银烛秋光冷画屏，轻罗小扇扑流萤”的咏扇诗句，笔触细腻，情趣横生。明代著名才子唐寅的花扇《山房客至》，清新的画面上题着一首小诗：“红树黄芳野老家，日高小犬吠篱笆。合村今议无他事，定是来人借着花。”

图 6-47 董其昌的行书摺扇面

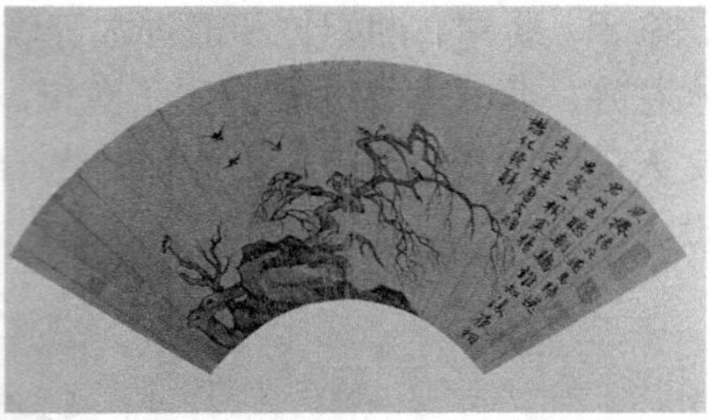

图 6-48 唐寅的枯木寒鸦图扇

（3）扇联。扇联是联苑中的一朵奇葩，如“清风生掌握，爽气满襟怀”、“举起随时消酷暑，动来无处不清风”、“却将妙质因风剪，为出新裁对月描”等，文字优美，对仗工整，音韵和谐，给人以美的享受。

（4）扇谜。扇谜是谜语海洋中引人注目的浪花，如“有风不动无风动，等待梧桐落叶时，主人道我如冷宫”、“有朵花不常开，半截纸来半截柴，三冬他在柜中放，盛夏无风手中栽”等都是较好的扇谜。

（5）扇舞。我国古代有专门摆弄扇子的舞蹈，如汉代的《巴渝舞女舞》和唐代的《霓裳羽衣舞》都是扇子舞。还有，民间舞蹈《茉莉花》等也是扇子舞。

（6）扇戏。明代传奇《桃花扇》以扇喻人，侯方域给了李香君“宫扇一柄”，为定情之物。后来李香君抗拒权奸，血染扇面，由杨龙友点染，画成一柄桃花扇，桃花扇从而成为佳话。另外，《沉香图》和《少奶奶的扇子》等也都有较高的造诣。

扇面的丹青墨宝，扇骨的精工细雕，扇类的繁复多样，形成了我国民俗独具特色的扇子文化。因此，扇子也成为人们竞相收藏的珍品。收藏扇子或书画扇子，除了要注重扇子的质地及作者名气之外，还要看扇画上的人物与故事情节的吻合，山水画能览万里之遥，花卉应鲜艳骄人，书法龙飞凤舞、飞白变化，给人以赏心悦目、耳目一新之感。扇子的扇骨精致与否也直接影响到扇子的收藏价值。

思考题：

（1）你见过屏风吗？屏风如何分类以及有何作用？屏风的作用与民俗文化有何联系？

（2）我国扇子种类繁多，作用多样。扇子，如何进行分类的呢？除了扇风取凉之外，扇子还有哪些作用？

第六节　文房四宝

学习目标

1. 了解毛笔、砚的起源
2. 熟悉毛笔、墨、纸、砚的种类
3. 掌握毛笔的一般鉴别方法
4. 掌握毛笔、墨、砚的使用及保养方法

在我国文人书房的案头不可或缺的书写工具包括笔、墨、纸、砚，统称为“文房四宝”。由于中国人使用文房四宝的历史悠久，因此四宝品类极多，名家名品多如繁星。时至今日，四宝中以湖笔、徽墨、宣纸和端砚为四宝中的上品。

知识点一　笔

1．毛笔的起源

我国自古所用的笔与其他国家不同，是以毛发为材料制成，称为毛笔。由于毛发柔软又具有一定的韧性，以毛笔书写，力道、方向、墨质和水量不同，其书写的效果也各不相同。因此，毛笔在表达中华书法、绘画的特殊韵味上都具有与众不同的魅力。

战国时期，毛笔就在民间被广泛使用。相传，毛笔的发明者是战国时秦将蒙恬，但从殷墟出土的甲骨片上所残留的朱书与墨迹，可以确定是用毛笔所写。由此可见，毛笔的发明应该是在殷商之前，而蒙恬应该是毛笔的改良者。

图 6-49　毛笔

2．毛笔的种类

在我国，毛笔（见图 6-49）的使用历史悠久而广泛，品种繁多。从毛笔的性能来分，可分为硬毫、软毫和兼毫。从毛笔的用途来分，可分为山水笔、花卉笔、叶筋笔、人物笔、衣纹笔、设骨笔和彩色笔等。如今普遍使用的毛笔主要有紫毫、狼毫、羊毫和兼毫四种。

（1）紫毫笔。紫毫笔指的是用兔脊及尾部的兔毛所制的笔，兔毛为紫色。兔毛大多锐而坚韧，因此以紫毫笔书写，字体大多遒劲有力，向来为书法名家所喜爱。但兔毫只可做小笔写小字，无法书写牌匾大字。

（2）狼毫笔。狼毫笔是以狼毫制成。现在，更多的是以黄鼠狼之毫制笔，也称为狼毫。黄鼠狼只有尾尖之毫可供制笔，毫毛坚韧，仅次于兔毫，也是只可做小笔。

（3）羊毫笔。羊毫笔指的是以青羊或黄羊之须或尾毫所制的笔。羊毫柔而无锋，难以传递书写者的笔力及特点，因此少有人用。至清代，因廉价易得又可表现风韵柔媚之风，被普遍使用。羊毫较长，可制大笔，能书写半尺以上的大字。

（4）兼毫笔。兼毫笔顾名思义是合两种以上之毫所制的笔。一般以其混合比例命名此类毛笔，如三紫七羊、五紫五羊等。民间流传蒙恬造笔，指的就是蒙恬将纯毫笔改良为兼毫笔之事，以“鹿毛为柱，羊毛为被”。兼毫笔所取之毫，往往取一健一柔相配，以健毫为主、柔毫为副制成。依据混合比例的不同，兼毫笔的特性也各不相同。因为此类毛笔刚柔性能依混合比例而定，又价廉工省，所以深受人们喜爱。

3．毛笔的鉴别

毛笔的质量好坏往往从尖、齐、圆和健这四个方面进行判断（见图 6-50）。

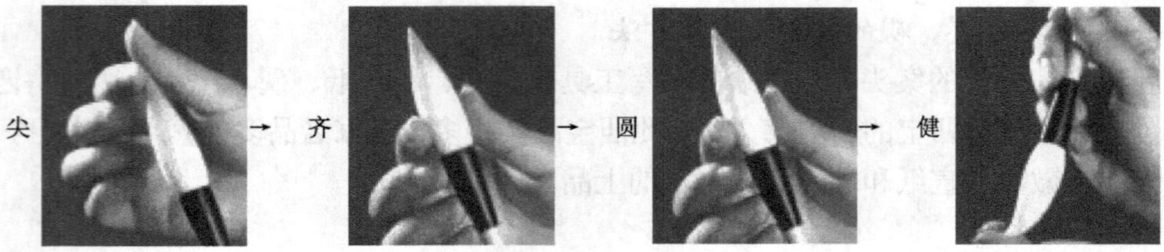

图 6-50 毛笔的特点

（1）尖。尖是指笔毫聚拢时，末端要尖。笔尖写字锋棱易出，较易传神。选购新笔时，毫毛有胶聚合，很容易分辨。在检查旧笔时，先将笔润湿，毫毛聚拢，便可分辨尖秃。

（2）齐。齐是指将笔尖用水润开压平后，毫尖平齐。因为要润笔才能检查毛笔的齐整，所以买新笔时难以检查。

（3）圆。圆是指就笔毫的外形而言，如果毛笔外形圆满如枣核，就说明毫毛充足。只有毛笔毫毛充足才能书写出笔力完足刚健有力之态。笔锋圆满，运笔自能圆转如意。选购新笔毫毛有胶聚拢，是不是圆满，仔细观察即可。

（4）健。健是指笔腰的弹力。将笔毫重压后提起，随即恢复原状。笔有弹力，书写时就能运用自如。一般来说，兔毫、狼毫弹力较羊毫强。将笔润开后重按提起，笔尖直则健。

4．毛笔的使用方法

用笔不同，所书字体的风格也各不相同。健毫风格健劲，柔毫姿媚丰腴，兼毫刚柔兼有。因此若要临摹碑帖，应就贴选笔。另外，书写不同字体应选用相应大小的毛笔书写。写大字用大笔，写小字用小笔。这样既减少了毛笔的损耗，也可以书写自如，达到书写的最佳效果。

5．毛笔的保养方法

毛笔最重要的是保养。一支好笔，即使有幸选得，不懂保养也会很快变为废笔。保养毛笔要从新笔开始。买到新笔，首先要开笔。所谓开笔指的是将新笔笔尖先放入温水中泡开，时间不宜过久，笔锋全开即可。小心不要让笔根的胶质也化开，否则就会变成“掉毛笔”，毫毛易于脱落。紫毫较其他毛笔硬，需要在水中多浸泡一会。每次写字应先润笔，不要直接拿笔沾墨写字。写字前，应该先用清水将笔毫浸湿，随即提起，不可久浸，以免笔根胶质化开。然后将笔倒挂约 10 分钟，让笔锋恢复韧性。毛笔用完，保存时必须使之干燥。若不经润笔即书，毫毛经顿挫重按，会变得脆而易断，弹性不佳。

知识点二 墨

1．墨的种类

我国用墨的历史经历了天然墨、半天然墨到人工制墨的过程。人工墨品的使用始于汉代。人工墨品的制作主要是从松烟中提取原料倒模制成。墨之造型大致有方、长方、圆、椭圆和不规则形等。按照外表形式分类，墨可分为本色墨、漆衣墨、漱金墨和漆边墨。按照质地分类，墨（见图 6-51）分为油烟墨和松烟墨两种。下文介绍油烟墨和松烟墨两种。

（1）油烟墨。油烟墨指的是用桐油或添烧烟加工制成的墨。这种墨色泽黑亮，有光泽。

（2）松烟墨。松烟墨指的是用松枝烧烟加工制成的；此类墨的特点是色乌，无光泽。在作画时，一般多用油烟墨，只在着色时用松烟墨。

图 6-51　墨

墨一般是加工制成墨锭出售。一般情况下，泛青紫光的墨锭是上上之品，黑色次之，泛红黄光或者白色的墨锭则属于劣等墨锭。

石墨是一种天然形成的山石，与金刚石的化学成分相同。上古时期没有松烟石，因此在魏晋以前的人们所用之墨都为石墨。松烟出现之后，石墨便极少有人使用了。其实，松烟从汉代便有人开始使用，只是极其名贵。历代的制墨名家中以南唐李廷珪最为有名，其墨质地之坚硬，不亚于石墨。另外，北宋潘谷、元吴国良、明程君房和方于鲁以及清代以来的曹素功和胡开文等都是制墨名家。

2．墨的使用

研墨（见图 6-52）是很讲究的一个工序。研墨时应用无杂质的清水，若水中混有杂质，磨出来的墨就不纯。加水时，开始不宜过多，以免将墨浸软，或墨汁四溅，应逐渐加入为宜。磨墨时墨应拿正慢磨，这样磨出来的墨汁较均匀。用力应适中，过轻墨淡墨浮，过重墨粗而无光。一般来说，墨色的浓淡变化可以增加书法及水墨画的韵味。绘画用墨种类主要有石墨及松烟墨之分。墨锭应随磨随用，墨汁放一日以上，胶与煤会逐渐脱离，这样的墨汁称为宿墨，使用宿墨，书法不能持久也极易褪色。

图 6-52　研墨

研墨完毕，应该注意要及时将墨取出，否则胶易黏着砚池，干后不易取下。墨锭也不可暴露放于阳光下，最好是用完就放回匣内，既可防湿，又避免阳光直射，不染尘。

知识点三 纸

纸是我国古代四大发明之一，一般认为纸是由东汉蔡伦发明的。造纸的主要原料多为植物纤维，以竹、木为主。竹制之纸，纤维脆硬，吸墨性较弱；木制之纸，纤维柔韧，吸墨较强。故以此将纸分为弱吸墨纸类和强吸墨纸类两大类。

（1）弱吸墨纸类。弱吸墨纸类主要是以竹纤维制成，纸面比较光滑，墨浮于表面，不易漫开，所以色彩鲜艳。

（2）强吸墨纸类。强吸墨纸类主要是以木质纤维制成，吸墨性强，表面生涩，墨一落纸，极易漫开，书写常加浆或涂蜡，以宣纸类为主。强吸墨纸类又可分为宣纸与仿宣、毛边纸等类别。

1）宣纸与仿宣。宣纸中以玉板宣最为名贵。玉板宣是合桑、短节木头、稻秆与檀木皮以石灰浸之制成，吸墨性最强，质地最优。安徽宣城是宣纸的散集地，宣纸也因此得名。

2）毛边纸这种纸本来是用于印书的，但因为纸质好，有人买了书之后裁下来练字，所以称为“毛边纸”（见图 6-53）。宣纸较贵，一般练字时多用毛边纸。

图 6-53　毛边纸

纸受潮易霉腐，过度干燥又会破裂，因此应选择干燥阴凉的地方存放。

知识点四　砚

1．砚的起源

砚起源于殷商初期。古人写字刚开始是直接以笔蘸石墨，后来觉得不方便，才想到先在坚硬物体上研磨成汁，如石、玉、砖、铜和铁等。于是，砚便随着墨的使用而出现了。

2．砚的种类

砚（见图 6-54）是磨墨用的。砚有石砚、陶砚、砖砚和玉砚等种类，最负盛名的是广东产的端砚和安徽产的歙砚。砚要选择石质好、砚池深、稍大有盖的，研磨时发墨快、水分不易挥发的。从唐代起，广东端溪的端砚、安徽歙县的歙砚、甘肃南部的洮砚和山西绛县的澄泥砚就被并称为四大名砚，其中端砚和歙砚最为出名。

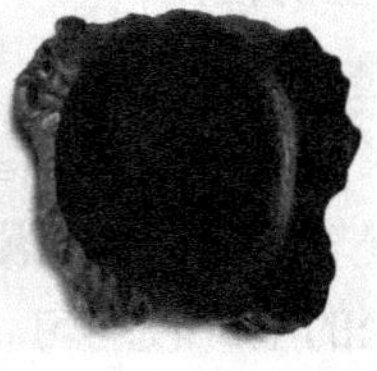

图 6-54　乾隆松花石蜷螭砚

（1）端砚。端砚是砚之上品。它出产于广东高要（今肇庆东郊的端溪）斧柯山，唐代之前属端州，故称端砚。山下际潮水，下岩洞在山底，终年浸水，砚石贵润，所以下岩的品质最佳。端砚往往“有眼”，这是端砚的一个显著特点。例如，“鹦哥眼”、“鸲哥眼”。所谓“眼”指的是砚上石纹。另外，端石有紫、青、白等颜色，砚石的品质可以根据颜色判定，其中白色最佳，紫色最下。端砚的优点有：一是下墨，二是发墨，三是不损毫。因此一直以来深受人们的喜爱。

（2）歙砚。歙砚与端砚并称，因产于古歙州（今安徽歙县）而得名。歙砚因为李后主李煜而扬名天下，名声甚至大过了端砚。歙砚的特性与端砚相似，但歙砚重于发墨，宜写大字；端砚重于细润停水，宜写小字。

3．砚的使用

砚石平时要注意保养，需要每日换清水贮之，人们称为“养砚”。养砚的研水不可直接用于研墨，必须另外用干净的清水研墨。

砚石使用完毕，必须将余墨涤去，否则残墨干后结成渣块，会损害砚面。洗砚可用丝瓜穰等物轻轻擦拭，避免伤害砚面。

思考题：

（1）中国传统绘画与西方绘画有着本质的区别，那么绘制我国国画需要使用的工具是什么？
（2）毛笔的种类主要有哪些？选购一只好的毛笔应该注意哪些方面？
（3）请简述研磨的正确方法。
（4）我国书法绘画用纸有哪些？主要特点是什么？
（5）砚有哪几种？正确使用砚台的方法是什么？

第七节　其他旅游工艺品

学习目标

1. 了解中国民间其他旅游工艺品
2. 掌握中国传统四大名绣各自的主要特点
3. 了解绣球的工艺特点
4. 学习纸伞的工艺特点及其在生活中的寓意

民间工艺是我国大众的生活的民俗的艺术，是经济和文化的双重载体。我国民间除了以上详细介绍的民间传统工艺之外，还有布艺、刺绣、皮影、绣球、纸伞、蜡染等独具特色的旅游工艺品。

1．布艺

传统意义上的布艺，即指布上的艺术，是中国民间工艺中的一朵奇葩。中国古代的民间布艺主要用于服装、鞋帽、床帐、挂包、玩具、背包和其他小件的装饰（如头巾、香袋、扇带、荷包、手帕等）等（见图 6-55）。它是以布为原料，集民间剪纸、刺绣、制作工艺为一体的综合艺术。这些生活日常用品不仅美观大方，而且增强了布料的强度和耐磨能力，极具生活趣味。

民间艺术中妇女业余制作的布制品，可以说是千姿百态。大如布老虎、鱼蛙耳枕、虎头帽，小如香包、针扎等，件件构思别致，神韵十足，充分表达了长辈对晚辈，姑娘对情人，媳妇对公、婆、夫、子的良好祝愿。民间的妇女们利用极简易的生活剩余材料，一剪一针地将自己内心的情与爱，倾注在那些五颜六色的活灵活现的创造中。

我国民间一向视生育为头等大事。妇女自怀孕“有喜”开始，娘家以及自己就要动剪引线，为新生儿准备各种穿戴用品，从头到脚、从睡到学步样样齐全：花衣、花帽、花鞋、花肚兜、花围嘴、花褥、花被，既是实用品又是艺术品。小孩子头上戴着虎头帽，脖子上围着全虎围嘴，手上套的是虎暖袖，肚上系着虎面肚兜，脚下穿着虎头鞋，可想而知，虎将一个娃娃全副“武装”起来。再起一个与虎相关的名字，手里抱着布老虎，身上挂着艾虎香包，这不仅反映了在儿童身上的虎崇拜，更反映了虎文化在民俗中的重要位置。

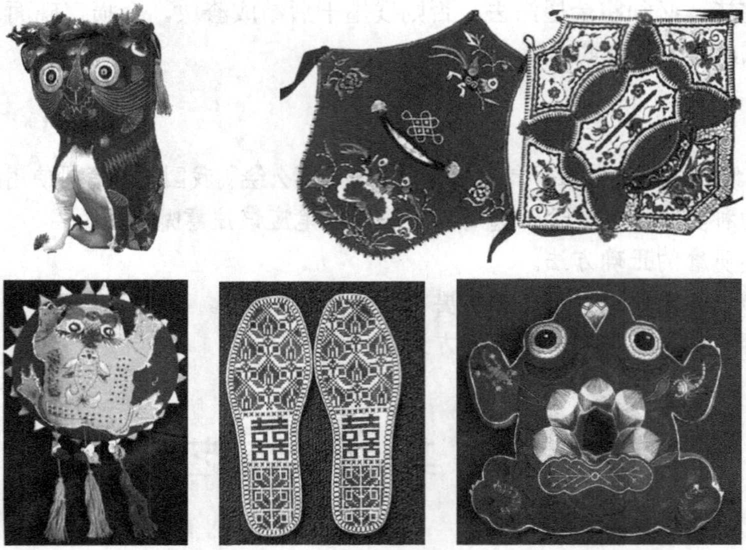

图 6-55　布艺

2．刺绣

刺绣是用绣针穿引彩线，按预先设计好的花纹和色彩，在绣料上刺缀运针，以绣出图样。刺绣因针法的变化，形成不同的运针风格和技艺流派。中国刺绣工艺在秦汉时期就已达到较高的水平。中国刺绣最突出的有江苏的苏绣、湖南的湘绣、广东的粤绣和四川的蜀绣。

（1）苏绣。苏绣（见图 6-56）即苏州刺绣，其发源地在苏州吴县一带，现已遍衍江苏省的无锡、常州、扬州、宿迁、盐城等地。苏州地处江南，滨临太湖，气候温和，盛产丝绸。优越的地理环境，绚丽丰富的锦缎，五光十色的花线，为苏绣发展创造了有利条件。因此，苏州吴县一带素有妇女擅长绣花的传统习惯。在长期的历史发展过程中，苏绣在艺术上形成了图案秀丽、色彩和谐、线条明快、针法活泼、绣工精细的地方风格，被誉为东方明珠。

图 6-56　苏绣

苏绣自古以精细、素雅著称。构图简练，主题突出。其技巧特点概括为“平、齐、细、密、匀、顺、和、光”八个字。最细的将一根丝线掰成四十八股，一般人用肉眼无法看清。双面绣是在绣品的正反两面绣图案，两面的形象、针法相同，针脚藏而不露。就纯欣赏的美术绣品来说，是以针代笔，积丝累线而成。

苏绣种类齐全。按品种分类，有双面绣、单面绣；按体积造型分类，有台屏、墙屏、地屏和大型组合屏风；按表现内容分类，有人物、宠物、花鸟、风景、静物、特色建筑物等。

（2）湘绣。湘绣（见图 6-57）是我国四大名绣之一，是以湖南长沙为中心的刺绣工艺品的总称。它在湖南民间刺绣工艺的基础上，吸取了苏绣和粤绣的精华，形成了自己独特的风格，强调写实，质朴优美，形象生动。湘绣的特点是丝细，绒丝不易起毛。湘绣在配色上善于运用深浅灰及黑白色，加上适当的明暗对比，增强了质感和立体感，结构上虚实结合，善于利用空白，突出主题，形成了湘绣水墨画般的素雅品质。湘绣的传统题材多取自狮、虎、松鼠等，特别是以虎最为多见。

图 6-57　湘绣

（3）粤绣。粤绣（见图 6-58）又称广绣，包括潮州绣，是中国四大名绣之一。最初创始于少数民族的黎族。粤绣工艺品在国内以故宫藏品为最多，也最具代表性，其构图繁而不乱，色彩富丽，光彩夺目，针步均匀多变，纹理分明，多使用浓郁的七彩原色及光影变化，具有西方绘画韵味。粤绣大件的可为尺高屏风，小如荷包套，多作写生花鸟，富于装饰性，常以凤凰、松鹤、牡丹、猿、鹿、鸡、鹅、孔雀等为题材，混合组成画面，颇具特色。

（4）蜀绣。蜀绣（见图 6-59）集中于四川成都。蜀绣在晋代被称为蜀中之宝。蜀绣以软缎和彩丝作为主要原料，用晕针、切针、拉针、沙针、汕针等 100 种针法，充分发挥了手绣的特长，具有浓厚的地方风格。蜀绣题材多为花鸟、走兽、山水、虫鱼、人物，品种除欣赏品绣屏以外，还有被面、枕套、靠垫、桌布、头巾、手帕等。

图 6-58　粤绣

图 6-59　蜀绣

当今绣品中，既有巨幅条屏，也有袖珍小件；既有高精欣赏名品，也有普通日用消费品。例如，北京人民大会堂四川厅的巨幅“芙蓉鲤鱼”座屏、蜀绣名品“蜀宫乐女演乐图”挂屏、双面异色的“水草鲤鱼”座屏、“大小熊猫”座屏就是蜀绣中的代表作。

3．皮影

“皮影”（见图 6-60）是对皮影戏和皮影戏人物制品的通用称谓。民间也称“影子戏”、“灯影戏”、“土影戏”、“皮猴戏”或“纸影戏”，是我国民间广为流传的傀儡戏之一。皮影发源于中国西汉时期的陕西华县（古华州），距今已有两千多年的历史，是世界上最早由人配音的活动影画艺术，有人认为皮影戏是现代“电影始祖”。

图 6-60　皮影戏

皮影戏中的“影人”是根据剧中角色和衬景的设计，用驴皮或牛皮、羊皮经刮制、描样、雕镂、着色、烫平、上油、订缀而成。人物脸谱和服饰造型生动形象，或纯朴粗犷，或细腻浪漫，或夸张幽默。再加上流畅的雕镂、艳丽的着色，达到了通体透剔、四肢灵活的艺术效果。“影人”在艺人的操纵下，靠灯光透射映到白色布幕上，随着乐器伴奏与唱腔配合，便成为“一口叙还千古事，双手对舞百万兵”的艺术形象。

皮影不仅属于傀儡艺术，还是一种地道的工艺品。皮影制作考究，工艺精湛，表演起来生趣盎然，活灵活现，深受百姓喜爱。

4．绣球

绣球（见图 6-61）一般由彩绣做成，是中国民间常见的吉祥物。在古代，我国有些地方有这样的风俗：当姑娘到了婚嫁之时，就预定于某一天（这一天一般是正月十五或八月十五）让求婚者集中在绣楼下，姑娘抛出一个绣球，谁得到这个绣球，谁就可以成为姑娘的丈夫。如果姑娘有意中人，就会看准意中人，把绣球抛到他身上，以便他捡到。在很多地方，抬新娘的花轿顶上要结一个绣球，意为吉庆瑞祥。

图 6-61　绣球

在我国广西，绣球是壮家人的定情物和吉祥物，也是广西极具特色的旅游工艺品之一。关于绣球，在壮乡流传着一个美丽的传说：八百多年前，在广西靖西县旧州古镇下的一个小村庄里，居住着一户贫穷人家。贫穷人家的儿子阿弟爱上了邻村的姑娘阿秀。漂亮的阿秀也深深地爱着诚实、勤劳、勇敢的阿弟。阿秀在一次赶圩时，被镇上一个有钱有势的恶少看上了，欲强娶阿秀为妻，阿秀以死相胁，坚决不从。恶少得知阿秀的心上人是阿弟，为了让阿秀死心，恶少贿赂官府，以“莫须有”的罪名将阿弟关进地牢，并判了死刑，等待秋后问斩。阿秀听到这个消息后，整日以泪洗面，哭瞎了双眼。在阿秀哭瞎了双眼以后，就开始为阿弟一针一线地缝制绣球。针扎破了手，血流在了绣球上，绣球上的花更艳了，叶更绿了，鸟更鲜活了。经过九九八十一天，载满阿秀对阿弟深深的爱恋并浸透了阿秀鲜血的绣球做好了。阿秀变卖了自己的首饰，买通了狱卒，在家人的陪伴下于阴暗潮湿的地牢里抚摸到日思夜想却已被折磨得骨瘦如柴的阿弟。阿秀摸索着从身上取出绣球戴在了阿弟的脖子上。这时，只见灵光一闪，阿秀、阿弟和家人便飘然落在远离恶少的一处美丽富饶的山脚下。后来，阿秀和阿弟结了婚，生了一儿一女，靠自己勤劳的双手过上了幸福的生活。

这个故事一传十、十传百，慢慢地绣球就成了壮乡人民的吉祥物以及壮乡青年男女爱情的信物，后来也就有了抛绣球、狮子滚绣球等民间活动。

广西绣球又称为“堆绣绣球”，由老艺人采用“堆绣”这一古老而复杂的刺绣工艺制作而成。其结构独特、选料考究，且全部以手工制作，做工精细，小巧玲珑，色彩鲜艳。一般的绣球多以红、黄、绿三色做底及面料，采用单线刺绣的方式在花瓣的面料上绣出各色图案。绣球大多为十二瓣，每瓣皆绣上各式吉祥物，如梅、兰、菊、竹等花卉图案或春燕、龙、凤等。

广西壮族抛绣球一般在歌圩节期举行。绣球为圆形，布面，绣有花鸟，内装木棉花或豆、米之类农作物，四角缀以彩色布带，供手握抛掷。玩时，男女分成两对，双方人数相等。男女双方相距一定距离，各列一方，每方有一“乜同”（即领队）在中间树一高竿，作为抛球的高度标准。抛球时首先由女方领队手拿绣球，唱完一首山歌将球抛出去，男方如能接住算男方胜利，否则女方胜利。谁胜谁将对方剔出一人，然后由胜方发球。每发一次球，均必先唱山歌，如此轮流直至一方“全军覆没”。这时，胜方追逐负方，抢取对方的头巾、手帕，互相追逐嬉戏，尽兴方散。这一活动也是男女青年传情的方式。姑娘若看中一男青年，便将绣球有意抛去，男方接过绣球，若也有情意，即系礼物于绣球上投报之。

5. 纸伞

纸伞（见图 6-62）在我国已有近千年的历史。晚唐时由中原传入，后逐渐形成独特的风格，并传至亚洲其他地区，如日本、朝鲜、越南、泰国等地。纸伞因要上桐油才能使用，所以又称油纸伞、油伞，其历史悠久，古典怀旧，内涵丰富，寓意吉祥，深受人们的热爱。

图 6-62　纸伞 1

纸伞（见图 6-63）可分为彩画花伞、油画花伞、明油伞、书法伞和色伞等五大类。伞面多绘有花鸟人物、虫草山水、亭台楼阁等精美图案，绚丽夺目。纸伞晴雨皆宜，既可挡雨，又能遮阳，深受中外游客青睐。纸伞除了作为挡阳遮雨的日常用品外，也是嫁娶婚俗礼仪中不可缺少的物品。我国传统婚礼上，新娘出嫁下轿时，喜娘会用红色纸伞遮着新娘以作避邪。

综合古今纸伞文化，可以概括如下。

（1）代表多子、多福。伞架为“人”字形（由几十个人字形状组成）。伞字繁体是“傘”，从繁体字角度看，是人字头下面四个小“人”字，自古寓意为五子登科。

（2）伞骨为竹，代表长寿，寓意节节高升。

（3）伞为圆形，寓意美满、团圆、平安。

（4）伞代表恩爱百年。自古纸伞下演绎了许多经典爱情故事。例如，《白蛇传》中，许仙与白蛇在西湖断桥以红伞为媒，结下千古奇缘的佳话。

（5）大红伞寓意大红大贵。红色是我国的传统色调，寓意大红大贵，这正是大红伞流传百年不衰的重要原因。

（6）消灾辟邪、平安吉祥。在中国民间，传说红色与桐油可以消灾、辟邪、驱鬼，红色的桐油纸伞放在家中，可以保平安吉祥。

（7）伞代表怀旧与浪漫。纸伞是怀旧文化的代表。戴望舒《雨巷》中，描绘了“古镇雨巷中纸伞下美女”的美好浪漫景象，这一画景一直是年轻人心中美好浪漫的经典印象。

（8）纸伞代表高贵典雅。纸伞本身文化内涵丰富，文化气息浓厚。用纸伞装饰装修，在灯光照射下，古典浪漫，高贵典雅。

（9）在很多地方，有用纸伞祭祀祖辈先灵的习俗。该习俗来源于中国古代皇帝打着黄盖伞，表示至尊无上。

（10）纸伞预祝金榜题名。在中国古代，有一个习俗就是赴京赶考或做官上任，背上行囊里除书本外，一定会带一把红油纸伞，预祝路途平安、高中状元。现在很多地方，亲朋、家长会为高考学生买一把纸伞，预祝高考成功。

由于红色油纸伞代表着喜庆，现在我国很多地方，做寿、结婚、生子、乔迁、高升时依然保持着送纸伞的习俗。

图 6-63　纸伞 2

6．蜡染

蜡染（见图 6-64）是我国苗族古老而独特的手工绘染技术，古称蜡，起源于秦汉，盛行于隋唐。在我国西南少数民族地区蜡染工艺世代相传，尤其是贵州少数民族地区，继承和发扬了传统的蜡染工艺，而且广泛流行，现已成为少数民族妇女生活中不可缺少的一种技术。蜡染工艺制品主要是用蜡刀蘸蜡液，在白布上描绘几何图案或花、鸟、虫、鱼等纹样，然后浸入靛缸（以蓝色为主），用水煮脱蜡即现花纹，同时在浸染中，作为防染剂的蜡自然龟裂，使布面呈现特殊的“冰纹”，独具魅力。由于蜡染图案丰富，色调素雅，风格独特，用于制作服装服饰和各种生活实用品，显得朴实大方、清新悦目，具有鲜明的民族风格。

在苗族地区的很多地方都流行有《蜡染歌》（古歌），代代传唱，叙述着蜡染的起源故事：苗族有一个聪明美丽的姑娘不满足于衣服的均一色彩，总希望裙子上能有更多的花卉图案。可是一件一件地手工绘制实在太麻烦，但她一时又想不出什么好办法来，终日为此闷闷不乐。一天，姑娘看着一丛丛的鲜花发愣，办法没想出来却在沉思中昏昏入睡。睡梦中有一个衣着漂亮的花仙子把她带到了一个百花园中，园里有无数的奇花异草，鸟语花香，蝶舞蜂忙。姑娘在花园中流连忘返，连蜜蜂爬满了她的衣裙也浑然不知。等她醒来一看，才知道自己只是做了一个美梦。可是低头再看，她的衣裙上残留着睡梦中小蜜蜂留下的斑斑点点的蜜汁和蜂蜡，很不好看。她只好把衣裙拿到存放着靛蓝的染桶中去，想把衣裙重新染一次，试图覆盖掉蜡迹。姑娘染完衣裙拿到沸水中去漂清浮色。当姑娘从沸水中取出衣裙的时候，奇迹出现了。深蓝色的衣裙上被蜂蜡沾过的地方出现了美丽的白花。姑娘心头一动，立即找来蜂蜡，加热熬化后用树枝在白布上画出了蜡花图案，然后放到靛蓝染液中去染色，最后用沸水熔掉蜂蜡，布面上就现出了各种各样的白花。染缸中居然染出了印花布，姑娘高兴地唱起了山歌。人们听到了姑娘的歌声，纷纷来到她家听她讲百花园里的梦境，观看她染出的花裙，学习她描花绘图的技艺，乡亲们回到自己家里之后，照着姑娘教给的方法，也都染出了花样繁多的花布。从此，蜡染技术就在苗族及与之杂居的布依族、瑶族等兄弟民族之间流传开来了。

图 6-64　蜡染

思考题：

（1）我国的四大名绣指的是什么？
（2）皮影戏的发源地在什么地方？
（3）绣球是我国哪个民族的典型工艺品？
（4）我国西南少数民族地区的主要工艺品是什么？有何特点？

本章小结

我国的民间工艺种类繁多，在世界上享有盛名的也很多。本章只是介绍了我国民间工艺中比较典型的筷子、陶瓷、剪纸、年画、屏风和扇子、文房四宝及其他旅游工艺品等。通过对本章的学习，旨在拓宽大家对我国民间工艺的了解，让大家认识到在精美的中华民间工艺的背后也有着厚重的文化积淀，并且各自形成了属于它们独有的民俗文化。

第七章

民俗信仰与禁忌

信仰民俗又称“精神民俗”或“心理民俗”，它包括信仰、禁忌、巫术、占卜、预兆等多方面内容。本章将介绍我国信仰民俗中的民俗信仰和民俗禁忌。

第一节　我国民俗信仰

学习目标

1. 掌握民俗信仰的定义
2. 了解民俗信仰产生的原因，掌握我国民俗信仰的典型特征
3. 掌握我国民俗信仰的主要类型

知识点一　我国民俗信仰的概述

信仰是指对某人、某事或某种主张、主义、宗教极度尊敬，拿来作为自己行动的榜样或指南。它是人们的思想、心理、理想和信念等在社会上的反映。民俗信仰又称民间信仰，是在长期的历史发展过程中，在民众中自发产生的一套神灵崇拜观念、行为习惯和相应的仪式制度。

民间信仰与社会经济发展水平、人的认知能力和生存能力密切相关。传统的民间信仰源于最古老的“有灵崇拜”（即“万物有灵”），源于对未知世界的敬畏，源于对大自然、祖先、伟人创业与庇护的感恩，源于在人力无法企及时对神灵庇护的祷告，源于被各种苦难折磨时的一种精神寄托，源于对美好生活的一种追求和期盼。

我国民间信仰源远流长，其起源可以追溯到原始时期氏族社会，主要指俗神信仰。这种信仰比佛教信仰和道教信仰更具民间的特色。我国民间俗神信仰的一个典型特征，就是把传统信仰的神灵和各种宗教的神灵进行反复筛选、淘汰、组合，构成一个杂乱的神灵信仰体系。这鲜明地反映了我国世俗信仰的多元性和功利性。因此，我国民间信仰具有多教合一、多神崇拜的典型特征。

知识点二　我国民俗信仰的主要类型

1．自然信仰

自然信仰就是把自然现象视为神灵并加以崇拜。人类自降生以来，就与自然界有着不可分割的血肉联系。日月星辰、风雨雷电引起人类丰富的想象和直接的感受。由于受“万物有灵”的观念影响，原始人将自然物和自然现象当做有灵魂、有威力的对象加以崇拜。这是最原始的崇拜，也是持续时间最久，直到今天在各地仍能见到的遗风。学术界认为，人类的信仰是从自然崇拜开始的。

由于民族众多，我国民间的自然崇拜对象多种多样，其崇拜对象中有天地日月、风雨雷电、山水树木和动植物等。

（1）天象诸神信仰。我国是一个以农业为主的国家，古代农业生产会受到季节、天气以及地理条件的影响。因而，在民间信仰中，天地信仰占据了重要的地位，天地诸神受到民间广泛的奉祀。大约在商周时期，中国人就用“天、地”来概括整个自然界，形成了天地六宗的信仰体系。六宗即“天宗三：日、月、星；地宗三：河、海、岱”（贾逵注《尚书·尧典》）。

1）天神是对人们生活起着重要作用的天象和气象，在许多民族中天神都是至高无上的。主天之神，古时常被称为“天帝”、“天公”、“老天爷”等，我国称天帝为“玉帝”或“玉皇大帝”。我国民间有对天神相适应的一系列祭祀活动，如祭天、拜天等风俗。历代封建王朝，天神由帝王专祀。

2）日神，即太阳神，我国的日神是羲和（见图 7-1）。羲和在古代神话中最早是帝俊的妻子，是生太阳的女神。进入父系社会后，羲和演化为太阳本身，成为太阳的驾车者，后又演变为黄帝手下主管占日的男性官员。传说中羲和掌握着时间的节奏，每天由东向西，驱使着太阳前进。因为有着这样不同寻常的本领，所以在上古时代，羲和又成了制定时历的人。

3）月神，俗称“太阴”，是中国民间最流行的神明之一，其有许多称呼，如“太阴星君”、“月姑”、“月宫娘娘”、“月娘”等。我国的月神形象经过三次大的演变，从西王母、常羲到女娲，最终定型为嫦娥。古人祭月，往往是辅助于祭太阳神的，“祭日为主，祭月为辅”。祭日于东，祭月于西，以别内外，以端其位。在古代，人们有在月下盟誓定情、拜祷月神祈求姻缘美满的习俗。我国许多少数民族也盛行拜月，如苗族的“跳月”（见图 7-2）。每逢中秋，人们都要到山林空地上，载歌载舞，举行“跳月”活动。青年男女在“跳月”中，相互寻找心上人，倾吐爱慕之意，永结百年之好。农历八月十五是民间最普遍的祭月日，并形成了中秋节。

图 7-1　日神羲和

图 7-2　苗族“跳月”

4）星神。古人常以星宿的变化来判断人间吉凶，认为人与天上的星星是对应的。同时，也把一些想象加到了神秘的星辰身上。将星辰神化大约是从周代开始的，至汉代成型，道教又加以整理，使之系统化。

从此，星辰具有了主宰人类功名利禄、福祸寿夭等神性，并得到民间广泛的信仰。其中最主要的信仰星辰是金、木、水、火、土、北斗七星、二十八星宿和福禄寿三星等。

魁星的故事

魁星，原为古代天文学中二十八宿之一"奎星"的俗称，指北斗七星的前四星，主文运的，古代学宫中多有奉祀，相传为一青面赤发鬼（见图 7-3）。关于魁星有一个传奇的故事。

古代，有一个秀才，名字已无从考证。此人聪慧过人，才高八斗，过目成诵，出口成章，可就是长相奇丑无比，所以屡屡落第。他长得究竟如何呢？据说本来就丑陋，又长了满脸麻子，一只脚还瘸了，走起路来一拐一拐的，但是他的文章写得很好，终于被乡试、会试步步录取，高中榜首。到了殿试时，皇帝亲自面试他的文才，一看他的容貌和画着圈上殿的走路姿势，心中不悦，皇帝问："你那脸是怎么回事？"他回答："回圣上，这是'麻面映天象，捧摘星斗'。"皇帝觉得这人非常有趣，又问："那么你的瘸腿呢？"他又回答："回圣上，这是'一脚跳龙门，独占鳌头'。"皇帝很欣赏他的机敏，又问："那朕问你一个问题，你要如实回答，你说，如今天下谁的文章写得最好？"他想了想说："天下文章属吾县，吾县文章属吾乡，吾乡文章属舍弟，舍弟请我改文章。"皇帝大喜，阅读完他的文章后，更是拍案叫绝："不愧天下第一！"于是钦点他为状元。

图 7-3 魁星

这个丑文人的才学、智慧和勤奋，使他后来升天成为魁星，主管功名禄位。"魁"字拆开来，一半是"鬼"，应魁星的面目丑陋，一半是"斗"，应魁星才高八斗，也应北斗星座。据说魁星手握朱砂笔，文人中传"任你文章高八斗，就怕朱笔不点头"就来源于此。

据说从此以后，皇宫正殿台阶正中的石板上雕有龙和鳌的图案，一只魁斗放在旁边，殿试完毕发榜时，应试者都聚到皇宫门前，进士们站在台阶下迎榜，状元则一手持魁斗，一脚站在鳌头上亮相，表示"一举夺魁"、"独占鳌头"。

除魁星外，文曲星和武曲星也是民间信仰的掌管功名的星神，并被用来附会一些历史人物。一般民间认为商相伊尹和比干、范仲淹、包拯、文天祥和白蛇传中许仙的儿子许仕林等皆为文曲星转世；周武王、狄青、关羽等则是武曲星君。

5）雷神和电神。雷神是司雷之神，属阳，故称公，又称雷师、雷神。电神是司掌闪电之神，属阴，故称母，又称金光圣母、闪电娘娘。我国的雷电崇拜，起自上古。雷公电母之职，原来是管理雷电。但是自先秦两汉起，民众就赋予雷电以惩恶扬善、代天行道的意义。

民间的雷公庙中常奉祀雷公电母（见图 7-4）。雷公神像作力士状，裸胸袒腹，背插双翅，额具三目，脸赤如猴，下巴长而锐，足如鹰爪，左手执锲，右手执锤，作欲击状，自顶至旁，环悬连鼓五个，左足盘蹑一鼓。电母之像则容貌端雅，两手执镜。

6）雨神。在农耕社会里，雨与人类的关系可以说是非常密切的，它关系到庄稼的丰歉，关系到人们生命财产的安全。但雨何时下，雨量的多寡，又是人们无法控制的。于是古人就认为有一位神灵在控制着降雨，并向它献祭，祈求它根据需要降雨。春秋、战国以后，形成了统一的雨神，即“雨师”，主要用于官方祭祀。民间求雨、祈晴，则主要是奉祀本地的社神、山神、水神、龙王等。尤其是龙王信仰（见图 7-5）兴起之后，几乎完全取代了雨神、水神、河神。

风、雹、雪等天象也受到民间的崇拜，并各有神主之，但影响较小，在此不专门论述。

图 7-4　雷公电母

图 7-5　龙王

（2）大地诸神信仰。“地”与“天”相对应，土地、山川、湖海等自然物与人类生活有着密切的关系，因而也被人格化、神灵化，形成神秘的自然物崇拜。

1）土地神，又称土地神、土地爷、社神或社稷神，是地方的保护神。人们崇拜他们赖以生存的土地，崇拜他们种植的五谷，将土地与五谷神化，加以祭祀，旨在丰年，报告收成，表达敬意。

历代封建帝王都举行祭土仪式，设有社稷坛，如今北京中山公园内仍保存有明清两代的社稷坛，为露天，由五色土组成，颜色与方位对应，是东青、南赤、西白、北黑、中黄。民间社稷坛则有多样，如依附于年久而高大的松树、柏树、榕树等为“社树”，或者是修建俗称做土地庙的“社庙”，多塑一个须发皆白、和蔼可亲的老翁形象，而且还给他配上一个对偶神，称土地奶奶或土地婆（见图 7-6）。民间祭祀土地神的日子称为社日，一般在农历二月初二行春社之俗，祭祀的物品都冠以“社”字，如“社鸡”、“社酒”、“社肉”等。

图 7-6　土地爷和土地婆

2）山神。山是大地的组成部分，往往高大雄伟，既有丰富的食物资源，又栖息着凶禽猛兽。这一切很自然引起了人类神秘的猜测，于是山也被人们认为有神灵主宰。有些山峰“高与天接”，古人就把它想象成天地相通的道路而加以崇拜。

我国自古就有关于帝王祭祀山川的大典仪式的记载。虞、舜曾五年一巡狩，“望于山川，遍于群神”。秦朝以后，历代帝王封禅泰山，逐渐形成定制，向天地报功，表明自己是顺应天命而进行统治的。五岳、四渎、四海神是最具代表性的自然神。

五岳神山

关于五岳的产生，民间流传着一个古老的传说：盘古开天辟地后，力尽而死，他头化东岳，腹化中岳，左臂化南岳，右臂化北岳，足化西岳。因此五岳神山成为众山之祖。

其实，五岳名称的出现是战国以后的事，它与齐国人邹衍创立的五行学说关系密切。战国时期，人们以天子所居河洛为中心，按东、南、西、北、中五个方位分别选出各方最有影响的大山，作为山神代表，由国家主持祭祀，这五大神山便成了人们心目中有正神居住并可通达天界的灵场。

汉宣帝时，这五大神山分别是东岳泰山、西岳华山、南岳霍山、北岳恒山和中岳嵩山。隋文帝废霍山改衡山为南岳。此后，五岳位置至今未变。

五岳中，东岳泰山为之首，泰山以其“峻极于天”，成为君主告成于天地的封禅圣地，民间认为泰山神“主生死”，所以历代崇祀尤隆。唐宋时，泰山神被封为天齐王、东岳大帝，成为民间信仰的大神（见图7-7）。唐宋以后，东岳大帝的庙祀不限于泰山，而遍及全国各地，俗称东岳庙，又名天齐庙。民间传说东岳大帝是商朝大臣黄飞虎，因助周武王伐纣有功，被姜子牙封为东岳大帝，为五岳之尊。东岳大帝“总管天地人间吉凶祸福，执掌幽冥地府一十八重地狱，凡一应生死转化人神仙鬼，俱从东岳勘对，方可施行”。东岳庙中还配有七十二司分掌众务。相传速报司之神是岳飞，一说是包拯。

图7-7 东岳大帝出巡图

3）河神。在我国古代，河水泛滥是古代最大的自然灾害之一，直接影响着人们的生活。古人认为河流是由一位神灵操纵着，他有意给人赏赐或惩罚，河水泛滥是河神发怒的表示。为了讨好河神，使之不再逞凶，古人会举行隆重的祭祀。

河神崇拜，地方性很强，并无统一的河神。古代民间一般只祭祀自己居住区域的河神，而官方则祭祀所谓的“四渎”，即长江、黄河、淮水、济水四条著名河流。黄河是北方第一大河，黄河流域是中国古代主要的政治、经济、文化中心，所以黄河神就受到了最隆重的祭祀。黄河最早的人化神是河伯冯夷。长江起初并无统一的神灵，只是一些地方性的江神。例如，蜀地以奇相为江神，楚地以湘江二夫人为江神（或以屈原为江神），吴越以伍子胥为江神，都是把一些神话人物、历史人物当做江神。

4）海神。在我国古人的地理观念中，大地是方的，四周是海，自己生活在大地的中央，称四周的海为“四海”。四海之神汉代以后被人神化，如河伯一样，都有自己的名字，总称四海神君。龙王信仰兴起后，四海之神又称为四海龙王。唐宋以后，随着海上运输、贸易、捕鱼、晒盐等行业的发达，海上凶险与人们的生活息息相关，对海神的祭祀日渐隆重。各地出现了一些专门保护某一海域的海神，如天妃、潮州海神、盐官州海神等。其中影响最大的是我国福建、广东、台湾等地奉祀的天妃。天妃，也称天后娘娘，民间一般称为妈祖（见图7-8）。

图7-8 妈祖

妈 祖 信 仰

妈祖，原名林默，后人尊她为灵女、龙女、神女、天妃、天后娘娘等，民间习惯上称她为妈祖，是宋代福建莆田湄洲的一位传奇式人物，也是世界闻名的中国“海神”。关于她的生平，说法不一。

相传，她诞生于宋建隆元年（公元960年）三月二十三日。父林惟悫，五代闽时，任都巡检（负责沿海治安巡逻的官员）。母王氏，生一男六女，妈祖为其最小的女儿。自出世至满月，不闻哭声，因此取名为默。妈祖自幼聪颖不凡，八岁进私塾读书，过目成诵。十三岁时有一位老道士玄通对林默说："你具仙骨，应得渡入正果。"于是授以"玄微秘法"。十六岁时林默立志不嫁，"窥井得符"，通灵变化，能为人治病，并常渡海救助遇险船只，人们尊她为"通贤灵女"。

林默二十八岁时，一次在海上搭救遇险船只不幸被桅杆击中头部，落水身亡。后人缘以"人行善事，死后为神"，认为她升天为神，专于海上抢险助人。此后，乡里之人在湄峰建起祠庙，虔诚敬奉，后人前来朝觐祭祀者络绎不绝。

康熙五十八年（公元 1719 年），妈祖和孔子、关帝等一同被列入清朝地方的最高祭奠，规定地方官员必须亲自主持春秋二祭，行三跪九叩礼，列入国家祀典，使她成了万众敬仰的"海上女神"。

妈祖信仰遍及沿海地区，而且伴随着对外贸易和华侨的足迹，影响远及南洋等地。我国台湾民间至今仍保持着对妈祖神的奉祀。即便在内地的江河码头，也常常建有天后宫。天津东门外就有一座天后宫（也称娘娘庙），始建于元代，解放前几乎每年三月二十三都要举行大规模的"皇会"，祭祀天后娘娘。明清以后，天妃已不仅仅是一位海上保护神，而且还被赋予赐财、赐子、赐福、消灾等多种社会职能。

2．图腾信仰

图腾崇拜是一种非常古老的原始宗教形式。动物、植物等自然物被当做原始部族的图腾，成为附着祖灵的神化物，受到崇拜。原始社会之后，图腾崇拜制度虽然消失了，但图腾物崇拜被继承下来，成为民间信仰的组成部分。

在原始社会，图腾是氏族部落的标志，我国古代姓的由来就与图腾有关。每个氏族都有收藏图腾的秘密地方，严禁外人接近。妇女和未成年男子严禁接触图腾物，只有氏族首领才可以取动；每个氏族都有自己的图腾中心和图腾柱。对图腾对象要有一定的膜拜仪式并禁杀、禁食和禁触摸等。

当代许多民族仍保留着图腾信仰的习俗。例如，云南碧江怒族多以一种动物名来给各氏族命名，像虎氏族、蜂氏族和蛇氏族等；瑶族盛行盘瓠崇拜，以狗为图腾，民间有过盘王节和还盘王愿的习俗；鄂伦春族以熊为图腾，他们称公熊为"雅亚"（即祖父），称母熊为"太贴"（即祖母）熊死后对熊的骨灰加以风葬。此外，还有一些少数民族的图腾为植物，例如苗族的枫树。下面分别介绍动物崇拜和植物崇拜。

（1）动物崇拜。人类自诞生以后，就与动物为伴，以动物为主要的食物来源。人们希望动物能多多繁殖，并容易为人猎取。但动物对人类来说又是一种异己力量，凶禽猛兽令人望而生畏。它们有与人相似的生理、心理机制，还有人所不具备的本领，动物崇拜由此产生。

图 7-9　龙图腾

1）龙。龙是图腾文化的融合。中华民族在形成过程中融合了众多部落，各部落的动物图腾也被不断融合，最终成为动物的综合体，形成龙图腾（见图 7-9）。

我国的龙是一种神异动物，具有九种动物合而为一的九不像的形象。传说中龙的形象是虎须鬣尾，身长若蛇，有鳞若鱼，有角仿鹿，有爪似鹰，能走能飞，能大能小，能隐能现，能翻江倒海，吞风吐雾，兴云降雨。我国历史上龙的造型从三爪、四爪发展到五爪，周朝“五爪天子、四爪诸侯、三爪大夫”，清代“五爪为龙，四爪为蟒”主要作为皇帝与下臣服装上纹饰的差别。

龙是封建帝王的象征，也用来指与帝王和帝王有关的东西，如龙种、龙颜、龙廷、龙袍、龙宫等。龙是杰出人物的象征，汉语词汇中有“藏龙卧虎”、“乘龙快婿”等。龙是祥瑞之物，呈威猛之象，人们希望它保佑家人平安如意，如舞龙灯、划龙舟等。

龙生九子是指龙生有九个儿子，九个儿子都不成龙，各有不同。我国传统文化中，以九来表示极多，有至高无上的地位，九是个虚数，也是贵数，所以用来描述龙子。“龙生九子”的说法大抵盛行于明代。在明代，人们汇集了古代各种文献中的多种怪异的兽形而演化为龙，俗称神兽、瑞兽，把它们安插在民间传统建筑的器物上或重要场所，来装饰纹样，让其“各司一职”，祈祷吉祥，免祸消灾。

龙有九子究竟是哪九子版本较多，说法不同。明代学者杨慎在《升庵集》中记载为：赑屃、螭吻、蒲牢、狴犴、饕餮、蚣蝮、睚眦、狻猊、椒图（见图 7-10）。

图 7-10　龙的九子

长子赑屃，也称龟趺、霸下，形状像乌龟，好负重。在庙院祠堂里，它长年累月地驮载着显赫的石碑。据说触摸它能给人带来福气。

次子螭吻，也称鸱吻、鸱尾、好望，形状像四角蛇剪去了尾巴，这位龙子好在险要处东张西望，也喜欢吞火。于是便塑其形象在殿角、殿脊、屋顶之上，有镇邪避火的功能。

三子蒲牢，是形体较小的龙子，好鸣叫。据说蒲牢生活在海边，平时最怕的是鲸鱼，一看到鲸鱼就会大喊大叫、落荒而逃。于是，人们就将它的形象置于钟上，并将撞钟的长木雕成鲸鱼的形状，以其撞钟，求其声大而亮。古代乐器编钟顶上用它来装饰，一般寺庙大钟上的钟钮也用它来做兽钮，意在声音洪亮能传千里。

四子狴犴，又称宪章，相貌像虎，有威力，又好狱讼之事，它的形象刻铸在监狱牢房门上，让罪犯们望而生畏。“狴犴”一词后人用为“牢狱”的代称。

五子饕餮，恶兽名，形似狼，好饮食，常站在鼎盖上沾沾油水，钟鼎上多雕刻其头像作为装饰。因为饕餮是贪食的恶兽，人们便将贪于饮食甚至贪婪财物的人称为“饕餮之徒”。

六子蚣蝮，《诸神由来》中记载，“蚣蝮，好立，站桥柱。”据说平生最喜欢水，擅长游泳，所以大都被装饰在桥头柱、桥洞之上，或饰于石桥顶端以及建筑滴水上，被称为“好水者”。

七子睚眦，传说生得豺首龙身，平生性格刚烈、好斗喜杀，是龙子中的战神。古人常把它雕饰在刀剑刃身与手柄接合的吞口处，更大量地用在仪仗和宫殿守卫者的武器上，显得威严庄重。因为帝王们都相信睚眦能克煞一切邪恶。

八子狻猊，又称金猊、灵猊。猊像狮子，好烟火，又好坐。庙中佛座及香炉上能见其风采，常蹲坐于庙中佛的坐席上，或成为文殊菩萨的坐骑。

九子椒图，形像螺蚌，性好闭，立于门首。螺蚌遇到外敌侵犯总是将壳口紧合，人们将他用在门上，除取“紧闭”之意、以求平安外，还因其面目狰狞以负责看守门户、镇守邪妖。另外还有一个原因是椒图“性好僻静”、忠于职守，故常被饰为大门上的铁环兽或挡门的石鼓，让其照顾一家一户的安宁，被民间称做“性情温顺”的龙子。

明人学者李东阳《怀麓堂集》中所记“龙九子”与杨慎《升庵集》有三处不一，李东阳把“囚牛”、“嘲风”、“负屃”列为龙子，却未提“蚣蝮”、“椒图”、“饕餮”。

囚牛，形状为有鳞角的黄色小龙，它耳音特好，能通万物语言，特别会欣赏弹拨弦的音乐，所以蹲立于琴头。这位富有音乐天赋的龙子，不仅蹲立在汉族的胡琴（如二胡）上，在彝族的龙头月琴、白族的三弦琴，藏族、蒙古族的一些乐器上也或刻或饰有其形象。

嘲风，样子有点像狗，平生好险又好望，故殿角走兽（屋顶翘角上的小兽）是其形象，能飞檐走壁，传说负责警卫工作。嘲风，象征吉祥、美观和威严，据说还具有威慑妖魔、消除灾祸的含义。

负屃，身似龙，雅好斯文，盘绕在石碑的头顶或为碑两旁的纹龙。负屃喜好闪耀着艺术光彩的碑文，甘愿化作图案去衬托传世文学珍品。它见证着中国历史悠久、内容丰厚的传统文化。

另外，还有把螭首、麒麟、朝天吼（犼）、貔貅也列入龙子的。

螭首，蛇状神物，是一种没有角的龙，螭嘴大，肚能容水，俗有螭首散水说。春秋至秦汉之际，螭首作为青铜器、玉雕、铜镜或建筑物上的雕刻之饰，宫殿石阶、石柱也有雕螭首图的，今多见于民间的条几、茶几上。据说螭首能吞江吐雨，负责排去雨水，我们在江、河、泊、池旁见到的排水兽也是其像。

麒麟，似鹿而大，牛尾马蹄，有肉角一，背毛五彩，腹毛黄。传说不履生草，不食生物，唯有“圣人出，王道行”方见此物，与龙、凤凰、龟合称“四灵”。又说麒麟不畏火焰，被民间用做避火神兽，放在重要的建筑门前。麒麟象征稀世贤才，人们常称非常聪慧的小儿为“麒麟子”。

朝天吼，俗称望天吼，有守望的习惯。华表柱顶上的蹬龙对天咆哮，被视为上传天意、下达民情。又有文献记载说，观音菩萨的坐骑为“朝天吼”。

貔貅，龙头、马身、麟脚，形状像狮子，毛色灰白，会飞，能腾云驾雾，号令雷霆，降雨开晴。因此，相传有辟邪挡煞、镇宅之威力。关于貔貅，好多学者不以其为龙子，而在我国南方及东南亚一带称其为龙的第九子，说其貌似金蟾、披鳞，甲形如麒麟，大嘴无肚，只进不出，性喜食四方财，所以被认为是聚财囊、催官运的祥兽。

中国被称为龙的国度，广大民间处处是“龙子”的故乡。民间每一个“龙子”的传说虽然各自说法不同，题材却涉猎广泛，蕴涵着社会、政治、经济、文化、历史、风俗、军事、法律、宗教以及美学、建筑、水利、艺术等各个方面的内容，彰显着我们祖先诸多的向往和对美好生活的追求。

2）凤凰，也称为丹鸟、火鸟、鹍鸡、威凤等。凤凰是我国古代传说中的百鸟之王，和龙一样，是汉族的民族图腾，是天下太平和祥瑞的象征。古人认为时逢太平盛世，便有凤凰飞来。

凤凰是雌雄统称，雄为凤，雌为凰，总称为凤凰。凤和凰不是现实中存在的鸟类。传说凤凰的形象类似孔雀，前身似鸿，后身似麟，蛇颈鱼尾，龟体龙纹，下巴如燕，口喙像鸡。当它振开双翅时，色彩斑斓，五光备举。凤凰戴德、拥顺、背义、抱信、履仁，是五德具备的圣贤鸟。凤凰的生活习性也与众不同，它不折生草，不啄活虫，不群居，不乱翔，非竹不食，非灵泉不饮，非梧桐不栖。

传说凤凰每次死后会周身燃起大火，然后其在烈火中获得重生，并获得比以前更强大的生命力，称为“凤凰涅槃”，五百年一次，如此周而复始，获得永生。

作为“四灵”（龙、凤凰、麒麟、龟合称）之一、百禽之王，凤凰的吉祥寓意很丰富。我国民俗中，常将龙和凤这两种吉祥物搭配在一起，形成中国独有的龙凤文化。一般来说，龙代表男性，凤代表女性，“男龙女凤”形容优秀的男子和女子。在封建时代，龙和凤分别象征皇帝和皇后，皇帝坐龙椅、穿龙袍，皇后戴凤冠，皇后常用的器物都有“凤”的图案。后来，龙凤图案进入寻常百姓家，人们常用“龙凤呈祥图”来祝贺新婚，象征夫妻和谐；在室内贴“丹凤朝阳图”（两只凤凰围着太阳飞翔），表示对光明未来、甜美爱情、幸福生活的向往和追求。

今天展现在我们眼前的凤凰形象，是数千年演化的结晶，浓缩和寄寓了中华民族奋发向上、刚强坚韧的伟大精神。

百 鸟 朝 凤

黄帝即位，自觉天下太平，想亲眼看看传说中的凤凰。为此，他请教天老。天老回答：“凤凰显形，乃是祥瑞的预兆，只有在太平盛世才出现。见到它一掠而过已是很不容易，如果能看到它在百鸟群里飞舞，那是千载难逢的祥瑞了。”黄帝听后很不高兴，说：“我即位以来天下太平，为什么连凤凰的影子都没看见？”天老说：“东有蚩尤、西有少昊、南有炎帝、北有颛顼，四方强敌虎视眈眈，何来太平？”黄帝听罢率兵讨伐，天下就此太平，百姓安居乐业。一天，黄帝看见一只华美绚丽的大鸟，正展开强韧的翅翼，抖动着五彩的翎毛，在高空翱翔，而数不清的奇珍异鸟围着它翩翩起舞。黄帝知道，这只大鸟就是凤凰，也是他想看到的瑞象——百鸟朝凤。

优美的神话流传了几千年。后人依照传说绘成了《百鸟朝凤图》（也称《百鸟朝王图》或《仪凤图》）（见图 7-11），表达中华民族对太平盛世的无限期盼。

图 7-11　百鸟朝凤图

3）虎。从古至今，虎都被誉为“百兽之王”，是勇猛与力量的象征。我国早在“仰韶文化”时代，便以龙虎图案代表力量与尊贵。我国多将与军事有关的人或物，冠以“虎”字。如将勇猛的战将称为“虎将”，三国时代的关、张、赵、马、黄合称“五虎上将”，乃至其后代被称为“将门虎子”。帝王调兵的信物称做“虎符”，以体现军力与威势。《三十六计》中的“调虎离山计”，《孙子兵法》中的“坐山观虎斗”，无不体现着虎在军事战争中的特殊地位。

虎的传说

相传在东海渡朔山上有一棵弯曲伸展三千里的大桃树，一直伸向东南方的鬼门，鬼神要由此出入。树下有神荼、郁垒兄弟二神把守，两人力大无比，技艺高强，并驯服了山上的虎群，令它们看管桃树。眼看桃子成熟，一群恶鬼企图抢摘。兄弟俩指挥群虎与群鬼拼杀，二人打翻一个，捆住一个，虎便吃掉一个。战斗胜利，神荼、郁垒的名字传遍人间。老虎的名气也随之大震，成为百兽之王、恶鬼的克星，成为坚强、勇敢的象征，被祖先视为神兽，虎形器物常被人们用来避邪。

我国民间将虎视为消灾镇邪的瑞兽、神物，常用虎的形象驱鬼辟邪。例如，门上画虎，门环用虎头形象；妇女们用布做一些老虎放在家里“镇邪除恶”；五月端阳，民间常佩艾虎（五色线扎成虎形香包），家长用雄黄酒在儿童前额画一个“王”字，以示驱五毒（蝎、蛇、蟾、蜈蚣、壁虎）。南方话中“虎”与“福”读音相近，虎又成为福的象征，有赐福、镇宅、生财等文化内涵。例如，南方年画中的《五虎（福）图》和天津杨柳青年画《招财进宝图》印一只猛虎，守卫在聚宝盆旁。

老百姓更是把虎看做是儿童的保护神，民间在春节、元宵节以及新生婴儿“洗三”（婴儿出生三天）、百日、周岁生日、两岁生日，以及平日里喜欢让孩子穿虎头鞋、戴虎头帽、睡虎头枕，有些地区连小围嘴也绣成虎头形（见图 7-12）。山东沂水民间还流传很多关于老虎的俗语，如“家里有狮虎，平安又幸福”、“摸摸虎头，吃穿不愁；摸摸虎嘴，驱邪避鬼；摸摸虎背，荣华富贵；摸摸虎尾，十全十美”。

图 7-12 民间虎头鞋帽枕

少数民族之虎俗

彝族自称为虎的民族。虎的后代，死后灵魂还原为虎，“人死一只虎，虎死一枝花”。彝族每年过“老虎节”，从农历正月初八日落开始，到正月十五太阳升起结束。虎节中祭虎神，化虎妆，跳虎舞，热闹非凡。最后，虎神老人到各家各户拜年，口念吉祥，预祝五谷丰登、六畜兴旺。

白族自称“劳之劳务”（意为虎儿虎女），视虎为祖，宅堂挂虎图。修房造屋、婚嫁以虎日为吉。白族猎人不打虎，如偶被老虎咬死，也看做“成仙”。小孩取名与虎有关，衣着以穿虎头鞋、戴虎头帽为荣。

土家族也自称是“白虎之后”。以白虎为祖神和图腾，形成了长久的白虎崇拜，至今仍影响民间，家家神龛上常年供奉一只木雕白虎，祈虎赐祥降瑞，以虎形铸造器物，作镇妖祛邪之用。土家人日常生活和民俗文化中，也随处可见白虎的印迹。结婚时，男方正堂大方桌上要铺虎毯，象征祭拜虎祖；土家民间舞蹈中，有“抱虎头”、“猛虎下山”等舞姿，以虎驱恶镇邪，希冀平安幸福。

4）狮子。狮子是祥瑞之物，原产非洲、南美洲、亚洲西部等地，有“兽中王”之誉，是权势和地位的象征。古“狮”为“师”，太师、少师等都是很有权势的官名。我国民间信仰认为，狮子可以祝吉、辟邪，认为国泰民安狮子至。民间节日吉庆舞狮之风，到现代仍传承未废。

中国石狮

西汉时，狮子由西域引入我国。东汉时，人们开始用石材凿刻狮子的形象。石狮子可以说是我国古代普及面最广、最深入人心的民族艺术雕刻。上至朝廷庙堂、帝王陵墓、各级官府衙门，下到乡村宅院、牌坊桥梁以及佛寺道观，都少不了石狮子的形象。

图 7-13　石狮

我国的石狮子从它诞生那一天起便脱离了动物学意义上狮子的真实形象，而大量加入了对它的合理想象（见图 7-13）。中国本土将龙、虎、狻猊、麒麟、饕餮等神兽的形象或明或暗地转移到了狮子身上。例如，阔及两鬓的方口、大而突出的鼻子、圆睁的努目、粗壮的身躯、短甚至省略掉的尾巴等。

中国石狮独立于世界艺术之林，堪称“中华一绝”。它的独特面貌，既保存狮子威武的气派，又赋予它祥和的面貌。到了近代，威而不怒的狮子成了中华民族觉醒的象征，更成为渗入我们民族血脉的传统文化之一。

图 7-14　马上封侯图

5）猴子。汉族普遍认为猴为吉祥物。由于“猴”与“侯”谐音，在许多图画中，猴的形象表示封侯的意思。例如，一只猴子爬在枫树上挂印，取“封侯挂印”之意；一只猴子骑在马背上（见图 7-14），取“马上封侯”之意；两只猴子坐在一棵松树上，或一只猴子骑在另一只猴的背上，取“辈辈封侯”之意。

无处不在的“猴”

①**“护娃猴”**。我国山西、陕西和内蒙古等地区，农家的炕头上都有一个用青石雕刻的小石猴。母亲用一根红绳子穿过石猴腿部的圆孔，再把红绳的另一头拦腰拴住刚学会爬的婴儿。据说，猴能保佑娃娃平安，长大后精明能干。

②**“护航猴”**。20 世纪 70 年代前，三门峡、陕县一带，在木船靠拢码头时系绳用的木桩顶端都雕有一只神采奕奕的猴子。意在孙猴子水性好，能潜入东海大闹龙宫，敬它，可保驾护航，人船平安。

③**“避瘟猴”**。我国西北地区的陕西、甘肃一带，村里的拴马石桩顶端都雕有石猴，称“避马瘟”（弼马温的谐音）。农村的拴马桩、槽头边、农民居室，都可以找到“公侯之神——避马瘟”的位置。

④**“抱桃猴”**。猴子与“桃”似有天生不解之缘。自然界的猕猴天性喜食桃子。《西游记》中，就有孙猴子偷吃西王母蟠桃的故事。至今，民间为老人贺寿时，仍以桃子作为祝寿象征。

⑤**“马上猴”**。马上猴的寓意是“马上封侯”。

除上述外，猴子神通广大的功能远不止于此，还有“祈雨”、“求子”等多种功能。总之，在人民生活中，无论炕头、墙头、码头、槽头、口头乃至寺庙石雕、居民建筑，都有“猴”的位置。

6）乌龟。我国民间认为龟有神性与灵性，古人把乌龟看做是高贵和吉祥的象征。商代人用龟甲占卜，预知凶吉，在龟甲上记载重大事件。汉朝的丞相、列侯、将军所用金印的印钮都呈龟形。唐代，五品以上大员的墓前才可有龟趺石碑（见图 7-15）。过去，人们放生积德，多半找一只乌龟放生，认为这样更能得到神灵的保佑。龟性懦弱，稍稍遇险即缩头。明代，“乌龟”成为耻辱性的称呼，乌龟的形象开始变得卑贱。

7）鱼。鱼是人类的佳肴，与人类共生。我国人民与鱼的关系，折射在千百年形成的民俗里。“鱼”与“余”谐音，象征良辰吉日的喜庆氛围，表示生活优裕，财富有余。尤其“鲤鱼”倒念谐音为“余利”，意寓“连年有余”，民间更对鲤鱼情有独钟。过春节贴“连年有余图”的年画（见图 7-16）；设宴待客，主菜必上红烧鸡、羊血羹、糖醋鲤鱼，取“吉祥富裕”之意；结婚剪窗花，贴“双鱼戏莲”，以示双余连喜，似水情长；祭祀财神，常用鲤鱼做祭品；岭南地区还有元宵节舞鲤鱼灯的习俗等。

图 7-15　龟驮石碑

图 7-16　年画“连年有余”

鲤鱼跳龙门

黄河流域盛产鲤鱼，民间流传凡能跳过龙门的鲤鱼即可成龙。李白曾专为此赋诗一首：“黄河三尺鲤，本在孟津居，点额不成龙，归来伴凡鱼。”

很早很早以前，龙门还未凿开，河水被龙门山挡住，在山南积聚了一个大湖。居住在黄河里的鲤鱼听说龙门风光好，都想去观光。它们从孟津的黄河出发，聚在龙门北山脚下。“咱们跳过这龙门山，怎样？”一条大红鲤鱼说。大家七嘴八舌拿不定主意。大红鲤鱼便自告奋勇先跳。它使出全身力量，纵身一跃，一下跳到半空的云里。突然一团天火从身后追来，烧掉了它的尾巴。它继续忍痛朝前飞跃，终于越过龙门山，变成了一条巨龙。鲤鱼们见状，一个个挨着跳龙门。凡是跳不过，从空中摔下来的，额上就落一黑疤。今天，这个黑疤还在黄河鲤鱼的额头上。

鲤鱼跳龙门是鱼儿回游繁殖受阻的自然现象。人们将其编成故事寄托理想，用鱼化龙象征少年进取、前程远大。

8）蝙蝠，省称“蝠”，因“蝠”与“福”谐音，人们以蝠表示福气、福禄寿喜等祥瑞。两只蝙蝠，谐音“双福”；五只蝙蝠，意为“五福临门”；五只蝙蝠加一只桃为“五福捧寿”（见图 7-17）；还有“纳福迎祥”、“多福多寿”、“福寿双全”、“翘盼福音”等，无不在“蝠”、“福”的谐音上做文章。旧时丝绸锦缎常以蝙蝠图形为花纹。婚嫁、寿诞等喜庆时，妇女服装、头饰和器物上也常用蝙蝠造型。

图 7-17　五福捧寿图

9）鸳鸯，形影不离，雄左雌右，古人称为匹鸟。鸳鸯在我国人民心中是永恒爱情的象征，在“鸳侣”、“鸳盟”、“鸳衾”、“鸳鸯枕”、“鸳鸯剑”等词语中都含有男女情爱的意思。鸳鸯更是一夫一妻、相亲相爱、白头偕老的表率，人们常将鸳鸯的图案绣在各种物品上表达爱意。“鸳鸯戏水”是我国民间常见的年画和绣品题材，人们常送“鸳鸯戏水图”（见图 7-18）、“鸳鸯戏荷图”祝贺新婚美满和幸福。

10）喜鹊。喜鹊自古以来深受我国人民喜爱，是好运与福气的象征。我国北方把喜鹊当成出门求事成功与否的征兆，画鹊兆喜的风俗在民间很流行。例如，两只鹊儿面对面为“喜相逢”；双鹊中加一枚古钱称为“喜在眼前”；一只獾和一只鹊在树上树下对望称做“欢天喜地”；一套餐具上有不同造型的喜鹊为“日日见喜”；流传最广的是鹊登梅枝报喜图，又称“喜上眉梢”（见图 7-19）。

图 7-18　鸳鸯戏水图

图 7-19　陕西剪纸—喜上眉梢

11）十二生肖信仰。生肖产生于远古的动物图腾崇拜，本是我国用于纪年的一套符号。人们用十二种动物来借代序数符号与十二地支相配，后来成为生肖历法。这十二种生肖动物依次是鼠、牛、虎、兔、龙、蛇、马、羊、猴、鸡、狗、猪。

生肖信仰中非常重要的部分是人们本命年的观念。汉民族的本命年是按照十二生肖循环往复推出来的，一个人出生那年对应的属相年，以后每到这一属相年便是此人的本命年。由于十二生肖循环往复，每过十二年，人们就要遇到自己的本命年。民间认为本命年为凶年，需要趋吉避凶，消灾免祸。汉族北方各地每到本命年时，不论大人小孩都要买红腰带系上，称为“扎红”，小孩还要穿红背心、红裤衩，认为这样才能趋吉避凶、消灾免祸。这种习俗到今天仍在各地流行，每逢春节，市场上出售“吉祥带”、“吉祥结”的红黄绸带，本命年的人们将其系在腰间、手腕，便可禳解灾祸、化凶为吉。我国许多民族都很重视老人的六十岁生日，称为“花甲”，花甲为人一生中的第六个本命年，也是干支纪年的一个轮回，须好好庆祝，以此寄托人们企求长寿、健康、吉祥的愿望。

（2）植物崇拜。在民间自然崇拜当中，植物崇拜也是一个重要的方面。在万物有灵的观念中，一些树木、花草被赋予某种灵性与神力，在深井、老树之中往往有神灵寄住。那些高大茂盛、粗壮古老、形状怪异的树，更是带有某种神秘色彩，被人们崇拜、敬祀。

图 7-20　岁寒三友图

1）岁寒三友、四君子。松、竹经冬不凋，梅迎寒开花，故称“岁寒三友”（见图 7-20）。民间认为岁寒三友具备玉洁冰清、傲立霜雪的高尚品格，将其视做常青不老、旺盛生命力的象征。竹菊梅兰称为“四君子”。梅，剪雪裁冰，一身傲骨；兰，空谷幽香，孤芳自赏；竹，筛风弄月，潇洒一生；菊，凌霜自行，不趋炎附势。四君子，以清雅淡泊的品质，为世人钟爱，成为人格品性的象征。千百年来，岁寒三友和四君子逐渐演变成为雅俗共赏的吉祥图案，流传至今。

2）红豆。

相传，古时有位男子出征，其妻朝夕倚于高山上的大树下祈望。因思念边塞的爱人，哭于树下。泪水流尽后，流出粒粒鲜红的血滴。血滴难以化解，凝成红豆，生根发芽，长成大树。春去秋来，大树的果实伴着爱人心中的思念，慢慢变成地球上最美的红色心形种子。

红豆，又名相思子，产于两广一带，形如豌豆，朱红色。古人常用红豆来象征爱情或相思。红豆是中华民族悠久、古朴传统文化的载体。“红豆生南国，春来发几枝，愿君多采撷，此物最相思”这是唐代诗人王维根据当时民俗写就的一首脍炙人口的《相思》诗，它反映出青年男女以红豆相赠的动人情景。

在民间，相思红豆和玉一样，是有灵性的开运吉祥物。定情时，送一串许过愿的红豆，求得爱情顺利；婚嫁时，新娘在手腕或颈上佩戴红豆串成的手链（见图 7-21）或项链，象征男女双方白头到老心连心；结婚后，夫妻枕下各放六颗许过愿的红豆，希冀夫妻同心，百年好合。

图 7-21 红豆手链

3）牡丹。牡丹是我国特有的木本名贵花卉，因其端庄妩媚，兼有色、香、韵三者之美，素有“国色天香”、“花中之王”的美誉。在我国民间常作为富贵吉祥、繁荣兴旺的象征，牡丹被广泛应用于建筑装饰、服饰图案、器具首饰的花纹等，深受人们喜爱。

隋唐以来，牡丹不仅为帝王、士大夫所欣赏，逐渐遍及寺庙道观，为平民阶层所接受，赏牡丹花成为国都长安的盛大节日，城都或乡间逐渐形成了一种集中观赏的形式——牡丹花会。现在，我国规模较大的牡丹花会举办地有洛阳牡丹花会、菏泽国际牡丹花会和彭州牡丹花会。

明清以后，牡丹与民俗结合得更加紧密，注重将花的寓意应用于花木配置之中，盛行将牡丹与其他花材相组合以表达美好的愿望。例如，牡丹与石头或梅花组合，寓意“长命富贵”；牡丹与玉兰或海棠组合，寓意“玉堂富贵”、“富贵满堂”；牡丹与竹叶或苹果组合，寓意“富贵平安”；牡丹与莲组合，寓意“年年富贵”；牡丹与寿石、如意组合，寓意“富贵寿考”；牡丹与柏树、灵芝组合，寓意“富贵百龄”、“富贵长寿”；牡丹与长春花组合，寓意“长命百岁”；瓶插牡丹（见图 7-22）、如意配果盘寓意“富贵吉祥”、“平安如意”等。

图 7-22 富贵平安图

4）葫芦。“葫芦”谐音“护禄”、“福禄”，本身造型优美，给人以喜气祥和的美感，古人认为它可以驱灾辟邪，祈求幸福，使子孙人丁兴旺。

千百年来，葫芦作为一种吉祥物和观赏品，一直受到人们的喜爱和珍藏，是中华吉祥文化的代表象征。人们常把葫芦挂在门口用来避邪、招宝（见图 7-23）。葫芦在外形上看是由两个球体组成，象征着和谐美满，寓意着夫妻互敬互爱。民间认为，葫芦挂在床尾或摆放在人的睡侧，可以吸取人身上的病气，也可以吸取人身上的晦气，提升运势。

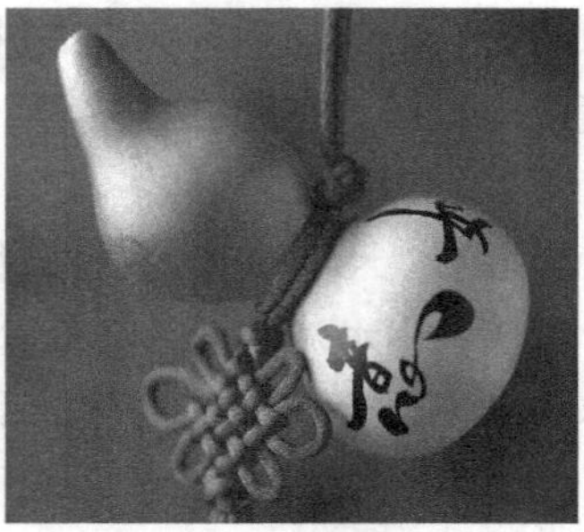
图 7-23　如意葫芦

我国有许多民族崇拜葫芦，并有葫芦神话流传至今。葫芦神话大多有这样一些内容：葫芦是诞生始祖的母体，是先祖灵魂的归宿地；葫芦籽是万物的种子；葫芦笙声是祖先的声音。拉祜族长诗《牡帕密帕》中说，第一代人扎笛和娜笛是天神厄莎用葫芦孕育出来的，其子女分别繁衍为拉祜、佤、哈尼、彝、傣等九个民族。佤族《司岗里》也有类似的传说。总之，我们中华各民族都是同胞弟兄。

5）桂花。“桂”与“贵”同音，取荣华富贵之意。古代称誉好儿孙为“桂子兰孙”。在盛产桂花的少数民族地区，青年男女常以赠送桂花表示爱慕之情，甚至含有“一枝桂花一片心，桂花林中定终身”的寓意。青年男女成婚时，必折桂花插于新娘头上，以示吉祥和纯洁、又香又“贵”之意。旧习俗中，将桂花与莲子放在一起（见图 7-24），取意“连生贵子”；将桂花与寿桃合图，意为“富贵长寿”。

桂，也用于祝贺科第考试。民间传说中月宫有仙桂、玉蟾等，故古代科举考试登第称为蟾宫折桂、攀桂、名登桂籍。至今在我国江南不少地方还有这样的习俗：每当考试之年，应试者及其家属亲友都用桂花、米粉蒸成糕，称为广寒糕，相互赠送，取广寒高中之意。

6）莲，又称荷、芙蕖、水芙蓉、水芸、水华等，玉环是其雅称。在我国，莲花被崇为君子，自古以来，人们喜爱这种植物，认为它是洁身自好、不同流合污的高尚品德的象征，诗人有“莲生淤泥中，不与泥同调”之赞。“青莲”谐音“清廉”，莲也是清廉的象征。莲花别名芙蓉花，“芙蓉”谐音“夫容”，因此莲花常用来象征爱情，尤其是并蒂莲、二莲生一藕的图画，称做“并莲同心”；“水芙蓉”的“蓉”谐音“荣”，莲花与牡丹花在一起，为“荣华富贵”；莲花和鹭鸶，称为“一路荣华”；牡丹、莲花和白头翁，称为“富贵荣华到白头”；莲也谐音“连”，莲蓬加莲子，称为“连生贵子”。

莲象征纯净、纯洁，佛教中多用莲花，有莲花座、莲花台、莲花佛冠（见图 7-25）等。佛教寺庙的墙壁、藻井、栏杆、神帐、桌围、香袋、拜垫之上，也到处雕刻、绘制或缝绣各种各色的莲花图案。

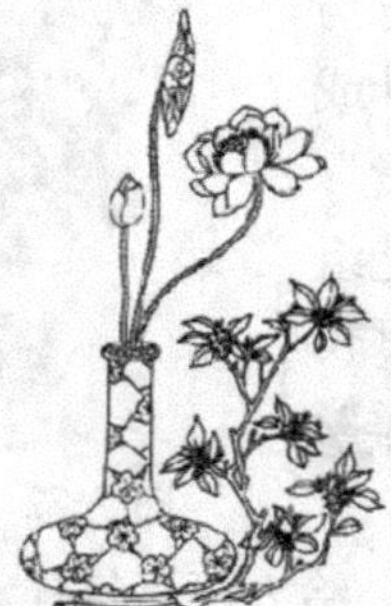
图 7-24　连生贵子

图 7-25　清贴花绣五字真言莲花佛冠

3．祖先信仰

祖先信仰是人类对自身的信仰，但有些也是由图腾崇拜演化而来的。随着社会的发展和人们认识能力的提高，人们从崇拜有神灵的自然物过渡到崇拜有显赫地位的始祖。祖先信仰民俗在信仰习俗中占有极其重要的地位。祖先有远古祖先或始祖、氏族祖先、部落祖先、民族祖先和家族祖先等。在我国，祖先的概念很明确。祖先必须是与我们自己具有某种血亲关系的先人。

祖先崇拜最早的形态是对女祖先的崇拜。例如，汉族的女娲、基诺族的尧白、壮族的白马三姑和纳西族的三朵等。父系氏族社会后，逐渐开始对男性祖先进行崇拜，崇拜的范围由全民缩小到氏族、部落，并逐渐演变到后来的家族祖先崇拜。

我国的祖先信仰主要讲究慎终追远，表达对祖先的感念之情，并相信祖先在天之灵会继续保佑自己的后代。我国的许多节日，都离不开祭祀祖先这一内容，如除夕、清明节、中元节、重阳节等以祭祀先人为主要内容的节日。祖先祭祀的方式通常有家祭、墓祭、祠祭。历朝历代的人们对祖先的敬奉是十分隆重而虔诚的，家中长者去世要举行慰灵仪式，其神主则供奉于家庭和家庙、祠堂之中，并定期举行祭祀。各民族供奉祖先的形式多种多样，有的供奉“神主”，上写有祖先名字，有的供奉完整记载祖先传承系统的家谱，有的是供奉祖先的偶像。例如，汉族祭祀祖先时，供奉的是写有祖先称谓、谥号或名号的木制牌位，有的还有家谱，祭祀多在祠堂里进行。

汉族比较重视祖先崇拜，在漫长的封建社会逐渐形成了一套完整有序的修家谱、置族产、订族规、建祠堂和严祭祀等敬天尊祖的习俗。但随着社会的发展，目前许多敬祖祭祖的习俗逐渐淡化了。

此外，汉族还崇拜世间某方面有特殊贡献的人，如各行各业的祖师爷。土木工匠的祖师鲁班、纺织业祖师黄道婆、铁匠祖师李铁拐、造纸祖师蔡伦、酒业祖师（也称酒圣）杜康和茶业祖师（又称茶圣）陆羽等。

黄帝陵祭祖大典

中国远古时期，黄帝族、炎帝族和九黎族三个部落，逐步以黄帝族为主，相互融合，形成华夏民族。部落首领黄帝轩辕氏就成了我国多民族国家的共同祖先，开创了中华民族文明，被尊奉为“华夏始祖”。后来，各部族都认为是黄帝的后代，称为“炎黄子孙”。

为了纪念和缅怀黄帝，我国历代帝王都会举行隆重的祭祀活动。唐大历五年（770 年）修建的黄帝陵，古称“桥陵”，号称“天下第一陵”，位于陕西黄陵县城北桥山。相传，黄帝在此得道升天，故此陵墓为衣冠冢。建庙祀典以来，黄帝陵成为我国历代帝王和著名人士祭祀黄帝的场所。

现在，黄帝陵祭典仪式成为中国的非物质文化遗产。每年清明节祭祀黄帝大典已经成为“中华第一大典”，海内外炎黄子孙共同瞻仰和祭祀始祖黄帝（见图 7-26）。

图 7-26　黄帝陵祭祖

4．宗教信仰

宗教信仰是在民间信仰的基础上发展、提炼出来的，它的对象是超自然的神灵、神学理论和宗教教义，它关注彼岸世界，极力在彼岸世界寻求人生的价值、精神的超越和终极关怀。为了巩固加深人们对神灵的信仰，各宗教通过开展一些礼仪活动促进人与神之间的联系，以此向神表达人的敬畏和愿望，进而显示出宗教的神圣性和庄严性，宗教信仰民俗由此产生。

宗教分原始宗教和现代宗教两种。原始宗教更多地体现了一种自发、散漫和封闭的特征。现代宗教则有创始人、有组织、有教义和严格的教规。我国的四大宗教为基督教、伊斯兰教、道教和佛教。

基督教宣扬博爱和人人平等。它的经典是《圣经》。基督教（新教）于 1807 年传入我国。

因为它在我国传播是在清末不平等条约的掩护下开始的，在相当长时间里并不被我国民众接纳。20 世纪 80 年代后，基督教在我国开始有一定的发展势头。

伊斯兰教是世界性的宗教之一，唐朝永徽二年（651 年）从阿拉伯传入我国。《古兰经》是伊斯兰教的经典作。我国伊斯兰教信仰主要集中在回族、维吾尔族、塔塔尔族、柯尔克孜族、哈萨克族、乌孜别克族、塔吉克族、东乡族、撒拉族、保安族等少数民族中。

我国的四大宗教中，道教为土生土长的本土宗教，佛教对我国民间信仰影响甚广。

（1）道教。道教是发源于我国古代的传统宗教，创立于东汉顺帝时期，距今已有一千八百余年的历史。它深深扎根于中华沃土之中，与中华本土文化紧密相连，传承了华夏古代的传统礼乐文明，吸收并发展了春秋战国时期的老子和庄子的道家思想，并对我国的民俗信仰产生了深远影响。

道教以老子的《道德经》等为主要经典。道教以“道”为最高信仰，“道”无形无象，而又生育天地万物，是宇宙万物的本源。“道”在人和万物中的显现就是“德”，尊道贵德是道教的最高信仰。道教宣扬有道者必具有高尚的德性，有了高尚的德性才可得道。因此，修道之人要想得道成仙，必清心寡欲、柔弱不争、胸怀宽容；不尚名、不尚利、不自贵、不自誉、不妒嫉、不妄语，不溺于音色美食；乐人之吉，愍人之苦，周人之急，救人之穷；施恩不求报，不杀生以自娱，济世利人，慈心于物，正信诚实。

道教是崇拜多神的宗教，所崇奉的神灵种类繁多，下面介绍一些在民间祭拜较多的神灵。

1）三清四御。“三清”指道教所尊的玉清、上清、太清三清境，也指居于三清仙境的三位尊神（见图 7-27），即玉清元始天尊、上清灵宝天尊、太清道德天尊。通常，道教宫观内要供奉他们的塑像，为他们专门建造祭祀之处，称为三清殿或三清宫。

四御为道教天界尊神中辅佐“三清”的四位尊神，又称“四辅”。他们分别是中天紫微北极大帝（总御万星）、南极长生大帝（执掌万事万物）、勾陈上宫玉皇大帝（总执天道的大神，位居四御之首，统御万雷与人间兵革之事，见图 7-28）、承天效法后土皇帝地祇（俗称“后土娘娘”，为执掌阴阳生育，主宰大地山川的女性神）。

2）太上老君，即是老子，姓李，名耳，字聃，春秋时楚国人，主无为之说。道教相信老子是太上老君的化身，度人无数，因其传下道家经典《道德经》，故称老君为道德天尊（见图 7-29）。太上老君是三清尊神中受民间香火奉祀最多的神明。我国民间社会各行业，较多祭拜老子为祖师爷。

图 7-27　道教三清尊神像

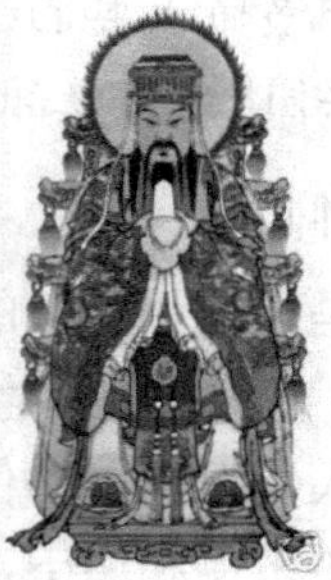

图 7-28　玉皇大帝像

3）城隍。城隍本指护城河，后被神化为城市的保护神，是冥界的地方官。我国古代凡有城池者，都建有城隍庙（见图 7-30）。道教把他纳入自己的神系，称他是剪除凶恶、保国护邦之神，并管领阴间的亡魂。

城隍神，有的地方又称城隍爷，多奉去世后的英雄或名臣，如苏州祀战国时的春申君黄歇，上海祀秦裕伯，北京祀杨椒山，杭州祀周新、文天祥，会稽祀庞王，桂林祀苏缄等。每逢正月十五日的元宵节、五月十九日的城隍寿诞以及清明节、中元节等，城隍庙都要举行庙会活动。人们进城隍庙烧香奉祀，祈祷健康平安。

4）灶神，俗称灶君、灶爷、灶王爷、灶公灶母、东厨司命、灶司爷爷等，是传说中的司饮食之神（见图 7-31）。灶神起源甚早，商朝已开始在民间供奉，除了掌管人们的饮食，赐予生活上的便利外，灶神是天帝派遣到人间考察一家善恶之职的官，他定期上报天庭，因而得到一般老百姓的顶礼膜拜。

图 7-29　太上老君像

图 7-30　城隍庙

图 7-31　灶神像

每年农历十二月二十四，灶神上天，报告人间功过，定人祸福，家家户户都要“送灶神”，又称“辞灶”。北方习俗于农历十二月二十三晚上奉祀灶君，焚香祀送。南方习俗于农历十二月二十四晚上奉祀灶君，焚香祀送。民间奉祀灶神多用糖元宝、炒米糖、花生糖、芝麻糖和糯米团子之类，以冀塞住灶神之口，不讲人间罪恶，世称“上天言好事，下界保平安”。

5）财神，是我国民间普遍供奉的善神，每逢新年，家家户户悬挂财神像，希冀财神保佑以求大吉大利。财神的起源颇为难考，所祭祀的神明也因时因地而有所不同。民间一般认为有所谓“正财神”赵公明（见图 7-32），“文财神”范蠡、比干，“武财神”关羽，“偏财神”五路神，“准财神”刘海蟾。传说正月初五是财神生日，过了大年初一，人们最重要的活动就是接财神，在财神生日到来的前一天晚上，各家置办酒席，为财神贺辰。

图 7-32　财神像

民间普遍祭祀赵公明，大概是明代中叶或稍前开始的，主要原因是“买卖求财”是他专司的主要职责之一。所供赵公明财神像皆顶盔披甲，着战袍，执鞭，黑而浓须，形象威猛。周围常画有聚宝盆、大元宝、宝珠、珊瑚之类。

6）八仙，是民间广为流传的道教八位神仙。八仙分别为铁拐李（李玄/李洪水）、汉钟离（钟离权）、张果老、蓝采和、何仙姑（何晓云）、吕洞宾（吕岩）、韩湘子、曹国舅（曹景休）。由于八仙均为凡人得道，所以个性与百姓较为接近，为道教中相当重要的神仙代表，中国许多地方都有八仙宫，迎神赛会也都少不了八仙。

传说八仙分别代表着男、女、老、少、富、贵、贫、贱，八仙所持的檀板、扇、拐、笛、剑、葫芦、拂尘、花篮等八物为“八宝”，代表八仙之品。文艺作品中以八仙过海、八仙献寿最为有名。

八仙过海的传说

八仙过海（见图 7-33）是八仙最脍炙人口的故事之一。相传白云仙长于蓬莱仙岛牡丹盛开时，邀请八仙及五圣共襄盛举。回程时铁拐李建议不搭船而各自想办法渡海（就是后来“八仙过海、各显神通”或“八仙过海、各凭本事”的起源）。

图 7-33　八仙过海

此时，铁拐李抛下自己法器铁拐（或说葫芦），汉钟离扔了芭蕉扇，张果老放下坐骑“纸驴”，其他神仙也各掷法器下水，横渡东海。由于八仙的举动惊动龙宫，东海龙王率领虾兵蟹将前往理论，不料发生冲突，蓝采和被带回龙宫之后，八仙大开杀戒，怒斩龙子，而东海龙王则与北海、南海及西海龙王合作，一时之间惊涛骇浪。此时曹国舅拿出玉板开路，将巨浪逼往两旁，顺利渡海。最后由南海观音菩萨出面调停，要求东海龙王释放蓝采和后，双方才停战。

图 7-34　福禄寿三星

7）福禄寿三星，是民间流传的天上三吉星，福寓意五福临门，禄寓意高官厚禄，寿寓意长命百岁。我国民间喜欢将三星作为礼仪交往和日常生活中象征幸福、吉利、长寿的祝愿。道教创造了福、禄、寿三星形象（见图 7-34），迎合了人们“福禄寿”的心愿。

福禄寿三星中以福星为尊，所谓“福星高照”。福星最初发源于先民对木星的自然崇拜。西汉以来，他是保佑丰收的赐福星官——岁星。明清后，道教神系中的天官后来居上，成为人所公认的赐福天官——福星。

“寿”是道教生命论的重点及其追求的终极目标，道教“寿”的观念对我国寿庆民俗影响颇深。寿星即为南极仙翁，他是掌管人间寿命长短的天界神仙。寿星的形象是一个拄着龙头拐杖且有一个大脑门的慈善老人，他带着一只口含灵芝草的梅花仙鹿，旁边有一对童男童女手捧仙桃侍候，给人一种吉祥喜庆、平和的感觉。

禄星是主管功名利禄的星官，其手持如意、金元宝等吉祥物品。五代之后，禄星被加上“张仙送子”的附会，使禄星由原本代表升官发财之神，逐渐成为送子之神，一般民间塑造的禄星像均手牵一童子或抱婴儿于怀。

道教除上述神仙外，还有门神、钟馗等，前文已经介绍，此处不赘述。

（2）佛教。佛教是世界三大宗教之一，创始于公元前 6 世纪的古印度，创始人为悉达多·乔达摩，成佛后被称为释迦牟尼。佛教的基本教义主要包括缘起、法印、四谛、八正道、十二因缘、因果业报、三界六道、三十七道品、涅盘以及自成一体的密宗法义等。佛教称人生有八苦（即生苦、老苦、病苦、死苦、爱别离苦、怨憎会苦、求不得苦、五阴炽盛苦），人们浸溺在痛苦的海洋里，谓“苦海无边”。释迦牟尼和他的门徒，把佛教思想当做大海里的船，称为“慈航”；把人们从苦海里救出，称为“普度众生”。佛教主张诸恶莫做，众善奉行，要求教徒必须皈依佛教，信仰佛法，刻苦修行，方能达到西方极乐世界。

佛教经典总集为《大藏经》，也称藏经，俗称佛经，由经、律、论三部分组成。“经”是指释迦牟尼佛亲口所说，由其弟子所集成的法本。“律”是指佛陀为其弟子所制定的戒条。“论”是佛陀的弟子们在学习佛经后所得的心得。佛经中的重要经典有《金刚经》、《般若波罗蜜多心经》、《华严经》、《佛说阿弥陀佛经》、《佛顶首楞严神咒》等。

佛教自东汉后开始传入我国，在我国形成了汉语系、藏语系、巴利语系佛教流派，即中华佛教三大语系。我国汉族等各民族多信仰汉语系佛教（即汉传佛教）；藏族、蒙古族等多信仰藏语系佛教（即藏传佛教）；傣族、布朗族、阿昌族、德昂族以及部分佤族信仰巴利语系佛教（即南传佛教）。

佛教宣传因果报应、轮回转世、极乐世界、阴曹地府等，传入我国后与民间固有信仰紧密结合，逐渐民俗化。千百余年来佛教成为我国人民的主要信仰，“家家阿弥陀，户户观世音”。我国众多民族也由此增添了新的民俗信仰活动，如烧香拜佛、抄经诵经、许愿还愿、吃斋念佛、放生礼忏、节日庙会等。佛教所供奉的神灵也跻身民间崇拜俗神的行列中，我们在此就民间影响较大的佛教神灵进行简单介绍。

1）释迦牟尼佛，原名悉达多·乔达摩（约公元前624—公元前544），佛教创始人（见图7-35）。本是古印度迦毗罗卫国（今尼泊尔境内）的太子，释迦族人，父为净饭王，母为摩耶夫人。三十五岁时，在菩提树下大彻大悟，遂开启佛教。释迦牟尼八十岁时涅槃。悉达多·乔达摩成佛后称为释迦牟尼，尊称为佛陀，意为大彻大悟之人，民间信仰佛教的人也常称呼佛祖或如来佛祖。

佛经中记载农历的四月初八是释迦牟尼的诞辰日，由此衍生的佛诞节成为佛教最重要的节日。明清以来，除在寺院举行佛诞仪式外，我国还形成了一些与佛诞日有关的民风民俗。例如，举办善会，由僧家作主人，邀请善男信女在佛诞日这天到寺内来吃斋；北京有食结缘豆之俗；四川省甘孜藏族自治州康定地区的人们举行拜佛节，祈祷神佛保佑人们五谷丰登；香港在长洲、大屿山及屯门等地有大型庆祝活动，如飘色巡游等。

农历十二月初八，我国人民自古有吃腊八粥习俗，借以祭奠神灵，庆祝丰收。腊八节在传承中，还有一个传说是释迦牟尼在腊月初八这一天，吃了放羊姑娘用苹果糯米团子煮的粥，在菩提树下得道成佛。后世信佛之人，每到腊月初八这天，就念经吃粥，给腊八节增添了宗教色彩。腊八节也成为佛教的盛大节日，寺院散发腊八粥（也称“佛粥”），认为吃了可得佛祖保佑。

2）弥勒佛，即阿弥陀佛，也称“无量寿佛”、“接引佛”，是西方极乐世界的教主，释迦牟尼佛的继任者，尊称为弥勒佛。他曾起愿普救众生，如果常念“阿弥陀佛”，死后便可在极乐世界生活。弥勒佛在我国民间普遍受到信奉，人们凡遇事无论好歹总要念几声“阿弥陀佛”以祈求保佑。

我国弥勒形象与佛经中的全然不同（见图7-36）。弥勒佛喜笑颜开、身荷布袋、袒胸露腹。这个随和且贴近生活的形象是弥勒佛在我国世俗化的结果，也体现了宽容和宽厚的人生智慧。人们见此像，往往受他坦荡笑容的感染而忘却自身烦恼。很多寺院的弥勒殿有这样的对联：“大肚能容，容天下难容之事；开口便笑，笑世间可笑之人。”

图7-35 释迦牟尼佛像

图7-36 弥勒佛像

3）地藏菩萨，或称地藏王菩萨，因其“安忍不动如大地，静虑深密如秘藏”，故名地藏，为佛教四大菩萨之一，与观音、文殊、普贤一起深受世人敬仰。地藏菩萨因立下要度尽六道中生死流转众生的大愿，故被尊称为大愿地藏王菩萨。

我国自古不单是礼仪之邦，也是孝道之邦。佛经记载地藏菩萨广行孝道，重视超度、救济父母。地藏成为孝道的代表，在我国受到人们普遍的尊敬。对地藏菩萨的信仰，在民间也日益流行。相传安徽九华山是地藏菩萨的说法道场。每年农历七月三十，即传说的地藏菩萨诞辰日，各地前来九华山朝拜的信徒络绎不绝。

在我国佛教寺院中，地藏菩萨形象很有特点，一般菩萨头戴宝冠、身披天衣、璎珞装饰的天人相。而地藏菩萨则多现光头或是头戴毗卢冠、身披袈裟的出家僧人相。他一手持锡杖，一手持莲花，或是手持幡幢、宝珠等（见图 7-37）。地藏菩萨像还常有以一头形似狮子的狗为坐骑的，其名号曰："谛听"或"善听"。唐代新罗国僧人金乔觉被人们认为是地藏菩萨的化身。

4）观音菩萨，又称观世音菩萨、观自在菩萨等，字面解释"观察（世间民众的）声音的菩萨"（见图 7-38），是佛教四大菩萨之一，是我国汉族和部分少数民族群众广为熟知、最感亲切的吉祥女神，也是佛教诸神在我国民间影响最大、信仰最众者。

佛教中，观音菩萨是阿弥陀佛座下的上首菩萨，同大势至菩萨一起是阿弥陀佛身边的胁侍菩萨，并称"西方三圣"。她相貌端庄慈祥，常手持净瓶杨柳，具有无量的智慧和神通，大慈大悲，普救人间疾苦。对观音慈悲善良精神的追求，是她成为我国民间信仰的核心的根本原因。观音本为男身，但传到中国后，很多闺中女子竞相参拜，封建时代认为不雅，因此将观音像塑为男身女面受人供奉。南宋以后，女性的观音菩萨相已深植我国百姓心中。

隋唐以来，民间对观音信奉日趋深入、广泛。世传"家家阿弥陀，户户观世音"，由观音信仰所生发出来的各种观音图像、石窟雕塑，受到普通民众的顶礼膜拜，各地建的观音庙、观音殿、观音阁以及以观音命名的山、洞、土、树、米、茶等也数不胜数。同时，民间依据中国化的观音菩萨传记，衍化出每年农历二月十九为观音菩萨诞辰日，六月十九为观音菩萨成道日，九月十九为观音菩萨涅日（又有称做"出家日"的），并成为民俗活动中纪念观音菩萨的隆重节日，一直延续至今。这三个宗教节日，人们或一起素食斋戒，或一起朝圣，或参加观音法会，沐浴佛法梵音，净化心灵。

我国藏族民众也极为崇拜观音，民间流传的藏族起源故事就有"观音点化神猴"之说。藏传佛教中有关观音的传说故事及各种观音造像甚多。

5）阎罗王，简称阎王，又称"阎摩罗王"、"阎魔王"等，汉译为捆绑、捉拿有罪过的人。佛教中阎罗王的职责是统领阴间的诸神，审判人生前的行为并给予相应的惩罚。

我国古代原本没有关于阎王的观念，佛教传入后，阎王作为地狱主神的信仰才开始流行，与我国本土宗教道教的信仰系统相互影响，演变出具有汉化色彩的阎王观念：十殿阎罗（见图 7-39）分别是秦广王、楚江王、宋帝王、五官王、阎罗王、变成王、泰山王、平等王、都市王、五道转轮王。此十王分别居于地狱的十殿之上，称十殿阎罗。由此，阎王被纳入中国神系，且以人鬼为阎罗。正直无私、德行高尚的人死后被奉为阎罗，如唐朝大官杜黄裳、宋代范仲淹、宋代名相寇准等；还有生人兼阎王之说，如宋代的包拯"日理阳，夜理阴"。我国民间认为人死后要去阴间报到，接受阎王审判，生前行善者，可升天堂，享富贵；生前作恶者，会受惩罚，下地狱。人们常用阎王、地狱来劝人为善，宣扬因果报应，六道轮回。

图 7-37 地藏菩萨像

图 7-38 观音菩萨像

图 3-39 十殿阎罗审死图

知识点三 我国民间信仰的观念及方式

1．吉祥观念

“吉祥”本意为美好的预兆，吉者福善之事，祥者嘉庆之征。吉祥的观念应该起源于原始社会时期。原始初民们对生活和生存充满了热望，作为吉事的祭祀和卜筮活动是这种吉祥观念的具体行为。我国人民长期以来追求吉祥美满幸福的生活方式。“吉祥”是一个延绵千万年的永恒性主题。

吉祥观念包括纳福迎祥、驱邪避恶、升官发财及喜庆如意等，主要表现为用吉祥物和吉祥语来祈祷吉祥。

（1）吉祥物。吉祥物是人们在事物固有的属性和特征上，着意加工而成，用以表达人们的情感愿望。由原物发展成为富于吉庆意味的吉祥物，采用转化事物属性、谐音取意、神话故事和工匠手艺技法等加工手法。这些吉祥物表现了我国人民共同珍视的生活方式。

吉祥物包括吉祥动物、吉祥植物、吉祥器物、吉祥符等。吉祥动物常见的有龙、凤、喜鹊、鸳鸯、蝴蝶等；吉祥植物有梅、兰、竹、菊等；吉祥器物有如意、古钱、寿石等；吉祥符有囍、寿、八卦图等。我国民间吉祥物十分丰富，不能一一罗列，在此仅选部分具有代表性的吉祥物进行简单介绍。

1）红盖头。红盖头（见图 7-40）在我国民间婚嫁礼仪中极为常见，尤其旧时新娘出嫁时，不但要穿嫁衣、坐花轿，头上还要蒙上一块大红布，以保佑新娘子平安入洞房。盖头多以四五尺见方的红色绸缎制成，四角缀以铜钱或其他饰物。新娘在上花轿前盖上盖头，遮住整个脸部，直到拜完堂入洞房后，新郎用秤杆将盖头挑去（寓意“称心如意”），新娘方露真容。

2）“喜”字。“喜”字的初文是用一个鼓的形状加一个喜笑的口形，表示喜庆的典礼。后来，又用一双手捧着一个“吉”字，下面加一个喜笑的口形。从古至今，“喜”字都是用来表达愉悦情绪的，我国人民素有的“喜”字情结使得人们用它代表整个人生中所有的吉祥与快乐，使“喜”成为五福（福、禄、寿、喜、财）之一。“喜”字有两个图符，分别是“禧”和“囍”。“禧”字多用于诸如春节等节庆场合，表达一切顺心、万事如意之意。“囍”字又称“双喜”，更多用于婚嫁场合，表达婚姻吉祥如意之意（见图 7-41）。

图 7-40 红盖头

图 7-41 婚礼喜字

3）“福”字。“福”字从“示”旁，与祈祷有关，本意是祭祀时的供品，用于祭祀的供品在民间被认为是吉祥物。把供品分给大家称为散福，表示把福神所赐之福散给众人。在我国的传统节日春节，人们有在门窗上贴大红的或红底烫金的“福”字的习俗，以示“迎春接福”。人们喜欢把“福”字倒着贴。传说有一个人在春节贴“福”字时不小心贴倒了，头朝上底朝下（见图 7-42），过路的人看了便说：“福倒了，福倒了。”因“福倒了”与“福到了”谐音，人们认为这是个好彩头，都纷纷效仿，倒贴“福”字。

4）“寿”字。看似普通的“寿”字，蕴涵着人们对生命的热爱，对吉祥的追寻。经过数千年历史文化的洗练，寿字被逐渐图案化、艺术化，成为一个吉祥符。祝寿图中以“寿”字构图的，被称为寿字纹。既有多字构图的，也有单字构图的，字形圆的称圆寿或团寿以及花寿，字形长的称长寿。“长寿”则是借助寿字长条的形式表示生命的长久。而花寿是寿字与图案的组合搭配，以寿字为主体，辅以各种具有吉祥意义的人物、花卉等。现如今，多将寿字纹用做服饰图案，过年时穿上印有寿字纹（见图 7-43）的衣服，马上就洋溢出喜庆吉祥的气氛。

图 7-42　倒贴福字

图 7-43　五福捧寿纹样

5）如意。如意又称“握君”、“执友”或“谈柄”，由古代的笏和搔杖演变而来，多呈 S 形，类似于北斗七星的形状（见图 7-44）。如意是佛教八宝之一，是从印度传入的一种佛具，柄端作“心”形，用竹、骨、铜、玉制作。如意因其名字取意吉祥，成为我国人尽皆知的吉祥物。

我国人民创造了心形、灵芝形和祥云形的如意纹样，用于日常的建筑、家具、衣物和装饰等。吉祥图案也多取如意为题材。例如，瓶中插如意或以如意形为瓶耳，称为“平安如意”；两个柿子（或狮子）和如意代表“事事如意”；蝙蝠、寿字和如意组合成“福寿如意”；如意穿过两个喜字，称做“双喜如意”；童子或仕女手持如意骑象象征“吉祥如意”。

图 7-44　如意

（2）吉祥语。吉祥语又称“吉利话”、“口彩”，是我国民间在逢年过节、结婚祝寿、乔迁开张等喜庆日子或隆重场合使用的，认为能给人带来好运的词语。民间认为说吉利话可以为节日庆典增添喜庆气氛，它是人们渴望平安、希望富裕、祈求幸福、热爱生活的具体体现。

常用的吉祥语或吉祥词有“福”、“禄”、“寿”、“喜”、“财”、“吉”等。人们习惯将它们与其他语言成分组成吉祥词语，如“喜酒”、“有喜”、“抬头见喜”、“双喜临门”等。常用的吉祥语以四字格居多，如“吉祥如意”、“恭喜发财”、“招财进宝”、“开门大吉”、“寿比南山”、

“福如东海”等。也有少数吉祥语为三字形式和五字形式的，如“满池娇”（喻夫妻恩爱，两小无猜）、“宜子孙”、“同心结方胜”、“新年新气象”等。还有句子形式的。例如，章丘、淄博等地结婚，给新人铺婚帐时说的“一把栗子一把枣，小的跟着大的跑”，妇女们一边撒枣、栗子，一边口里念念有词，取“早立子”、“花着生（男女双全）”之意。

根据吉祥语的内容和不同的使用场合，吉祥语可以分为以下几类：①婚庆吉祥语，如“比翼双飞”、“白头偕老”；②拜寿吉祥语，如“福如东海”、“寿比南山”；③开业吉祥语，如“财源滚滚”、“日进斗金”；④升学祝福语，如“金榜题名”、“独占鳌头”等。根据不同节日，又可分为春节祝福语，如“新年吉祥”、“四季平安”；中秋节祝福语，如“月圆人亦圆”、“千里共婵娟”等。

吉祥语也采用实物谐音的方式。例如，橘子象征“吉利”，筷子即“快子（早生孩子）”，生菜即“生财”，石榴象征“多子”，都是表达美好愿望的。

民间吉祥语丰富多彩，并与各地节庆民俗活动融汇在一起，渗透到人们的日常生活中，影响着人们的生活。现在手机普遍使用，人们把祝福的吉祥语更多地通过发送短信的方式传达给亲朋好友。

四字吉祥语

① 祝寿语：万寿无疆、百龄眉寿、返老还童、寿如南岳、千岁之桃、松鹤舞凤、美意富贵、麻姑酒满、期颐之寿、南山献颂、福海寿山、荣跻七秩、年登大耋。

② 贺喜语：天伦之乐、鸾凤和鸣、比翼齐飞、珠联璧合、芝兰千载、洞房花烛、秦晋之好、琴瑟永偕、紫气东来、吉星高照、新婚燕尔、乔迁之喜。

③ 贺新年：大吉大利、五福临门、四季平安、心想事成、吉祥如意、吉庆有余、年年有余、花开富贵、金玉满堂、竹报平安、招财进宝、满堂富贵、新昭如意、迎春纳福、贺颂春厘、富贵有余、福星高照、开岁百福、事事顺心、添福增寿、恭贺新禧、万事如意、恭喜发财、岁岁平安。

④ 贺开业：开幕志庆、骏业崇隆、陶朱媲美、鼎业维新、富国利民、骏业肇兴、大展鸿图、多财善贾、鸿猷大展、千秋大业、大展经纶、骏业日新、源远流长。

⑤ 贺新婚：百年好合、百年偕老、天作之合、百年琴瑟、白头偕老、佳偶天成、永结同心、永浴爱河、花开并蒂、花好月圆、心心相印、比翼双飞、郎才女貌、相亲相爱、美满良缘、情投意合、鸾凤和鸣。

⑥ 庆生语：弄璋志喜、天赐石麟、德门生辉、石麟呈彩、熊梦呈祥、明珠入掌、弄瓦征祥、辉增彩帨、缘凤新雏。

⑦ 贺迁居：良禽择木、高第莺迁、莺迁乔木、乔木莺声、莺迁叶吉。

2. 颜色崇尚

在对色彩的崇尚上，我国汉民族有尚红色、贵黄色的习俗。尚红，早在《礼记·檀弓上》就有记载：“周人尚赤”。“尚赤”在古代有诸多表现。例如，中国古称“九州”，别称“赤县神州”；“赤乌”被视为瑞鸟，又是太阳的别称；孝子被誉为“赤子”；忠心赤诚的高尚品德称为“赤心”；商、周青铜文化的主要原料铜，被誉为“赤金”。久而久之，以火的颜色为“赤”，逐渐发展成泛指一般的红色。汉族把红色作为吉祥、喜庆、美丽的象征，把妇女的盛装称为“红妆”，以“红妆”指代美女；把妇女美丽的容貌称为“红颜”，也指代美女；把少妇的住房称为“红闺”。在汉族民间习俗的贺庆寿、婚礼中，均要用红色来点缀环境，渲染气氛，如生小孩要在门上挂红布，贺寿的寿面要用红纸相扎，新娘要穿红衣，逢年过节送礼也要贴红纸，年节及喜庆送钱要用红纸包装，俗称“红纸包”。凡此种种俗称“红喜事”。

汉族在尚红的同时又贵黄，起源于古代农业民族的“敬土”思想。“黄色”通过土与“正统”、“尊崇”联系起来。古代又有“龙战于野，其血玄黄”的说法，意思是龙在打仗的时候，流的血是黄色的。君主以龙为象征，黄色与君主就发生了更为直接的联系。因此，我国古代皇帝均尊黄色为正色，皇帝穿的龙袍又称“黄袍”。祭祀时也要穿黄色的衣服以示隆重、庄严。

此外，汉族还忌白，认为白色代表悲哀、痛苦和死亡，所以丧礼均用白色来表示肃穆哀悼。但近代，由于西方观念的引入，白色的婚纱逐级成为婚礼上新娘的礼服，象征着纯洁美好。

3．兆卜与占卜

（1）兆卜。兆卜就是征兆，又称预兆、前兆，它先于占卜产生，是用神的意志或神秘力量来解释或预兆现象与未来事物之间联系的活动。

兆可分为吉兆和凶兆。古人认为吉凶必有前兆，前兆是鬼神对人的启示。征兆的种类繁多，可分为天象兆、人体兆、动植物兆等。天象兆，如日食、月食的发生，星辰的突变，气象的异常等。人体兆，如眼跳、耳鸣、打喷嚏、做恶梦等。动植物兆，如“喜鹊临门”、“年夜狗吠”、“二树连理”为吉兆，“母鸡啼鸣”、“乌鸦降宅”为凶兆等。

（2）占卜。“占”意为观察，“卜”是以火灼龟壳，认为就其出现的裂纹形状，可以预测吉凶福祸。它通过研究观察各种征兆所得到的不完全的依据来判断未知事物或预测将来。占卜活动据说早在伏羲、黄帝时代就已经流行，到商周时还设官专司其职。人们趋吉避凶的天性，促使他们寻找更多占卜中介和占卜方法以达到最合理地解释人内心对大自然的恐惧感。

占卜习俗在我国民间流传广泛，历史悠久，它往往和迷信相结合。古代占卜物中影响最大的是龟甲和蓍草，龟以长寿、宝贵等一度在商周时代占卜中居主导地位，蓍草也以“千岁而三百茎，同本以老，故知吉凶”的特性为民间占卜。民间还有米卜、牛卜、扶鸾等，现在发展为抽签、算卦、相面、测字、掷钱币等形式。

4．祭祀

祭祀是人类信仰活动的一部分，是按着一定的仪式，向神灵致敬和献礼，以恭敬的动作膜拜它，请它帮助人们达成依靠人力难以实现的愿望。

祭祀对象分为三类：天神、地祇、人鬼。最初的祭祀活动比较简单。人们用竹木或泥土塑造神灵偶像，或在岩石上画出日月星辰、野兽等神灵形象，作为崇拜对象的附体，然后陈列献给神灵的食物和其他礼物，并由主持者祈祷，祭祀者则对着神灵唱歌、跳舞。进入文明社会后，随着物质的丰裕，祭祀礼节越来越复杂，也越来越讲究，并有了一定的规范。我国的祭祀形式分为庙祭、家祭和墓祭。

（1）庙祭。庙是我国古代的祭祀建筑。庙祭是我国奴隶制和封建制王朝的重要政治制度，祭祀的对象有等级，礼仪也有差别。汉代开始确立庙祭的礼仪等级，祭祀建筑按等级可分为四大类。

1）宗庙，用于祭祀祖先。皇帝的宗庙称太庙，王公贵族官吏都有各自的祖庙，庶人只能在家中设祭。宗庙的等级限制很严。例如《礼记·王制》规定，天子七庙，诸侯五庙，大夫三庙，士一庙。历代对各种人的宗庙建筑规格都有详细的规定。

2）坛又称丘，是祭祀各类神灵的台座。祭祀的种类有天、地、日、月、星辰、土地、农神、谷神、蚕神、山川、水旱、灾戾等。

3）祠庙是列入朝廷礼制的祭祀庙宇。其中一类是祭祀朝廷表彰的历史人物，如北京历代帝王庙、山东邹县孟轲庙、山西解州关帝庙、四川成都武侯祠、山西太原邑姜祠（晋祠）等。由于儒学是封建礼制的理论基础，孔子在封建社会有特殊地位，所以孔庙在祠庙中规格最高。孔庙又称文庙，古代除京师以外，各府、州、县也都建造地方性文庙。另一类是祭祀著名的山川，秦汉已专门祭祀泰山，以后固定五岳、五镇、四渎、四海为朝廷设祭。泰山在五岳中居于首位，所以东岳庙（岱庙）的规格也最高。

4）杂祀庙是在城市和乡村中祭祀与人民生活有密切关系的神灵的小祠庙，大部分是民间祭祀，如城隍、土地、山神、火神、马王、龙王、妈祖等。这类祠庙的形式比较自由，有些是风景名胜所在，有些是集市场所。

（2）家祭。家祭是在家祭祀祖先的礼仪。宋代陆游就有“王师北定中原日，家祭无忘告乃翁”的诗句。我国家祭形式有：①每年中元节，即农历七月十五，家家户户普遍举行家祭，人们设香案、摆供品、焚纸衣，让祖先的鬼魂在阴间享用；②中秋节，即农历的八月十五，人们重视合家团圆，设宴赏月，面对良辰美景，怀念祖先，在家宴之前设香案、列供品、焚纸衣，遥祭祖先，然后家人再饮宴赏月；③除夕，合家团圆之时，以鸡鸭肉祭祀祖先，烧纸钱、摆供品，全家一起祭拜，态度虔诚。

（3）墓祭。墓祭又称祭扫或扫墓，是在坟墓前祭祀。过去我国汉民族每年要举行春秋二祭，春祭在清明节，秋祭在重阳节，以清明节的墓祭活动最为普遍。

思考题：

（1）什么是民俗信仰？我国民俗信仰有什么特征？

（2）信仰习俗与禁忌习俗产生的主要根源是什么？

（3）什么是图腾？图腾信仰可分为几类？图腾在民间信仰中具有什么功能？

（4）我国民俗信仰有哪些表现方式？请一一说明。

（5）请列举几个我国著名的旅游活动，说明祖先崇拜在旅游开发中的运用。

（6）联系实际，就某一信仰现象谈谈自己的看法。如果条件允许，不妨以民俗信仰变迁为主题开展调查。

第二节 我国禁忌民俗

学习目标

1. 掌握禁忌民俗的定义，了解其产生的主要原因

2. 熟悉并掌握我国禁忌民俗的主要内容

在渤海湾里行船打渔的船家有一大忌讳：船上的锅碗瓢盆绝不允许扣着放置，说是扣着放置就会翻船。为什么会有这个说法呢？当地流传有这样一个说法：渤海湾深海有一块礁石，礁石上有座龙王庙，里面的和尚整天为渔民烧香祈祷。龙王被感动，赐给他一颗夜明珠为渔民导航。后来礁石逐渐被海水淹没，和尚被风浪卷走。船家把和尚的锅碗瓢盆拾起，留在船上使

用。奇怪的是，这些东西只能平放，一扣起来就起风浪，一起风浪就会翻船伤人。这个故事告诉我们，禁忌的基本模式就是禁止某种行为，破坏禁忌必然付出代价。危险和具有惩罚作用是禁忌的两个主要特征。

知识点一 禁忌民俗的起源

禁忌民俗属于信仰民俗，是人类共有而普遍的迷信形式，源于人们对超自然力的崇拜和畏惧，或长期生活经验与教训的总结。

禁忌产生的原因和信仰一样，源于"蒙昧时代"的人们对自然界认识水平的低下。由于原始社会人们认识能力低下，大自然的各种自然现象、人们的生老病死、天灾人祸都让人们由不理解而产生畏惧、逃避的心理，进而产生迷信，形成禁忌观念。

商代流行占卜，人们灼龟甲、兽骨，并根据裂纹来卜吉凶，然后在甲骨上铭刻出事项和结果。这便是我们所说的甲骨文。商代的甲骨文中已有禁忌现象的例证。春秋战国时期的民歌、散文中也出现了有关禁忌的句子。如《礼记》有"入境而问禁，入国而问俗，入门而问讳"之说。由此说明，在当时禁忌民俗已经盛行。

在人类社会早期，禁忌是维系社会稳定和统一人们言行的重要行为法则，在古代社会生活中曾起着与法律一样的规范与制约作用。经过几千年的历程，许多禁忌随着人们对被禁物的神秘感和迷信观念的消除逐渐消亡，但仍有不少禁忌民俗以不同的形式被各个民族传承下来，影响着人们的生活。

知识点二 我国民间禁忌

1. 宗教禁忌

宗教禁忌是宗教的重要组成部分，是宗教生活中常见的现象，也是各类禁忌中产生较早的一种。由于人们对神秘力量和神圣对象在观念上有所意识，在体验上有所感受，一般会在情绪上产生惊奇、畏惧以及尊敬、爱戴等宗教感情。这种敬畏感往往在行为上表现出来，体现为对自己行为上的限制和禁戒规定，形成了宗教禁忌。禁忌本身就是神圣观念的伴生物，它反过来又可强化神圣观念的神秘性，把神圣对象置于神秘莫测、神圣不可侵犯的地位。

宗教禁忌最常见的是各种戒律。例如，佛教的"五戒"、"八戒"、"十戒"，基督教的"十戒"等。

佛教十戒

佛教十戒：①不杀生；②不偷盗；③不淫欲；④不妄语；⑤不饮酒；⑥不涂饰香鬘；⑦不歌舞观听；⑧不坐高广大床；⑨不非时食；⑩不蓄金银宝物。

基督教十戒

基督教十戒：①不可信仰耶和华以外的神；②不可为自己雕刻偶像，也不可作任何型像；③不可妄称耶和华之名；④不可在第六天之外的第七天工作，这一天应用来祭祀上帝；⑤不可对父母不孝；⑥不可杀人；⑦不可奸淫；⑧不可偷盗；⑨不可作假见证陷害人；⑩不可贪夺邻人的房屋、奴仆、牛等一切财物。

2．生产禁忌

生产禁忌的范围很广，有些禁忌来自宗教影响，有些则来自人们对长期日常生产经验的总结。禁忌的目的是为了保证生产活动的顺利进行。

（1）农事禁忌。我国是以农业生产为主的国家，民间在农业上的禁忌不仅数量多，而且有很多特色。旧时农业生产力低下，人们农业生产时一方面不能延误农时，一方面要定期祭祀以求神灵护佑。祭祀期间，不得从事农事活动，否则，神灵以为祭祀者不专心和缺少虔诚。汉族春节是祭祀拜神最频繁的时期，许多民族也都有禁忌生产劳动的惯例。汉族农历正月初一至十五为“过年”，忌耕种，认为耕种会冲犯神灵，一年百事不顺。汉族等民族敬奉雷神，有闻雷辍耕的习俗。门巴族在藏历四月十五日和六月四日忌耕种，否则将招致冰雹等灾祸。瑶族人于每年正月初十和二十“禁风”，不许下地锄耕，以免受风灾。

在生产过程中还要恪守其他禁忌。例如，嘉兴一带在插秧时，人们之间禁忌随便传递秧把，认为那样做会使两人成为冤家，必须把秧丢在水田中再捡起。潮州一带甩秧时，忌甩在别人身上，若被甩中，即为“遭殃”。浙江西南乡村，去田间劳作忌唱山歌，忌吹口哨，忌呼同伴姓名，说是被鬼听到会有祸事。傈僳族、彝族人在稻子谷子扬花时，禁在旁边洗衣、拨麻，据说这样做会减产。

农忙季节的有些禁忌是为了保证人们以充沛的精力从事农业生产。例如，傣族关门节过后，生产大忙，禁止谈恋爱和举办婚事；开门节以后，男女青年的社交变为正常，这可能是古老的生产禁忌的一种遗留。

（2）山林劳作禁忌。凡是山地丘陵、森林繁茂地区，都有山鬼和树木神灵的信仰习俗。传说山鬼形象丑陋、贪婪、凶恶、好淫、多疑。为不触怒山鬼，人们在言行方面约束自己以避灾祸。例如，瑶族出猎前后，都要祭拜山鬼，祈祷保佑获猎野兽。浙江南部山民上山劳作，年纪长的人会关照后生，不可以随便说话，否则会有报应。

由于民间将植物与神灵相联系，树木有灵便成为信仰。西南汉族地区有“祭龙树”、“祭龙林”的习俗，人们不能砍伐龙林中的树木，平时也不能走近龙林，否则，便认为是冒犯了树神，会遭遇不幸。伐木更是危险的职业，稍有不慎就会遭到树神的报复，林场的工人上山伐木时，如果斧头掉了，决不能说“掉头”，要说“出山”。当大树被砍断或锯断后还没倒时，最忌跑动，否则，被树神听到，树就会朝跑的人方向倒去，会砸伤。

（3）渔业禁忌。渔船捕捞，商船贸易，禁忌互有异同。因为有船翻人溺水的不幸，所以特别忌讳“翻”、“沉”等字，甚至容易引起联想的动作都在禁忌中，如煎鱼不许翻面，水手不得翻卷裤脚，盛饭改为添饭。还忌讳搭船者在船上小便，小便臭味为“骚”，与“烧”谐音，而商船尤其畏火。

（4）手工业禁忌。手工业在人类社会生产分工中出现较晚，但手工业者也对自身安全存在忧患意识，也有一定的禁忌行为。民间手工业禁忌因各行业不同而有各自的特殊性。

1）矿工。在井上或下井时，忌讳“死”、“憋死”、“砸死”等语言。矿工敬鼠如神，忌讳在矿井中捕捉老鼠，因为老鼠对井下的瓦斯、沼气和煤气特别敏感，所以见到矿井中的老鼠就会有安全感。

2）屠夫。屠夫有逢亥日不杀猪的禁忌。在宰杀牲口时，要一刀杀死，忌杀两刀，否则为不祥之兆。杀猪后，刀尖忌朝家的大门，否则，家有凶事。屠夫不吃猪血，但可吃新鲜的猪肉，要先割一块一二斤重的供奉“养育大神”，否则来年主家养猪不顺当。

3）石匠。信奉“石头神”，民间以正月初一为“石头神”的生日。这天，禁忌敲打石头。二月初二是“龙抬头”的日子，也禁忌做与石有关的活，否则龙王会降灾于石匠。

4）裁缝。古代把裁衣看做神圣的事情，以为不宜见血的日子为血忌日，不准裁衣。帝诞、佛降、仙人下凡之日均为裁缝的休息日，如八月十六观音显圣、八月二十二神仙下凡，均不得动剪刀。

（5）饲养禁忌。饲养动物的全程都有禁忌。

1）养牛。汉族一般禁忌杀牛，即使杀牛，也多请老单身汉为之。牛主人一般回避，围观者须把手放背后，以免被牛责怪见死不救。

2）养羊。塔吉克族牧民不得用棍棒打击牲畜头部，也不得窥视母羊生养羊羔，忌讳人用脚踢羊，不得骑马穿过羊群。鄂温克族人禁忌杀吃种羊，因为种羊很神秘，如种羊在冬季用角圈往外顶，就表示羊群要扩大。

3）养猪。养猪的避忌很多。建猪栏特别谨慎，旧俗要请风水先生择位避煞。买猪成交，卖主绝不把猪送到家中，忌被人笑“嫁女送亲”。饲养母猪的农户一般都忌杀母猪，人们也多忌吃母猪肉，认为母猪肉“有毒”，吃了要生病。杀猪忌说“杀”，说“出栏”。进刀时，屠夫要说一句“出世人身”，小孩和妇女禁观看。

3．语言禁忌

语言禁忌出于人们相信语言有一种特殊的“召唤”力量，一旦说出来就会真的如此这般，所以要求人们在特定的对象、场所和时间内，禁说污秽不净、亵渎神明的言词或不吉利的话，非说不可的术语常用谐语或隐语代替，以避其讳。

语言禁忌尤以关于死亡、灾祸、破财和亵渎类词语的禁忌最为常见。例如，船家忌说“住”、“翻”，因而称“箸”为“筷”，称“帆布”为“抹布”。此外，“沉”、“停”、“破”和“漏”等词语也在禁言之列。广东话“舌”和“蚀本”的“蚀”同音，所以把“舌”称做“脷”，“猪舌”为“猪脷”，取其“利”音；“蛋”常见于骂辞，是人们常避讳的字眼，北京人把鸡蛋称为“鸡子儿”，皮蛋称为“松花”，炒蛋称为“摊黄菜”，蛋花汤称为“木樨（即桂花）汤”。

语言禁忌在称谓方面也比较常见。例如，对长辈和自己所尊敬的人，忌直呼姓名，要用尊称来代替；老人病逝忌说“死”，应说“老了”或“过后了”。

4．服饰禁忌

服饰是民族习惯中最为直观的方面，不同的民族文化圈有着不同的禁忌，这些禁忌一般以某种信仰为依据。我国汉族民间服饰的禁忌主要表现为服饰的颜色、款式、穿戴和放置等方面。

汉族对颜色的区分好恶有明确的规定。按照传统观念，不同社会等级的人应穿不同颜色的衣服，同一人在不同的场合服色应该有所区别。除我们在前面介绍的尚红贵黄忌白外，汉族小孩、妇人也忌紫色的外衣，因为紫衣是下吏皂隶所服之色，紫色是贱色。民间还有男子不戴绿头巾、绿帽子的习俗，否则会被认为是奇耻大辱。汉族在服饰款式方面有“男不露脐，女不露皮”的禁忌原则，是出于“身体发肤，受之父母”的孝道观念。对于衣服的放置也有一定禁忌。如，小孩的衣服忌搭在高处，俗称“三尺以上有神灵”，恐怕伤害小孩；结婚时忌新娘的鞋子放在新郎鞋之上，惟恐日后女子在家强势。我国台湾新娘举行婚礼时所穿的新衣，忌有口袋，以免将娘家的财气和福分带走；新娘礼服还忌用两块布缝接，以免再婚。

5．饮食禁忌

出于信仰、尊崇和迷信的需要，我国民间形成了诸多的饮食禁规。例如，孩童忌讳吃鸡肠、猪尾巴，认为吃鸡肠将来会影响读书写字、挑花刺绣不规整；吃猪尾巴，长大后会手抖头摇。宴席上忌用狗肉来宴请客人，因狗为不洁之物，狗肉上席不吉不敬，故有“狗肉不上盘”之谚（但东北等地及朝鲜族人喜吃狗肉，无忌讳）。

饮食禁忌中还有对饮食器物的信仰与禁忌。例如，我国汉族对筷子使用的讲究；黎族待客不能倒置筷子，因为这被看做抬棺的竹竿；普米族对炊具如“铁三脚”非常敬重，不能轻率地手捏脚踩。我国民间也常禁止接触不洁不祥的食物，如禁食“发病之物”，讲究卫生与身体健康。

6．日常禁忌

我国民间日常禁忌较多。随着社会的发展，一些日常禁忌逐渐淡化了，但仍有少数禁忌相传至今。在此不能一一列举，仅作如下介绍。

过新年扫院子要从大门口开始往里扫，忌由里向外扫，怕把财气扫出去；住宅内忌栽杨树、柳树、桑树，民间有“前不栽桑，后不种柳，当院不栽‘鬼拍手’（古代坟墓多栽杨树，风刮杨树叶，哗哗作响，意为鬼拍手）”之说；女孩子忌坐笤帚；结婚时忌孕妇接近，有“冲喜”之嫌；已出嫁的闺女不能在娘家过春节；孕妇不能吃兔肉，认为吃兔肉生子易得唇裂；儿童正月不许剃头，传说正月里剃头死舅舅；小孩不能晚上剃头，晚上剃头不是好征兆；小孩取名，不能与家族中和亲戚中长辈名字的一个字重复；走亲戚看病人必须在上午去，忌下午晚上去。

“太岁头上不能动土”之说

汉族是定居的农业民族，注重房屋的居住功用，更将住房与家运紧密联系。人们在住宅的建造上大做文章，设法选择有风水龙脉、神灵保佑的区域建房。在选择宅址时有一个禁忌就是“太岁”。

太岁是民间信仰中的值岁神，源于古人的天体崇拜。自西汉开始，人们认为动土时必须避忌太岁。人们选择宅址时，认为太岁位对应于天上的岁星在地上的凶神，可以根据岁星的位置推测地上太岁所在的方位，如在太岁方位兴工动土，会挖掘到蠕动的球样土块，建筑、迁宅者应当避忌，否则遭灾。这种土块就是民间常说的太岁土。因此有“太岁头上不能动土”之说。太岁土实为一种白膜菌，只因当时无力解释才出现太岁凶神的臆说。

思考题：

（1）禁忌是如何形成的？我国民间禁忌主要有哪些内容？

（2）旅游业中禁忌习俗是如何体现和运用的？请试举一例说明。

第三节　我国少数民族的信仰与禁忌

学习目标

1．熟悉并掌握我国北部部分少数民族的信仰和禁忌民俗

2. 熟悉并掌握我国西南部部分少数民族的信仰和禁忌民俗
3. 熟悉并掌握我国中南部部分少数民族的信仰和禁忌民俗

知识点一 北部部分少数民族的信仰与禁忌

1. 蒙古族

蒙古族原信仰萨满教（即自然崇拜、图腾崇拜和祖先崇拜），后来主要信仰藏传佛教。祭敖包是蒙古族每年重要的宗教活动，蒙古族人将敖包作为诸神的象征祭祀。

蒙古族人认为江河、湖泊和雨水是有神灵指令的，规定不准将脏东西抛入水中，不准在水中大小便；认为火是神圣的、驱灾避邪的圣物，禁止拿刀接触火，不准向火中投臭物，不准在火上乱越或烤脚，禁止把奶倒入火里；认为“天”能看到人们的一切行为和意图，所以要祭天；相信占卜；禁止越界游牧，春季有大风雪时不让马乱跑；夏季禁止让羊多饮水；冬季忌讳用井水饮畜；忌讳说狼。蒙古族人忌讳别人（包括客人）骑着马在蒙古包门口下马和骑马闯进羊群，忌讳手持马鞭进入毡房。客人不经允许不可擅自进入蒙古包内，在蒙古包内不能随便就坐，不能蹲，不能将腿伸向西北方或炉灶，不能从主人的衣帽、被褥、枕头上跨过，不能在包房内吐痰，出包房不能踩门槛。蒙古族人禁止用马鞭指人或触及他人用具，禁止从食品或放食品的用具上跨越。蒙古族人厌恶黑色，认为黑色是不祥的颜色。

资料卡

蒙古敖包

蒙古敖包（见图7-45）是草原上经常能见到的供人祭祀的山堆，顶上插柳枝为丛，立竿为柱。“垒石成山”，“视之为神”，它是游牧民族保护神的化身，是萨满教原始崇拜的典型。祭祀时间一般在农历5～7月，祭礼仪式一般由扎萨克喇嘛主持。喇嘛要焚香诵经，每位过路人都在敖包上面放石子或随手拾到的东西，同时乞灵于被假想在那里的神。过路人边祷告放石块于敖包上面，边伸手向前乞求保佑旅行一路平安。

图7-45 蒙古敖包

2. 满族

满族人信仰萨满教和佛教。因此，满族人祭天、祭地、看病、还愿和求福多请萨满跳神；对动物神、植物神十分尊崇，祭鸦、祭狗、祭柳、祭佛多妈妈（萨满教中掌管人丁兴旺的福神）；对祖先更是敬畏有加，各种年节和举行各种活动都要祭告祖宗；同时，满族也祭观音、关帝、土地和财神等诸神。

满族的禁忌与其宗教信仰有着直接的关系，是图腾崇拜和祖先崇拜在日常习俗中的表现。满族人以西为贵，满族居住的西屋有万字炕，因西墙高处上置有神龛，为尊重祖宗，在西炕上不准放空盘和空簸箕，因为祭祀时方盘装肉、簸箕装黄米面和炒黄豆面，空放是对神的大不敬。同时，西炕也不准家人和客人坐。

满族人敬狗，忌食狗肉，不能把狗皮帽子放在西炕上。此外，满族人也敬乌鸦，不许打骂乌鸦。

资料卡

满族民居的“万字炕”

满族传统住房一般为西、中、东三间，大门朝南开，西间称西上屋，中间称堂屋，东间称东下屋。满族人喜欢睡火炕。家家户户都是南北大炕，屋子西面沿着山墙还有一溜儿窄炕，把南北炕联了起来，俗称“万字炕”。满族以西炕为尊，南炕为大，北炕为小。南炕居长辈老人，北炕住小辈；西炕则为祖宗神位，墙上供着祖先神板，炕上设摆香案，一般不住人，最忌小辈和妇女坐，只有老人与亲姑爷可以坐。

3．回族

回族多信仰伊斯兰教，举行教会活动的地方称清真寺。

回族的节日即是伊斯兰教的三个传统节日：开斋节、古尔邦节、圣纪节。这些节日和纪念日都以伊斯兰教历计算。每年教历9月是斋月。斋月里要封斋，伊斯兰教教徒在每日黎明前至落日后戒饮、戒食等，认真反省罪过，至教历10月1日即斋戒期满，举行庆祝斋功完成盛会，即“开斋节”。人们早起、沐浴、燃香，衣冠整齐地到清真寺作礼拜，聆听教长讲经布道。然后去墓地“走坟”，缅怀“亡人”，以示不忘祖先。古尔邦节一般在开斋节过后七十天举行。圣纪节，是纪念伊斯兰教先知穆罕默德的诞辰和逝世的纪念日。由于穆罕默德的诞辰与逝世恰巧都在伊斯兰教历三月十二日。因此，一般合称“圣纪”。

回族禁占卜、算卦，禁踩蚂蚁，禁坐门槛，禁止男子戴金饰，不许过度装饰，严禁扎青（黥墨、纹身）、拔眉毛等；忌讳别人在自己家里吸烟、喝酒，忌汉族人到回族人家里借餐具；禁用食物开玩笑，也不能用禁食的东西作比喻；禁止在人前袒胸露臂；凡供人饮用的水井、泉眼，一律不许牲畜饮水，也不许任何人在附近洗脸或洗衣服；取水前一定要洗手，盛水容器中的剩水不能倒回井里。回族人的日常饮食很注意卫生。凡有条件的地方，饭前、饭后都要用流动的水洗手。就餐时，长辈要坐正席，晚辈不能与长辈同坐在炕上，须坐在炕沿或地上的凳子上。另外，舀水、舀饭均不得往外舀；在吃蒸馍、烤饼和馕时，忌囫囵吞枣，一定要掰做两瓣或小块吃。

资料卡

禁坐门槛的由来

传说伊斯兰教传播初期，由于遭受异教徒的迫害，先知穆罕默德经常带领伊斯兰教教徒与异教徒作战，由于当时条件困难，且昼夜作战，人人身体劳累不堪，穆罕默德因此曾将门槛当做枕头睡过觉（早期阿拉伯人以地铺为床），回族因此有忌坐门槛的习俗。

回族人在饮食方面最突出的是禁食一些食物，而且有比较严格要求。在肉食方面，回族人只食蹄分瓣反刍的动物肉，如牛、羊、骆驼、鹿、山兔的肉等；禽类中只食鸡、鸭、鹅、鸠、鸽的肉等；水产中只食鱼、虾。在这些可食的动物中，不吃自死的，也不吃外族人屠宰的，必须是清真寺四掌教（刀师傅）或阿訇屠宰的方可食用。除了不吃猪肉外，回族人不吃的动物还有：有爪子的、不反刍的兽类，如马、骡、驴、猫、狗、象、虎、豹、熊、狼、狐狸、鼠、貉；性情凶暴的禽类，如鹰、鹞、鹫、枭、乌鸦；两栖类的蟒；爬行类动物中的蛇；水产类中奇形怪状的生物，如龟、泥鳅、蛙、蚌、海参、蜇、蟹等。回族人也不吃动物的血。

回族的葬礼简单、朴素，但却有着较多的禁忌。回族人逝世，忌说“死”，一般都称“无常”，有些地方称“归真”或“毛提”。死人称为“亡人”，遗体称为“埋体”，以示与其他民族的区分。人“无常”之后，向“埋体”告别，回族称“善面”。在“善面”过程中，回族反对丧家拍胸抓发、跺脚喊叫的怨恨之哭，也忌向亡人行鞠躬礼，忌丧家妇女、小孩跪地回礼。

4．朝鲜族

朝鲜族没有全民性的统一宗教，有信佛教、基督教和天主教的。

朝鲜族信奉孔孟，尊敬长者。与长者一同走路，年轻人忌走在长者前面，如有急事非赶路不可时，要向长者恭顺地说明原委，然后超前；路遇认识的长者须恭敬地问安并让路。客人来访时，男客进客房，女客进灶间大铺炕，忌进儿女的卧室。饭桌有多人桌和单人桌，单人桌忌讳年轻人用，单人桌是给予老人使用的；饮酒吸烟父子忌同席，酒席上按年庚依次倒酒和举杯，长者举杯后，其他人才可依次举杯；吸烟时青年人不能向老年人借火，更忌接火，否则会被视为大不敬；晚辈对长辈说话必须用敬语，平辈之间初次相见也用敬语；忌讳敲门，来访者应呼叫主人。

朝鲜族喜食狗肉，但忌婚丧或佳节杀狗、吃狗肉；孕妇禁用有豁口的瓢、碗饮水；在丧礼与祭礼禁忌中，泥鳅、鳝鱼等没有鳞的鱼，因其形状像龙，不能用做祭祀食品；在举行神祭时，汤菜里不能撒辣椒面，祭桌上不能摆狗肉和马口鱼，因为马口鱼的下唇形同“山”字，山是神灵居住之地。

5．维吾尔族

维吾尔族信仰伊斯兰教，其信仰和禁忌深受伊斯兰教影响。

饮食上，与回族一样禁食猪、狗、驴、骡肉和猛兽猛禽的肉，忌食未经宰杀而自死的动物的肉，也禁食所有动物的血。饭前饭后要洗手，洗完手后不能乱甩手上的水珠，必须用毛巾擦干。不能坐在装有食物的箱子、麻袋、装有盐的袋子和做饭用具上。

交往方面，最忌讳吃饭或与人交谈时，吐痰、擤鼻涕、挖鼻孔、掏耳朵、剪指甲、挠痒等，否则被人认为是失礼的行为；在屋内炕上坐下时，不能双腿伸直，脚底朝人。接受或奉送礼物、茶饭碗时要用双手，单手接受或递送物品被视为缺乏礼貌，家里有客人时不能扫地。作客时，应听从主人的招待，如实在不想吃东西，也要尝一口，以示尊敬，不能完全拒绝。主人给客人倒茶时，客人应双手捧起碗，不能为了表示客气接过茶壶自己倒。维吾尔族忌讳晚上睡觉时头东脚西或四肢平伸。在维吾尔族家中作客，要待长者坐好方可就坐；吃抓饭时不要满盘子乱抓或者将抓过的肉食再放入盘内；吃剩的残骨不要乱扔，应放在自己面前的餐布上；用餐时外出不可从餐布上跨过或者从客人面前走；做客时不能当着别人的面吐痰。

服饰方面，禁止穿坦胸露背的衣服及过于短小的衣服。

知识点二　西南部部分少数民族的信仰与禁忌

1. 藏族

藏族主要分布在西藏、青海、甘肃、四川、云南等地。藏族人多信藏传佛教，并且十分虔诚。

藏族人视佛像、佛供、寺庙中的经书、钟鼓和一般人佩戴的佛珠为圣物，不可触摸，也禁止对佛经、佛寺和喇嘛不尊重；进寺庙时不许戴墨镜；禁止在寺内吸烟、敲钟鼓、乱翻经书等；还忌讳在寺庙附近砍伐树木，高声唱歌，钓鱼、捕鱼。

在牧区，进室后男的坐左边，女的坐右边，忌讳混杂而坐；家门口生火、帖红布条、插树枝或门口木杆倒立，表示家里有人生病或妇女生育，忌讳他人入内。饮食方面一般禁忌吃狗、猫、驴、马、鱼虾、鸡和鸡蛋等，特别忌吃当天宰杀的动物肉。藏族人不准生人进家；生病期间禁止外人来访；不能把肉食和骨头放在火中烧；不能用带有藏文字的纸当手纸或擦东西；不能在夏天搬家。日常交往中不准单手接递东西；不准随地吐痰、脱鞋袜；不准动手摸藏民的头发和帽子。

作为一个古老而热情的民族，在漫长的历史中，藏族也形成了自己的生活习惯和生活禁忌：两个久别重逢的朋友互相打招呼或聊天时，你的手不能搭在对方的肩膀上；不能跨过或踩在别人的衣服上，也不能把自己的衣物放在别人的衣服上，更不能从人身上跨过去；不能在屋里吹口哨或大声哭叫；家里人出远门、客人刚走、中午和太阳落山后及藏历大年初一都不能扫地或倒垃圾；外人不能当着已故人的亲属的面提已故人的名字；当年该完成的活不能留到明年干，如捻毛线、织毛衣、地毯等；黄昏时，不能随便到别人家里走，尤其别人家有分娩的孕妇及刚生产的产妇或重病人时，陌生人更不能去；陌生人到从来没有到过的大山及悬崖峡谷，不能大声喧哗；不能跨或踩吃饭的用具、锅碗、瓢盆等；家里有两个人同时出门，并且朝相反方向走，不能同时出家门，必须前后出门而且出门时间要隔开；妇女到晚上不能梳头和洗头，也不能披着头发出门；在使用扫把和簸箕时，不能直接用手传递，必须先放在地上，然后另一个人从地上捡起来；有缺口或有裂缝的碗不能用来吃饭，也不能给客人喝茶使用。

2. 苗族

由于历史的原因，苗族人的生活环境较为偏远闭塞。他们敬奉祖先，信鬼神，相沿成俗。每逢生活、生产不顺，便祭祖先、拜鬼神、求巫师。

苗民敬奉的祖先首为蚩尤，苗语称“阿普苟尤”。他们认为，蚩尤是苗族的始祖，他“威震天下，诛杀无道，万民钦命”，是苗族崇拜的英雄，是苗族的荣耀与自豪。因此，每逢过年过节，苗家都要“祭家先”（苗语“龙琶夯告”）、“打猪祭祖”，以敬奉始祖蚩尤。犬父鬼母（苗语“奶滚妈苟”）是苗民崇拜的另一对祖先，即架瓠和辛女。他们认为，架瓠和辛女是繁衍苗族的祖先。

苗族人民除了敬奉祖先，还有三十六神、七十二鬼是必须信仰供奉的，如树神、猎神、龙神、雷神、天王神、罗孔山神、口舌神、飞山神、土地神、揭网神、簸箕茶神、楼公楼婆神等。

苗族的日常禁忌很多，主要的有以下几种。

（1）忌在家里和夜里吹口哨。苗族人认为吹口哨可招来凉风，因为各种神怪往往乘凉风而行，在家里吹口哨会引鬼进屋，遭到不幸。在夜里吹口哨，会引鬼缠身，降下灾难。

（2）忌踩三脚架。苗族的火坑里放有一个铸铁的三脚架，专用于架锅鼎煮饭、炒菜，任何人都不能用脚踩踏。因为传说三脚架是三个护火的祖先变成的，踩了是对祖先不恭。

（3）忌坐“杭果”。苗族火坑右边的中柱脚设有祖先神位，苗语称为“杭果”。青年和妇女严禁在这一方烤火，孩童更不能在这里打打闹闹。

（4）忌震龙岩。苗族堂屋中央都有一块石板，石板下有一个小坑，坑内放有清水一碗，是“龙”的栖身之处，如果震动了这块石板，据说“龙”就会受惊离去，主人就会遭灾。

（5）父母在，晚辈不能包裹白色头帕。

（6）忌过小年。由立春的那一天算起，逢到子日便是小年。例如，正月初四恰逢子日，那么从初三晚上半夜子时就要起忌。到时，全家休息，关门闭户不上坡，不干农活，一家老小不说一句话，直到初四的夜晚子时后，方才解忌。

（7）清早起来后，到吃早饭以前这段时间，忌说龙、蛇、豹和鬼。

（8）生育禁忌。苗族妇女生了小孩以后，特别忌讳孕妇和穿雨鞋的人进入。如果不慎闯入产妇家，主人会端出一碗水让客人喝。客人应该把水喝干，不能倒掉。如果穿着雨鞋闯入产妇家，临走时主人会让客人把鞋脱下倒拎着出门。

（9）婚丧祭祀礼仪禁忌。苗族人忌用白公鸡送喜庆贺礼；忌外人随意触动堂屋神龛；在门口悬挂草帽、插青树叶（意为家中有病人）或举行婚丧祭祀等仪式时，忌外人进家；路遇新婚夫妇，不能从他们中间穿过。

（10）饮食禁忌。苗族人不喜欢吃羊肉，忌讳吃狗肉，禁止杀狗、打狗。在苗族吃糍粑时，不能拍了灰再吃。苗家人杀鸡待客时，总将鸡头、鸡肝、鸡脯奉予老人或最尊贵的客人，将鸡腿送给小孩，将翅膀交于青年男女，祝其前程无限。苗族人有敬酒的习俗，客人不论喝多喝少，都要接过他们的酒杯，否则被视为无礼。有些苗族地区，忌随时洗刷饮甑、饭包、饭盆，只能在吃新米时洗，以示去旧米迎新米。随时洗刷会洗去家财，饭不够吃。在山上饮生水忌直接饮用，须先打草标，以示杀死病鬼。

3．白族

白族是我国西南边疆的一个少数民族，主要分布在云南省大理白族自治州，云南丽江、碧江、保山、南华、元江、昆明、安宁等地和贵州毕节、四川凉山、湖南桑植县等地也有分布。白族是一个具有多元宗教信仰的民族，人们曾信奉原始宗教、佛教、道教和本民族的本主信仰。释儒道“三教同源”、“万法同宗”，三教相融合，是白族宗教信仰的一大特点。

本主信仰是白族全民信奉的宗教。本主是“本境土主”、“本境福主”的简称，是“本地域里最尊贵的人（神）”，他们或是南诏和大理时期的国王、王子，或是白族的历代英雄人物。白族人认为，本主是自家或村社的保护神，能保佑他们“为士者程高万里，为农者粟积千钟，为工者巧着百般，为商者交通四海”。几乎每个白族村寨都有本主庙，庙内供奉泥塑或木雕本主神像。进入白族的本主庙，必须虔诚、肃穆，禁止大声喧哗，禁止触摸本主神像。

白族也崇拜各种神灵。怒江州一带的白族，如果有人生病，必须以牛、猪等做牺牲，进行祭天活动。活动一般在村子附近山顶上的一棵大树下进行，全寨人参加。这棵大树被视为神圣不可侵犯的，禁止砍伐。兰坪县白族则于每年农历九十月间举行原始的祭祀活动。祭祀仪式在村旁一棵大树下举行，以黄牛做牺牲，称“登天牛”，这棵大树称“天牛树”。“登天牛”和“天牛树”神圣不可侵犯。

南诏白族先民对观音菩萨极为崇拜，流行于云南大理地区的三月街，又称“观音街”、“观音市”，由宗教庙会逐渐演变为民间物资交流会，是白族人民的盛大街期和传统盛会。

白族逢年过节有许多礼仪禁忌。年节或正月初一这天，不能到别家串门。最忌讳的就是在新年新岁中，与人发生口角争吵。访友或探望病人，忌在上午，以下午和晚间为宜。斟茶只能斟半杯，喝完再续，斟满杯茶端给客人被视为不礼貌。元江县的白族在每年的三月会或天子庙会期间禁止杀生。大理的白族大年初一不准动刀、挑水、泼水、扫地。怒江白族大年三十晚饭前祭祖时，忌讳外人在场。大年三十，要把借给别人的东西要回来，否则来年找钱不顺，粮食不丰。怒江兰坪白族有“七不出门八不归家”的说法，也就是说大年初七不能出远门，大年初八不能从遥远的地方回家。大年初七为女人节，妇女不做饭，不背水，也不做其他任何劳动，而是尽情地玩耍；大年初九为男人节，男人休息。

白族有独特的生育禁忌。白族妇女怀孕后，以系合页双屋围裙，并将头页对折别在腰间作为有喜的标志。外人见了，要懂得进行重点保护。婴儿落地后，第一个跨进产妇家的人，称“踩生”，认为谁来踩生，将来孩子的脾气就像谁。白族最忌讳戴孝的人来踩生，所以婴儿降生后，家人要立刻用白石灰在门口撒三道弧线，并在门槛上缠一道青篾子。若是生男孩，还要在青篾子下加一只草鞋，有的还在大门上钉一个甑笆底，以示禁忌。不慎闯入产妇家者，必须送一碗新鲜稠米汤、红糖、鸡蛋、甜白酒和一土锅猪蹄子炖韭菜根给产妇吃。大理、剑川一带的白族，妇女产后，主人要请第一个进家的客人吃荷包鸡蛋汤圆，客人不能拒绝，否则主人会生气。

此外，白族人还忌讳向火塘内吐口水，禁止从火塘上跨越，因为家里的火塘是神圣的地方；白族人家的门槛也忌讳坐人；男人所用的工具，忌妇女从上面跨越。

4．傣族

傣族全民信仰南传佛教，几乎每个村寨都建有佛寺，同时保留原始的鬼神崇拜。

佛教影响着傣族的日常生活和风俗习惯。例如，外人进入傣族佛寺都要脱鞋，忌讳摸小和尚的头、佛像、戈矛和旗幡等一系列佛家圣物。傣族的不少节日与佛教活动有关，如每年傣历六月举行的泼水节。傣族历代遵守南传佛教的一种规矩，即男孩七八岁时，要入佛寺当几年和尚，三五年便可还俗，还俗后可谈情说爱、娶妻生子、务农经商、参军、上学等，并且备受社会的爱戴和尊重。若男子不入寺，没当过和尚，很难得到姑娘的喜欢。

傣族人忌讳外人骑马、赶牛、挑担和蓬乱着头发进寨子。进傣家时，要把鞋脱在门外，忌到楼口不脱鞋；在屋内走路要轻，忌用脚跺地板；忌倚靠室内中柱上，也忌挂物于中柱上。傣家火炕旁一般是家长的床铺，禁忌随便乱坐，也不可乱动床边的“圣水瓶”。思茅等地傣族居处中厅所设的床，禁忌悬挂蚊帐。忌在家中剪指甲、吹口哨和玩响乐器，认为口哨及乐器声可唤鬼入室。衣服破了，忌用裤子补，认为会受穷。衣服不可用做枕头，枕头不可坐。佩挂刀时，忌刀口向内，否则，被认为是居心不良，是“刺客”。傣族每月属牛日禁忌使役牛，属马日禁忌使役马。

知识点三　中南部部分少数民族的信仰与禁忌

1．壮族

壮族没有全民信仰的宗教，历史上信奉万物有灵的原始宗教，道、佛教先后传入壮族地区后，壮乡普遍建有“观音庙”、“三板庙”、“水口寺”、“回龙庙”等寺庙，信仰多神，如树神、山神、观世音等。

壮族村寨旁的大树和山坡都被视为神树和神山，人们不得砍伐、开荒和造坟。特别是村寨后山，认为是保护全寨安宁的神灵居住之所，绝对禁止砍伐，违者严惩。人们上山砍树、割草、狩猎都得祭拜山神，求其保佑。

传说农历四月十九、六月十九、九月十九这三个“十九”是观世音的生日。湖南清塘壮族乡观音山村的壮民们目前还保留着“吃十九”的习俗，现也逐渐成为全村议事的重要日子。

壮族还崇拜青蛙，以青蛙为图腾，禁止捕食青蛙。现在，广西河池地区的壮族流传着古朴隆重的民俗活动——“蚂拐节”，祭祀青蛙。

壮族的生活禁忌很多，如除夕之夜要灯火通明、埋火种，还要守除夕（即必须过二十四点后才能睡觉），否则田头会崩裂塌陷的；除夕还要压岁，到二十四点时要冲箩（打簸箕），后用三张钱纸在米缸、水缸盖上压住；春节从初一到初六早、晚都要敬一次祖先，这期间的鞭炮纸、垃圾等不能往外倒掉，否则会“倒财”；正月初一在外面不能晾晒衣物；有产妇的人家，忌生人进门；生产劳动中不准扛锄头、戴斗笠进堂屋；进出门时忌踩踏门槛，不准坐在门槛中间；修建水池、建筑物等需动土的，要用扫把扫三下，表示除脏；在早上时任何一个地方不能吹口哨，否则不吉利；每月初五、十四、二十三的夜晚不能打猎；遇到狗交尾、蛇挡道、吃饭掉碗筷等情况也不能出猎；禁止用手指彩虹；送礼忌送单数；两家同时有喜事不能互相祝贺；建房期间要躲避丧葬等不吉事物，不在外边过夜；忌在家灶煮狗肉，否则会亵渎灶王，招至凶险之事；忌煮夹生饭，认为这是一种不祥的预兆，出门办事要改期，还要请师公道公来消灾。

蚂拐节的来由

广西河池地区的东兰、天峨一带的壮族保持着传统的民间民俗活动——“蚂拐节（青蛙节）”。关于蚂拐节，民间流传着这样一个故事：古时候，壮家有个孝子东林，母亲去世时青蛙在屋外叫个不停，他担心母亲灵魂不得安宁，用开水浇死了青蛙。结果蛙声断绝，人间遭旱，颗粒无收。东林知道自己铸成了大错，误杀了雷王之子，决定赔罪，给“雷王之子”厚葬，并每年正月接“雷王之子”回村过节。由此形成了壮族古老而独特的蚂拐节。

蚂拐节是壮族先民崇拜青蛙的遗俗。人们通过祭拜青蛙祈求风调雨顺六畜兴旺。蚂拐节从农历正月初一至三十，全过程有“找蚂拐”、“孝蚂拐”、“葬蚂拐”三大程序。

2. 土家族

土家族也是一个信仰多神的民族，他们除了崇拜祖先，还把一切自身不为理解的自然物与现象视为神灵，认为“万物有神灵”，崇拜白虎、白帝天王、土王、女神等。土家族有的也信奉道教，祭祀土地神、灶神、四官神等。

资料卡

土家十禁忌

（1）正月初一莫骂人。　（2）腊月廿九妇女莫工作。
（3）年三十莫挑水扫地。　（4）吃年饭莫泡汤。
（5）正月莫剃头。　（6）晚上莫借东西。
（7）莫踩火塘三角架。　（8）吃饭莫敲碗。
（9）小孩莫吃猪蹄。　（10）莫穿蓑衣进灶房。

土家族禁忌多表现在日常生活、生产方面。例如，忌客人与主人家的媳妇和女儿坐一条板凳或开玩笑；忌坐主人家堂屋的门槛；忌用脚踩灶前或火坑中的三脚架；土家敬奉灶神，故禁忌把物放在灶台上；忌在家中吹口哨、打吆喝；忌穿蓑衣烤火或进厨房，认为这样会引火烧身，招来火灾；忌在家中打锣敲鼓或将簸箕倒扑于堂屋中间，这些都是家有丧事的表现；吃饭时，不准端着碗站在主人背后吃，不准边吃饭边敲碗。土家族认为，小孩若吃了鸡爪，会写不好字；若吃了猪鼻，长大了会打响鼾；若吃了猪尾巴，会一生一世落人于后；若吃了猪脚，长大了找不到爱人；小孩不准用手去指未成熟的瓜果，认为指后会使幼小的瓜果打蔫。家有孕妇，不能在家敲打东西、钉钉子、动土或移动较大的家具摆设，否则会动胎气；孕妇或寡妇不能去参加婚礼，否则会影响新夫妇幸福美满。

逢年过节以及一些特殊的日子，土家族也有不少禁忌。大年三十这天，不准杀生，认为“麻雀也该有个三十夜”；妇女不得洗衣浆被做针线，以免家庭不和；不准到水井去挑水，否则龙王生气，来年会发水灾。吃年饭时禁忌用汤泡饭，不然，来年大水会冲毁稻田。大年初一这天，不能泼水，不能扫地，免得把财喜扫了出去。年、节、婚嫁等喜庆之日，更是禁忌打架吵嘴哭脸，不得说“死”、“丧”、“病”、“伤残”、“分离”、“背时”、“坐牢”、“砍头”等不吉利的话。此外，清明、立夏、四月八等日，忌用耕牛，否则牛会生病。

土家年历的一、四、七、十月的蛇日，十一月（冬日）的鸡日，三、六、九、十二月（腊月）的牛日，在土家地区被视为“红煞日”。在这些日子里是忌出门远行的，因为有“出门遇红煞，定会不归家”之说。

土家族的白虎崇拜

白虎在土家人心中举足轻重，土家人自称是“白虎之后”。相传，远古时候的土家族祖先巴务相被推为五姓部落的酋领，称为“廪君”。廪君率领部落成员杀死了凶残的盐水神女，定居下来。自此，人民安居乐业，廪君深受人们爱戴。后来廪君逝世，灵魂化为白虎升天。土家族便以白虎为祖神和图腾（见图 7-46），逐渐形成了长久的白虎崇拜。

图 7-46　土家族白虎图腾

白虎作为土家族的图腾神和家族保护神，至今仍影响民间。在湘西许多土家人的神龛上，常年供奉一只木雕白虎。土家人的日常生活中，也随处可见白虎的印迹。结婚时，男方正堂的大方桌上要铺虎毯，象征祭祀虎祖；土家族著名的民间舞蹈“撒尔嗬”中，就有“虎抱头”、“猛虎下山”等舞姿，意为以虎的雄健来驱恶镇邪，希冀平安幸福。湘西土家民谚有“三梦白虎当堂坐，当堂坐的是家神”、“白虎当堂坐，无灾又无祸”，成为土家族人崇拜白虎的印记。

3．黎族

黎族没有形成统一的宗教信仰，各地均以祖先崇拜为主，也有自然崇拜，个别地区还残留氏族图腾崇拜的痕迹。黎族人相信积善轮回，相信阴阳风水。此外，由于受道教、基督教影响，黎族人之中也不乏信仰道教、基督教的信徒，但他们依然保留着祖先崇拜、自然崇拜的信仰习俗。

黎族信鬼，特别是祖先鬼，祭祖先是黎族的重要宗教活动，以求祖先保家人平安。黎族人们为追念黎母繁衍黎人的伟绩，并告诫后人，女子绣面、纹身是祖先定下来的规矩，女人若不绣面、纹身，死后先祖不相认。

黎族的禁忌有很多，以下进行简要介绍。

（1）宗教禁忌。凡有祖先牌位的家屋，不能把狗肉端进去，否则是有意污秽租公神位，将会招致疾病；挂有青树叶的祈神捉鬼家门，外人不能闯进，否则会加重病人的疾病或致死；供祭鬼神的牛骨头，忌乱动，否则会令放骨头的人家不得安宁，须杀牛宰猪祭鬼方能消灾。

（2）生产禁忌。忌敲打、踩踏石灶；忌戴草笠进屋；忌在屋内吹口哨；忌在屋内扛锄头；大年初一禁忌洗衣、扫地；“牛日”忌用牛生产，不然牛会死亡、染上瘟疫或会烂脚变瘦；虫日不能进行劳动，不然收成不好；收获新谷时，下田途中忌与人谈话，不然，禾田会被山猪糟蹋或歉收；吃新米时忌外人进屋和把新米给外人吃，不然的话，作物会歉收或被野兽糟蹋；丧家遇祖辈死的那一日，长子忌下田劳动，并且五天不能外出生产劳动，否则，农作物歉收；砍山上大树之日，家人不能纺纱、睡眠、梳头或吵架，否则，砍山者会跌下树。

（3）日常生活禁忌。男女订婚时忌用白鸡，否则会夫妻不和；平日居家生活，忌讳敲打或踩踏三石灶（据说这些灶石附有祖先的“魂”）；女子不可以摸弄男子的猎枪，男子不可抚弄女子的纺织工具等。凡年初一至初五不能秽语伤人，不能扫地，否则，不但家里六畜不宁，生产不好，而且影响别人不吉利；凡有病人，当他求鬼时忌外人进屋，否则病不会痊愈，反而加剧；儿童拜年不给红封，当年就会不吉利；吃猪嘴和山猪的肝与内脏会招致蛇咬；睡觉忌头朝门外，这是死人的象征；不能在三、五、九月份结婚，否则会招致新妇生病，子孙后代难以繁衍；须择良辰吉日迁入新屋，否则，生产不振，人畜不宁；屋门口忌刀袋系腰间，这是引棺材入宅的象征；忌讳别人当面提及自己先辈的名字。

（4）生育禁忌。孕妇忌跨动物尸体，忌吃蛇肉、猴肉、狗肉，孕妇忌见死人，不然会招致胎死；孕妇如吃落地酸梅，就会胎死或小产；妇女分娩时家门口挂树叶，忌外人进入；分娩后两三天内，产妇不得外出，不得洗身，不得与外人说话。

（5）丧葬禁忌。家中有人过世，死者家属不能正面穿衣，应把衣服反穿；葬后反穿衣一月，在此期间不唱歌，不吃糯米粑，不洗头洗身，不敲锣打鼓、放鞭炮和吹奏乐器，不下田劳动；众人不能在死者家中吃猪肉粥、牛肉粥、鸡肉粥和米饭；夫妇中一人去世后，另一人必须在外边先吃点压肚饭，才回家与家人共食。

思考题：

我国少数民族信仰与禁忌非常复杂，你能发现其中的共同特点吗？请试着概括一下。

本章小结

我国民俗信仰源远流长，博大精深，凝结着中华民族数千年来的心理积淀，是中国传统文化的重要载体，并随着时间的推移、社会的进步及中外文化的交流不断变化和演进。虽然很多的信仰形式我们已经无法见到，但仍能在当今社会中寻访到它们的影子。

旅游就是游客到与自己日常生活完全不同的环境里走走看看，旅游时一定要懂得尊重当地人的生活、信仰和民族习惯。所谓“出国问禁，入乡问俗”，了解民俗信仰和禁忌，有助于我们更好地开展各种民俗旅游活动。

参 考 文 献

[1] 杨子东，常舟．中华民俗风情[M]．太原：山西师范大学出版社，1993．

[2] 钟敬文．民俗学概论[M]．上海：上海文艺出版社，1998．

[3] 徐杰舜．汉族风俗史[M]．上海：学林出版社，2004．

[4] 张世满，王守恩．中外民俗概要[M]．天津：南开大学出版社，2005．

[5] 赵朕．少数民族风情[M]．北京：中国旅游出版社，2006．

[6] 赵婧昶，易耶．民俗礼仪[M]．香港：中国世界语出版社，1999．

[7] 王军云．婚丧喜庆金典[M]．北京：中国华侨出版社，2006．

[8] 赵杏根，陆湘怀．实用中国民俗学[M]．南京：东南大学出版社，2005．

[9] 舒燕．中国民俗[M]．北京：北京语言大学出版社，2004．

[10] 完颜绍元．中国姓名文化[M]．上海：上海古籍出版社，2001．

[11] 尹黎云．中国人的姓名文化与命名艺术[M]．武汉：华艺出版社，2005．

[12] 顾伟列．中国文化通论[M]．上海：华东师范大学出版社，2005．

[13] 梁学成．中外民俗[M]．西安：西北大学出版社，2002．

[14] 阴法鲁，等．中国古代文化史[M]．北京：北京大学出版社，1991．

[15] 姜若愚．中国民族民俗[M]．北京：高等教育出版社，2002．

[16] 吴忠军，等．中外民俗[M]．大连：东北财经大学出版社，2001．